新型高职高专教育教材

礼仪与交流

主　编　汪　艳

副主编　罗惜春　邓　滢

参编者　陈全文　欧彦麟　陈　丹
王新利　周　丫　刘三婷
吴　兰　王桂英　陈　敏
黎敏娜　文　博　黄　曦
周　钰　唐子茵　廖　姗
廖一然

北京交通大学出版社
·北京·

内 容 简 介

本书广泛涉及古今中外社会生活和人际交往领域中常见礼仪与交流问题，对如何塑造良好的个人形象、如何注意求职和社交礼仪、如何灵活运用技巧进行语言交流和非语言交流进行了系统地、深入浅出地阐释。全书分上下两篇，上篇为礼仪，下篇为交流，共十一章，包括礼仪概述、形象礼仪、求职礼仪、社交礼仪、交流概述、交谈、倾听、赞美与批评、化解与求助、说服与婉拒、非语言交流。本书结合多年教学实践，参考大量国内外最新礼仪与交流的资料和书籍编写，强调实训和练习，以便重点掌握相应的技能。

本书涉及面广、案例丰富、实用性强，不仅可以作为高职院校各专业学生的教材，也可以作为高等专科学校、成人高校、继续教育学院和各类培训机构的教材或参考用书。

图书在版编目（CIP）数据

礼仪与交流 / 汪艳主编. -- 北京：北京交通大学出版社，2024. 8. --（新型高职高专教育教材）. -- ISBN 978-7-5121-5314-1

Ⅰ. K891. 26；C912. 11

中国国家版本馆 CIP 数据核字第 2024UR6123 号

礼仪与交流
LIYI YU JIAOLIU

责任编辑：刘海丽
出版发行：北京交通大学出版社　　电话：010-51686414　　http://www.bjtup.com.cn
地　　址：北京市海淀区高梁桥斜街 44 号　　邮编：100044
印 刷 者：北京鑫海金澳胶印有限公司
经　　销：全国新华书店
开　　本：185 mm×260 mm　　印张：15.25　　字数：381 千字
版 印 次：2024 年 8 月第 1 版　　2024 年 8 月第 1 次印刷
印　　数：1—5 000 册　　定价：48.00 元

本书如有质量问题，请向北京交通大学出版社质监组反映。对您的意见和批评，我们表示欢迎和感谢。
投诉电话：010-51686043，51686008；传真：010-62225406；E-mail：press@bjtu.edu.cn。

前　言

在中国文化里，礼仪博大精深。无论是美好的治国治民的理念，还是和谐的人际交往原则，都是通过礼仪来体现的，也是通过礼仪来贯彻的。没有礼仪文化的社会，不可能是和谐的社会，不懂得礼仪文明的人，在社会、工作交往中就无法实现自身价值。

在竞争越来越激烈的社会中，随着经济的发展，对人们的综合素质要求不断提高，交流能力在每个人的职业生涯中扮演着重要的角色，并影响到与周围社会的关系。

礼仪可帮助人们约束自己的言行举止，交流可帮助人们发现自我、认识他人，两者既有联系又有区别。当代大学生如果能具备这两种技能，将会在人际交往中应付自如，得到社会各界的普遍认可。为了满足高职高专学生学习、掌握和运用礼仪与交流的理论与技巧，提升礼仪与交流的能力，我们编写了这本书。

本书力争做到深入浅出、形象生动、翔实具体，集理论性、实践性、知识性和可操作性于一体，因此针对性强，切合职业教育目标，侧重技能传授。在编写过程中，注重形式的多样性与可读性，创造性地将礼仪与交流的知识技能整合导入相应的实务知识，且每章有学习目标、案例导入、知识链接、阅读拓展、思考题、案例分析与技能训练，强调学、做、行一体化，采取学训结合、课内实训与课外实训相结合的方式，让学生在学中做，做中行。

本书可作为高职高专院校礼仪与交际类通识课程的教材，还可作为商务人员提高沟通能力和礼仪规范技巧的自我训练手册，也可作为各类企业进行相关岗位培训的创新型教材。

本书由湖南化工职业技术学院汪艳担任主编，罗惜春、邓滢担任副主编，具体分工如下：汪艳确定礼仪篇体系框架，并编写礼仪篇第一、二、三章；罗惜春确定交流篇体系框架，并编写交流篇第五、六、七章；邓滢编写第四章；周丫编写第八章；王新利编写第九章；廖一然编写第十、十一章。其他参编者负责统稿与校稿工作。

本书在编写过程中，参考了大量书籍、报刊文献和网络资料，吸收了国内学者最新的研究成果。在此向各位专家、学者表示衷心的感谢。

由于编者的知识结构和能力水平有限，书中难免会存在疏漏、错误之处，敬请读者不吝赐教斧正。

编　者

2024年6月

前言

编者

2024年6月

目　　录

上篇　礼　　仪

下篇　交　流

上篇

礼仪

第一章 礼仪概述

◆ 学习目标

1. 了解礼仪的起源和发展历程。
2. 掌握礼仪的定义，理解礼仪的特性、内容和社会功能。
3. 掌握现代礼仪的含义、特点、作用和原则。

第一节 礼　　仪

案例导入

据《大戴礼记》记载：战国时期的一天，孟子的妻子独自一人待在屋里，孟子从外面突然闯进来，瞧见她姿势不雅，顿时无名火起，立即跑到母亲面前告状。他说："老婆对我无礼，我今天非把她赶出家门不可!"孟母问："究竟是出了什么事，惹得你要休妻呀？"孟子答道："刚才她蹲在屋里，那姿态真叫难看，这是对我无礼，妻子不尊重丈夫，我必须休了她!"孟母听这话有点蹊跷，继续追问道："你说说，你是怎么发现她蹲在屋里的？"孟子理直气壮地回答："这都是我亲眼所见，我刚才一推门看……""别说了，我听明白了。"孟母问明了情况，大声斥责儿子说："这分明是你无礼，不是你妻子无礼!"孟子有些茫然，他不服气。孟母接着解释说："不是有这样几句俗话嘛。'将入门，问孰存；将上堂，声必扬；将入户，视必下'。不管是进谁的门，都要事先敲一下门，或者大声地问一声，好让人家知道有人来了。不能乘人不备，突然闯入。这是常人都懂得的礼貌规矩。可你倒好，到你妻子的燕私之处，进门前不敲门。见了你妻子蹲着，你不赶紧先退出去一会儿，却还在看，这叫你妻子怎么办？这不正是你无礼吗？怎么能说是你妻子无礼呢？"孟子没有想到，母亲恰恰从同一事情得出了相反的结论。批评虽很尖锐，但是句句有根有据。于是孟子赶紧认错。

思考讨论：通过这个故事，怎样来理解"礼"？

礼仪是社会人际关系中以沟通思想、交流感情、表达心意、促进了解的一种形式，是人际交往中不可缺少的润滑剂和联系纽带。是以一定的约定俗成的程序方式来表现律己敬人的过程，涉及穿着、交往、沟通、情商等方面的内容。礼仪是我们在生活中不可缺少的一种能力。从个人修养的角度来看，礼仪可以说是一个人内在修养和素质的外在表现。从交际的角度来说，礼仪可以说是人际交往中适用的一种艺术、一种交际方式或交际方法，是人际交往中约定俗成的示人以尊重、友好的习惯做法。现代社会中，人们的衣食住行，无不有“礼”可循，也只有重礼、习礼、懂礼、守礼和行礼的人，才能受到他人和社会的尊重。

一、起源与发展

中国素来享有“礼仪之邦”的美誉，从孔子提出的“非礼勿视，非礼勿听，非礼勿言，非礼勿动”的处世哲学，到今天人们普遍倡导的“礼尚往来”“相敬如宾”的社会风尚，礼仪不仅成为人们安身立命的基本准则，以某种精神的约束力支配着个人的行为，而且对于凝聚民族力量和稳定社会秩序也起到了极其重要的作用。正如我国著名思想家颜元所说：“国尚礼则国昌，家尚礼则家大，身尚礼则身正，心尚礼则心泰。”

关于礼的起源，说法不一。归纳起来有五种起源说：一是天神生礼仪；二是礼为天地人的统一体；三是礼产生于人的自然本性；四是礼为人性和环境矛盾的产物；五是礼生于理，起源于俗。

（一）礼仪的起源

1. 从理论上说，礼的产生，是人类为了协调主客观矛盾的需要

首先，礼的产生是为了维护自然“人伦秩序”的需要。人类为了生存和发展，必须与大自然抗争，不得不以群居的形式相互依存，人类的群居性使得人与人之间相互依赖又相互制约。在群体生活中，男女有别，老少有异，既是一种天然的人伦秩序，又是一种需要被所有成员共同认定、保证和维护的社会秩序。人类面临着的内部关系必须妥善处理，因此，人们逐步积累和自然约定出一系列“人伦秩序”，这就是最初的礼。其次，起源于人类寻求满足自身欲望与实现欲望的条件之间动态平衡的需要。人对欲望的追求是人的本能，人们在追寻实现欲望的过程中，人与人之间难免会发生矛盾和冲突，为了避免这些矛盾和冲突，就需要为“止欲制乱”而制礼。

2. 从仪式上看，礼产生于原始宗教的祭祀活动

原始宗教的祭祀活动都是最早也是最简单的以祭天、敬神为主要内容的“礼”。《礼记·礼运》曾记载：“夫礼之初，始诸饮食，其燔黍捭豚，污尊而抔，蒉桴而土鼓，犹若可以致其敬与鬼神。”意思是说，在远古时代，人们把黍米和猪肉放在滚烫的石头上烤炙而食，在地上凿坑作为酒樽而饮，并且用茅草茎捆扎成鼓槌敲击土鼓，以表示对鬼神的祭祀。这便是远古时代拜祭神灵的礼仪。上古时代，社会生产力水平低下，人们不了解各种自然现象，也无法解释这些自然现象的发生。当山崩地裂、风雨雷电、月食星陨等自然现象发生时经常显

得惶恐不安。人们无法解释这些自然现象的发生，便对神灵产生了敬畏，开始祭神。这便是礼仪的最早溯源。东汉许慎的《说文解字》对“礼”字的解释是这样的：“履也，所以事神致福也从示从豊豊亦声”。意思是实践约定的事情，用来给神灵看，以求得赐福。礼的繁体字写法为“禮”，左边的“示”，是“祇”的本字，专指地神；右边部首指古代祭祀使用的食器，形似高足盘，是行礼之器。原始人类的祭祀活动非常频繁，礼仪也格外隆重和复杂，祭祀之礼就成为最初形成的也是最为重要的礼仪形式。

这些祭祀活动在历史发展中逐步完善了相应的规范和制度，正式形成为祭祀礼仪。随着人类对自然与社会各种关系认识的逐步深入，仅以祭祀天地鬼神祖先为礼，已经不能满足人类日益发展的精神需要和调节日益复杂的现实关系。于是，人们将事神致福活动中的一系列行为，从内容和形式扩展到了各种人际交往活动，从最初的祭祀之礼扩展到社会各个领域的各种各样的礼仪。

以上这些都是礼仪的最初形态。当社会发展到现在，礼仪也有了更新的解释和发展。

（二）礼仪的发展

礼仪在其传承沿袭的过程中不断发生着变革。从历史发展的角度来看，其演变过程可以分五个阶段。

1. 起源时期：夏朝以前（前 21 世纪前）

礼仪起源于原始社会，在原始社会中、晚期（约旧石器时代）出现了早期礼仪的萌芽。整个原始社会是礼仪的萌芽时期，礼仪较为简单和虔诚，还不具有阶级性。内容包括：制定了明确血缘关系的婚嫁礼仪；区别部族内部尊卑等级的礼制；为祭天敬神而确定的一些祭典仪式；制定一些在人们的相互交往中表示礼节和表示恭敬的动作。

2. 形成时期：夏、商、西周三代（前 21 世纪—前 771 年）

人类进入奴隶社会，统治阶级为了巩固自己的统治地位把原始的宗教礼仪发展成符合奴隶社会政治需要的礼制，礼被打上了阶级的烙印。在这个阶段，中国第一次形成了比较完整的国家礼仪与制度。如“五礼”就是一整套涉及社会生活各方面的礼仪规范和行为标准。古代的礼制典籍亦多撰修于这一时期，如周代的《周礼》《仪礼》《礼记》就是我国最早的礼仪学专著。在汉以后 2 000 多年的历史中，它们一直是国家制定礼仪制度的经典著作，被称为《礼经》。

3. 变革时期：春秋战国时期（前 771—前 221 年）

这一时期，学术界形成了百家争鸣的局面，以孔子、孟子、荀子为代表的诸子百家对礼教给予了研究和发展，对礼仪的起源、本质和功能进行了系统阐述，第一次在理论上全面而深刻地论述了社会等级秩序划分及其意义。孔子对礼仪非常重视，把“礼”看成是治国、安邦、平定天下的基础。他认为“不学礼，无以立”“质胜文则野，文胜质则史，文质彬彬，然后君子”。他要求人们用礼的规范来约束自己的行为，要做到“非礼勿视，非礼勿听，非礼勿言，非礼勿动”。倡导“仁者爱人”，强调人与人之间要有同情心，要相互关心，彼此尊重。孟子把礼解释为对尊长和宾客严肃而有礼貌，即“恭敬之心，礼也”，并把“礼”看做是人的善性的发端之一。荀子把“礼”作为人生哲学思想的核心，把“礼”看做是做人的根本目的和最高理想，“礼者，人道之极也”。他认为“礼”既是目标、理想，又是行为过程。“人无礼则不生，事无礼则不成，国无礼则不宁。”管仲把“礼”看做是人生的指导思想和维持国家的第一支柱，认为礼关系到国家的生死存亡。

4. 强化时期：秦汉到清末（前 221—1911 年）

在我国长达 2 000 多年的封建社会里，尽管在不同的朝代，礼仪文化具有不同的社会政治、经济、文化特征，但却有一个共同点，就是一直为统治阶级所利用，礼仪是维护封建社会等级秩序的工具。这一时期礼仪的重要特点是尊君抑臣、尊夫抑妇、尊父抑子、尊神抑人。在漫长的历史演变过程中，它逐渐变成妨碍人类个性自由发展、阻挠人类平等交往，窒息思想自由的精神枷锁。纵观封建社会的礼仪，内容大致有涉及国家政治的礼制和家庭伦理两类。这一时期的礼仪构成中华传统礼仪的主体。

知识链接

从古沿用至今的礼貌用语

中途先走说—失陪	请人勿送说—留步	送人远行说—平安	宾客来到说—光临
等候别人说—恭候	没能迎接说—失迎	需要考虑说—斟酌	无法满足说—抱歉
请人谅解说—包涵	希望照顾说—关照	赞人见解说—高见	归还物品说—奉还
看望别人说—拜访	求人指点说—赐教	向人询问说—请问	请人协助说—费心
问人姓氏说—贵姓	客人入座说—请坐	陪伴朋友说—奉陪	请人赴约说—赏光
请人接受说—笑纳	欢迎购买说—惠顾	求人办事说—拜托	麻烦别人说—打扰
仰慕已久说—久仰	长期未见说—久违	求人帮忙说—劳驾	

5. 现代时期：辛亥革命以后

受西方资产阶级“自由、平等、民主、博爱”等思想的影响，中国的传统礼仪规范、制度，受到强烈冲击。五四新文化运动对腐朽、落后的礼教进行了清算，符合时代要求的礼仪被继承、完善、流传，那些繁文缛节逐渐被抛弃，同时接受了一些国际上通用的礼仪形式。新的礼仪标准、价值观念得到推广和传播。新中国成立后，逐渐确立以平等相处、友好往来、相互帮助、团结友爱为主要原则的具有中国特色的新型社会关系和人际关系。改革开放以来，随着中国与世界的交往日趋频繁，西方一些先进的礼仪、礼节陆续传入我国，同我国的传统礼仪一道融入社会生活的各个方面，构成了社会主义礼仪的基本框架。许多礼仪从内容到形式都在不断变革，现代礼仪的发展进入了全新的发展时期。大量的礼仪书籍相继出版，各行各业的礼仪规范纷纷出台，礼仪讲座、礼仪培训日趋火红。人们学习礼仪知识的热情空前高涨。讲文明、讲礼貌蔚然成风。今后，随着社会的进步、科技的发展和国际交往的增多，礼仪必将得到新的完善和发展。

知识链接

礼仪发展的注意事项

古代礼仪在漫长的历史演变过程中，一方面，它作为一种无形的力量制约着人们的行为，使人们循规蹈矩地参与社会生活，起着调节、整合、润滑人际关系的作用；另一方面，它又逐渐成为妨碍人类个性自由发展、阻挠人类平等交往、桎梏思想自由的精神枷锁。

二、礼仪的含义

商务印书馆出版的《现代汉语词典》中，对“礼仪”词条的解释是“礼节和仪式”。这是一种较为直观的认识，要认清礼仪的内在含义，还需要了解“礼”“仪”与“礼仪”等词的来龙去脉。

（一）“礼”“仪”的含义

我国是四大文明古国之一，有着悠久的历史文化传统。在浩如烟海的古代典籍中，“礼”和“仪”两个字多是分开使用的。

1. “礼”主要包含的三层意思。

（1）礼之本义为敬神，后引申为表示敬意和礼貌。“礼为五经，莫重于祭”（《礼记・祭统》）所指的就是为了敬神而举行的“祭祀之礼”。“以宾礼亲宾客”（《隋书・礼仪》）则表达了四方诸侯朝见天子时表达的尊敬及天子款待所属诸侯或邦国使节时所表示的礼遇亲善。

（2）泛指奴隶社会或封建社会贵族等级制的社会规范和道德规范，如“礼不下庶人，刑不上大夫”（《礼记・曲礼上》）。

（3）特指用来表示庆贺的物品，既包括物质形态的礼品，又包括精神形态的献礼，如“及受礼，惟酒一斗，鹿肉一泮”（《晋书・陆纳传》）。

2. “仪”主要包含的三层意思

（1）指容貌和外表，如“令仪令色，小心翼翼”（《诗・大雅・燕民》），“风仪秀整，美于谈论”（《晋书・温峤传》）。

（2）指程式或仪式，如“诏府中备凶仪”（《晋书・谢安传》）。

（3）指准则和法度，如“普施明法，经纬天下，永为仪则”（《史记・秦始皇本纪》）。

（二）“礼仪”的内涵与相关概念

1. 礼仪的内涵

礼仪作为一个复合词在古汉语中首见于《诗经》。《诗・小雅・楚茨》中记载有“为宾为客，献酬交错，礼仪卒度”的句子。此外，《周礼》也有关于“礼仪”的说法，“凡国之大事，治其礼仪，以佐宗伯”（《周礼·春官》）。可见，《诗经》和《周礼》中的“礼仪”指的是典章制度和道德教化。

现在理解“礼仪”一词的内涵时，也可以从“礼”与“仪”两个方面出发。实际上，礼仪本身既有“礼”的内核，又有“仪”的外壳。一方面，“礼”是内在的，是人们对自己、对他人尊重和敬仰的态度，因而古人常将其与“义”联合起来使用，礼义并举，方为有礼。“仪”则是外在的，是人们行礼的形式与过程，是人们表达对人、对己尊敬之情的动作、程式、物品。所以，“礼”，是“仪”的本质，“仪”是“礼”的表象。另一方面，“礼”和“仪”是密不可分的，即内在的“礼”只有以外在的“仪”的形式表达出来时，才是真正的“礼”；只强调内在的“礼”，而忽视外在的“仪”，则“礼”无从体现；而只强调外在的“仪”，忽视内在的“礼”，则是一种虚假的“礼”。总之，“礼”和“仪”是同一事物相互影响、相互渗透的两个方面，只有将其有机地结合在一起，才能呈现出完整的礼仪。

我国当代的一些专家学者也多有谈及礼仪的论述。

郭沫若在《十批判书·孔墨的批判》中说：“大概礼之起源于祀神，故其字后来从示，其后扩展而为对人，更其后扩展为凶、吉、军、宾、嘉的各种仪制。这都是时代进展的结果。愈往后走，礼制便愈见浩繁。这是人文进化的必然趋势，不是一个人的力量可以把它呼唤得起来，也不是一个人的力量把它叱咤得回去的。”其揭示了礼仪的动态性和发展性。

梁实秋在《秋室杂文·谈礼》中也说道：“礼是一套法则，可能有官方制定的成分在内，亦可能有世代沿袭的成分在内，在基本精神上还是约定俗成的性质，行之既久，便成为大家公认的一套规则。”其体现了礼仪的传承性与普适性。

基于以上认识，可以对现今意义上“礼仪”的定义做出如下归纳：所谓礼仪，是指人们在长期的社会生活中共同认可和遵守的，以维护社会秩序、建立和谐关系为目的，符合社会道德和现代文明的各种行为准则或规范的总和。

上述定义突出了礼仪三个方面的要素：首先，礼仪是人们长期积累、约定俗成的，能够得到大家的广泛认同并自觉遵守；其次，讲求礼仪是为了实现社会交往各方的互相尊重，从而达到人与人、人与社会的和谐共处；最后，礼仪是约束人们行为的准则或规范，在社会实践中，它既表现为一些不成文的规矩、习惯，又可以用语言、文字加以准确描述，形成有章可循的制度性规范。

2. 礼仪的相关概念

在谈论礼仪问题时，我们通常还会提到“礼貌”“礼节”“礼俗”和“礼宾”等概念，它们之间既有区别，又有联系，辨析几者之间的相互关系，有助于更进一步理解“礼仪”的内涵。

礼貌是指言语动作谦虚恭敬的表现，体现着一个人的修养水平和文明程度。在现代社会交往中，礼貌待人为人所称道，而言行缺乏礼貌则为人所鄙夷。

礼节是指人们在日常生活和交往过程中表示尊敬、祝颂、哀悼及给予必要的协助与关照的惯用形式或具体规定，是礼貌的具体表达方式，如鞠躬、握手、献花圈或鸣礼炮等。

礼俗则泛指婚、丧、祭祀、交往等礼节。许多民族保存至今的一些古老风俗和节事仪式，如藏族人民见面时敬献哈达、傣族人民的泼水节等，都可称为该民族特有的礼俗。

礼宾是指按一定规格的礼节和仪式接待宾客。该词主要用于外交场合，所以，各国外交部一般都设有礼宾司，一些王室或元首府还设有典礼官专司礼宾之职。

三、礼仪的主要特性

礼仪虽然与很多学科都有着密切联系，但它作为人的行为规范，有着自身的特性，主要表现在以下几个方面。

（一）共同性

人是社会的人。只要人类存在着交际活动，就需要有相应的礼仪来表达彼此之间的尊重和友好。因而，尽管各个国家、各个地区人们的种族、民族、生活方式都有所不同，但对于礼仪的需要却是共同的。此外，尽管各国、各地礼仪的具体内容有所不同，但都具有一些共同之处，如敬老爱幼、真诚守信等。这是因为礼仪是文明社会的产物，有其道德要求，而人们对于道德方面的要求有很多都是一致的。

（二）差异性

礼仪的形式和内容都是由文化决定的。不同的文化背景产生不同的礼仪文化。由于各个国家、地区和民族的文化传统、宗教信仰、地理环境、交通条件普遍存在着差异，礼仪也就具有了差异性。如中国人请客时习惯先说没有什么好菜以示谦虚，如果桌子上的食物被客人全部吃光会使主人很没面子，因为这意味着主人准备的饭菜不够。但是西方人请客时，主人习惯自己夸赞食物的精美，而且以菜肴被客人一扫而光为荣，因为那说明菜肴味道极好。礼仪的差异性除了地域性的差异外，还表现在等级差别上。礼仪规范要求对不同身份地位的对象采用不同的礼仪形式。身份地位高的人一般会受到较高规格的礼遇，而身份低的人所受到的礼遇则相对来说低一些。如师生相遇时，学生应向老师行鞠躬礼，而老师对学生则不必以鞠躬礼相还，只要向学生微笑致意并问候就可以了。礼仪的这种差异性要求人们在社交和礼仪活动中，既要注意各民族、国家、区域文化的共同之处，又要谨慎地处理相互间文化差异及身份差异。

（三）时代性

任何社会行为都要受到时代因素的影响，礼仪也不例外，它总是随着时代的发展而不断变化。如我国古代妇女的社会地位较低，所以人们拜见长辈或平辈的时候都要先问候男人，然后再问候女人。如果反其道行之，就会被视为不懂规矩。唐代的少数民族将领安禄山进京拜见皇帝和贵妃时先向杨贵妃问安，然后才问候皇帝，被当时的人们嘲笑为不懂规矩。但是随着中国步入现代社会，人们受西方文化的影响日益加深，目前在社交场合都是先问候女宾，然后问候男宾。再如，本世纪初，少妇外出遛狗被视为有失风度；但多年后欧美遛狗成风，反而成为最有风度的行为。因而，礼仪必须正确反映时代精神，体现新的社会规范，确立新型的人际关系，并且在实践中不断地更新其内容，改变其形式。

（四）传承性

礼仪的产生和完善，是历史发展的产物。任何国家的礼仪都具有自己鲜明的民族特色，任何国家的当代礼仪都是在本国古代礼仪的基础上继承、发展而来。离开了对本国、本民族既往礼仪成果的传承和扬弃，就失去了礼仪文化的根基，就不可能形成现代礼仪，这就是礼仪传承性的特定含义。可见，礼仪变化的继承性必将随着人类历史的不断进步而发展。一旦形成，通常会长期沿袭，经久不衰。例如，我国古代流传至今的尊老敬贤、父慈子孝、礼尚往来等民族传统美德，代代相传并发扬光大。

四、礼仪的基本原则

任何事物都有自己的规则，礼仪也不例外。凝结在礼仪背后的共同理念和宗旨就是礼仪的原则，它是人们在操作每一项礼仪规则的时候应该遵守的共同法则，也是衡量人们在不同场合、不同文化背景下言行是否正确、得体的标准。

（一）尊敬原则

孔子对于礼仪曾有一句精辟的概括——“礼者，敬人也”。敬人，就是尊敬他人。这是礼仪的核心与重点。作为一种社会性的高级动物，人类不仅有满足物质生活的需要，更有获得精神、心理满足的渴求。一般来说，人们对于那些尊重自己的人会产生一种自然的亲和力和认同感。尊敬的原则要求人们在自尊、自爱的同时尊重他人的人格、劳动和价值，以平等的身份与人交往，同时，人们还要尊重他人的爱好和感情。可以说，在与人交往之时，最要紧的就是敬人之心长存。互谦互让、互尊互敬是交际成功的关键。在人际交往中，只要不失敬于人，即使具体做法一时失礼也能够获得对方的谅解。

（二）自律原则

礼仪规范是为了维护人与人之间的和谐关系、为了维护社会稳定和发展而存在的，它符合每个社会成员的根本利益要求。作为社会的一员，每个人都应该严格自律，自觉地遵守并执行礼仪规范，以促进人际关系的和谐与社会的稳定。所谓自律，就是自我约束、自我控制、自我反省。

（三）平等原则

礼仪的核心是尊重交往对象。尽管在具体运用礼仪的时候要因人而异，根据不同的交往对象采取不同的具体方法，但是在面对众多各方面相同或相近的交往对象时，必须一视同仁，给予他们同等的礼遇，不能因为交往对象之间存在着年龄、性别、种族、文化、职业等方面的差异而厚此薄彼。如握手时可以先与职位高者握，然后再与职位低者握；也可以先与年老者握手，然后与年轻者握手。但是不能只与职位高者或年纪老者握手而置其他人于不顾。在涉外交往中尤其要注意：不能根据对方所属国家的大小、贫富而区别对待外国人士，那样会破坏彼此间的关系，甚至会产生国际争端。

（四）适度原则

适度是指在实行礼仪的过程中必须熟悉礼仪的准则和规范，把握好人们彼此之间的情感尺度，并据此确定自己的行为尺度，控制好与人交往的距离。只有这样，才能够建立并保持健康、良好、持久的人际关系。因为凡事过犹不及，运用礼仪时如果做得过了头，或者做的不到位，都不能正确地表达自己的自律、敬人之意，进而影响到交际效果。一般来说，在人际交往过程中如果言行过于拘谨，就难以形成宽松融洽的氛围，影响深入交流；但如果与他人交往时我行我素、目中无人，会走向另一个极端，易招人反感。适度这一原则要求人们在交际中要做到感情适度、谈吐适度、举止适度。既要彬彬有礼，又不能低三下四；既要友好坦率，又不能言过其实；既要优雅得体，又不能夸张做作。要做到这些，就必须注意技巧，把握分寸，在社会交际实践中积极地勤学多练，使礼仪行为成为自己的习惯性行为。

五、礼仪的主要功能

礼仪传承了几千年，并且越来越受到整个社会的重视，其原因就在于礼仪本身有多重社会功能。

（一）德育功能

道德与礼仪有着非常密切的关系，礼仪作为人际交往中调节人际关系的卓有成效的工具，原因在于礼仪的核心是建立在道德规范的基础之上的。英国的哲学家约翰·洛克曾有过精彩的论述："美德是精神上的一种宝藏，但是使他们生出光彩的则是良好的礼仪；凡是一个能够受到大家欢迎的人，他的动作不但要具有力量，而且要优美……无论做什么事情，必须具有优美的方法和态度，才能显得漂亮，得到别人的喜悦。"不难看出道德与礼仪之间的关系应该是互为里表、相得益彰的辩证关系。礼仪是道德的外在表现形式，而道德则是礼仪的灵魂，两者应该有机地统一在一个人的言行之中，所以礼仪训练离不开道德修养。显然，礼仪的德育功能在于它有助于提高人们的自身修养。在人际交往中，礼仪往往是衡量一个人文明程度的准绳。它不仅反映着一个人的交际技巧与应变能力，而且还反映着一个人的气质风度、阅历见识、道德情操、精神风貌。因此，在这个意义上完全可以说礼仪即教养，而有道德才能高尚，有教养才能文明。这也就是说，通过一个人对礼仪运用的程度，可以察知其教养的高低、文明的程度和道德的水准。由此可见，学习、运用礼仪有助于提高个人的修养，有助于用高尚的精神塑造人，真正提高个人的文明程度。

（二）交际沟通功能

礼仪的功能主要体现在人际交往之中。卡耐基认为，一个人事业上的成功，只有15%是由于他的专业技术，另外的85%要靠人际关系、处世技巧。卡耐基对人际交往的重视程度基于他对人生的深刻理解和领悟。今天尽管我们无法认定卡耐基的量化数值的精确程度，但是几乎没有人否定人际交往对人生、家庭、事业的重要性。作为组织同样也离不开交往，随着市场经济的发展，带来了大范围内的协作与交流，国内、国外的交往空前增多，如何进行良好的沟通与合作呢？非常重要的一点就是保持礼仪。古人云："世事洞明皆学问，人情练达即文章。"一个人只要同其他人打交道，就不能不讲礼仪。运用礼仪，除了可以使个人在交际活动中充满自信、胸有成竹、处变不惊之外，还能够帮助人们规范彼此的交际活动，更好地向交往对象表达自己的尊重、敬佩、友好与善意，增进人们彼此间的了解与信任。从心理学的角度讲，人都有自尊的需求，都希望得到他人的重视，而礼仪的实质是表达对他人的敬重，交往中他人对自己周到的礼仪则能够很好地满足自尊的需要，就会产生肯定的情感体验，营造出良好的交往氛围，架起沟通的桥梁。所以从该意义上说礼仪是人际交往的"通行证"。反之，如果在人际交往中表现出粗鲁无礼，就是对他人的不敬，就会产生否定的情感，阻塞人际沟通的心理通道，严重的还会酿成事端。

（三）维护协调功能

社会的文明发展程度决定着礼仪的发展水平，同时，反过来礼仪也对社会的风尚产生广泛、持久和深刻的影响，礼仪也会重塑民族的性格。一个社会讲礼仪的人越多，人际关系就会越和谐。礼仪讲究的是自我约束、尊重他人，在这个前提下，人们相互理解、相互合作，自觉地认识和处理个人与他人及社会的关系，表现出良好的社会公德和职业道德，有助于形成良好的社会风气并创造和谐温馨的人际环境和社会环境。另外，礼仪通过评价、劝阻、示范、熏陶、感染等教育形式来纠正人们不正确的行为习惯，倡导人们按礼仪规范的要求来行事，从而协调人际关系，维护社会生活的有序运转。两千多年前，荀子曾说过："人无礼则不立，事无礼则不成，国无礼则不宁。"遵守礼仪，应用礼仪，有助于净化社会的空气，提升个人乃至全社会的精神品位。当前，我国正在大力推进社会主义精神文明建设，倡导建设和谐社会，其中的一项重要内容，就是要求全体社会成员讲文明、讲礼貌、讲秩序、讲道德。这些内容，与礼仪要求是完全吻合的。

（四）形象塑造功能

礼仪不仅是人际交往的通行证，而且礼仪还是人的"第二张脸"。不过这张脸展示的不是五官，而是修养、气质和风度，也即个人整体形象。塑造形象是现代社交礼仪的又一重要职能，包括塑造个人形象和组织形象两方面。个人形象，是一个人仪容、表情、举止、服饰、谈吐、教养的集合，而礼仪在上述诸方面都有自己详尽的规范，如"正仪容，齐颜色，修辞令"（《礼记》），因此学习礼仪和运用礼仪，无疑将有益于人们更好地、更规范地设计个人形象、维护个人形象，更好地、更充分地展示个人的良好教养与优雅的风度，这种礼仪美化自身的功能，任何人都不能否定。当个人重视了美化自身，大家个个以礼待人时，人际关系将会更和睦，生活将变得更加温馨。这时，美化自身便会发展为美化生活、美化社会，这也是礼仪的运用所发挥的作用。

礼仪不但可以塑造个人形象，还有塑造组织形象。现代社会企业的竞争，实质上就是企业形象的竞争。所以，大多数企业尤其是知名企业特别重视塑造良好的组织形象。塑造企业形象一方面有赖于企业的产品，另一方面则有赖于企业员工的形象。我们说，人总是社会的人，大部分的人总隶属于一个部门、一个组织，即人是组织化的个人。人在工作中，总是代表着自己为之工作的组织，工作中的个人形象也就代表着组织的形象。例如，统一的着装，规范的举止，优雅的谈吐，整洁的仪容……往往让人联想到正规、严谨、高效、优质等词语，于是良好的组织形象自然就建立起来了。再如，作为一个秘书，他的职业角色决定了他的工作性质，自然也决定了他应有的形象。作为个人，工作时你更多的是属于组织的，故你的待人接物必须注重组织规定的礼仪要求。与个人交往时，你若不喜欢交往的对象，那么你就可以不必与之交往。但在工作中，你没权选择，工作的需要、组织的形象，是首要的条件。所以，在现代组织管理中，均特别强调员工对组织的忠诚心和责任心。这种忠诚心和责任心在个人的工作中应体现良好的礼仪，如得不到充分体现，那么你个人所代表的组织形象是不佳的，由此会给你所服务的组织带来损害。很简单的一个例子：一个企业服务部门接线员的声音就具有很强的渗透性，如果声音是温文尔雅、彬彬有礼的，自然留给客人的印象是组织形象优秀；相反，则差矣。故从组织形象塑造的角度出发，无论是领导者还是员工，都应有良好的礼仪修养。

另外，礼仪还有提升社会形象的功能。社会由个人组成，礼仪通过对个人形象的塑造来提升社会形象。随着社会开放程度的提高，礼仪形式与交际礼节，包括形体魅力和优雅的举止行为、饱满的精神状态、诚恳的待人态度、洒脱的仪表、适当的表情动作、高雅的言辞谈吐和良好的社交风度等都会直接塑造一个人的公众形象。2008 年 8 月 8 日是一个历史性的伟大时刻，第 29 届奥林匹克运动会在中国首都北京开幕，为此，国家提出了“迎奥运、讲文明、树新风，我参与、我奉献、我快乐”的口号，正是因为每一个国人响应这一号召，切实从自己做起，从有意识地提高个人的礼仪素质做起，主动将自己视为北京奥运形象的代言人，时时刻刻以礼仪规范来约束自己的言行，才使这一届奥运会办成了名副其实的“文明奥运”“礼仪奥运”。所以，当人人都以良好的公众形象出现，整个社会的良好形象就随之树立起来了。

第二节　现代礼仪

一、基本内涵

（一）基本含义

现代礼仪指人们在社会交往活动过程中形成的应共同遵守的行为规范和准则，具体表现为礼节、礼貌、仪式、仪表等。在任何国家、场合、人际交往中，人们都必须自觉地遵守礼仪。

讲究礼仪，必须采用标准化的表现形式才会获得广泛的认可。在面对各自不同的交往对象，或在不同领域内进行不同类型的人际交往时，往往需要讲究不同类型的礼仪。

在具体运用礼仪时，“有所为”与“有所不为”都有各自具体的、明确的、可操作的方式与方法。在社交场合中，如何运用社交礼仪，怎样才能发挥礼仪应有的效应，怎样创造最佳人际关系状态，这同遵守礼仪原则密切相关。

（二）主要内容

礼仪这种文化形态，与人类社会的发展相始终，它广泛渗透于各种社会关系之中，只要有人和人之间的关系存在，就必然会有礼仪的存在。由于人们的社会关系纷繁复杂，也导致了现代礼仪内容的丰富多元化。而且，随着时间的推移，礼仪的外延与边界也将不断得到拓展。

1. 个人礼仪

人是礼仪的行为主体，所以讲礼仪首先应该从个人礼仪开始。或者说，作为一个文明人，注重自身的礼仪习惯是讲礼仪的起点。个人礼仪的内容主要包括个人礼仪修养的意义、标准与培养，个人仪容礼仪，个人服饰礼仪和个人形体礼仪等。

2. 社交礼仪

人的社会性特点决定了其对于社会交往的必然需求，随着智能手机、计算机、互联网等一系列高新电子技术与产品的应用，人们的社会交往已经不仅仅局限于面对面，交往的形式与手段的多样化也给相应的礼仪行为提出了更高的要求。社交礼仪的内容主要包括社交礼仪的内涵、基本原则与发展趋势，会面礼仪，交谈礼仪和宴请礼仪等。

3. 公务礼仪

在公务活动中，人们普遍追求办事的效率与成功率，为了达到这一目的，认真遵守公务礼仪规范是前提。公务礼仪的内容主要包括公务礼仪的特征、作用与原则，办公室礼仪，公文礼仪，会议礼仪等。

4. 商务礼仪

现代商业竞争日趋激烈，已经进入到“细节决定成败”的新时代，对于商业企业而言，很多体现成败的关键细节就在于每一名员工是否能够很好地在商业活动中的每一个环节都严格按照商业礼仪的要求去工作。商务礼仪的内容主要包括商务礼仪的含义、特点、作用和原则，商务接待与拜访礼仪，商务谈判礼仪及商务仪式礼仪等。

5. 习俗礼仪

俗话说：“百里不同风，千里不同俗。”在跨地区、跨民族、跨文化的交往中，只有遵循“入乡随俗”的基本原则，充分尊重交往对象既有的风俗礼仪习惯，才能促进交往成功。习俗礼仪的内容主要包括习俗礼仪的特征与原则，民俗礼仪，节庆礼仪和宗教礼仪等。

6. 求职礼仪

工作是人们实现自我价值的重要平台，但在寻找工作的过程中，除了个人实力因素之外，是否注重求职礼仪在很大程度上也将影响到一个人的求职结果。求职礼仪的内容主要包括求职礼仪的作用和原则，求职前的准备，求职方式及其礼仪，面试礼仪等。

二、基本特点

（一）普遍认同性

现代礼仪是在世界范围交往活动领域内被共同认可、普遍遵守的规范和准则。虽然礼仪在一定程度上打上了一个国家、一个民族和一个地区的文化烙印，但是，我们也看到许多现代礼仪规范几乎是全世界通用的，具有普遍认同的特点。例如，在正式商务场合中的座次安排，各国普遍遵循以右为尊的原则等。随着经济全球化进程的加快，现代礼仪的普遍认同性使礼仪成为不同国家、不同民族、不同地区人们之间开展交往活动的“通行证”。

（二）形式规范性

现代礼仪的表现形式在一定程度上具有一定的规范性。例如两人相见握手时，要相向站立，伸出右手相握；在正式的商务场合，男士一般要穿西装，并且要符合一定的穿着规范，否则就会贻笑大方；许多仪式，对于其程序的要求必须符合一定的规范性，例如签字仪式、揭牌仪式等都有一定的约定俗成的程序要求。如果你执意要违反这个规范或符号，就会在与他人交往时传达错误的信息，轻者会使自己陷入尴尬的境地，重则会伤害他人的感情。因此，人们要想在社交场合表现得得体恰当、彬彬有礼，就必须严格地遵守各项礼仪规范。

现代礼仪各种规范的表现形式都具有很高的审美品位，可给人带来视觉、听觉、感觉等立体和全方位的审美享受。

（三）时代变化性

世界上任何事物都是不断在发展变化的，礼仪也伴随着时代的发展而发展变化，比如在现代快节奏、高效率的经济生活环境之下，现代礼仪也抛弃了很多繁文缛节，向着更加简洁、更加务实的方向发展。

（四）地域差异性

不同的文化背景，产生不同的地域文化，从而决定着礼仪的内容和形式。比如，不同国家、不同地区、不同民族见面问候致意的形式就大不一样，有脱帽点头致意的、有拥抱的、有双手合十的、有手抚胸口的、有握手致意的等。

再如，在宴请方面，中国人请客时桌子上的食物如果被客人用光，主人会很没面子，因为在中国文化中这意味着饭菜不够丰盛；而在西方国家，女主人见此情景会非常高兴，因为这表示准备的饭菜很受客人欢迎。这些礼仪形式的差异均是由不同地方风俗文化决定的，具有约定俗成的影响力。

阅读拓展

礼仪修养的效应

曼谷的东方宾馆坐落在泰国首都曼谷风光秀丽的湄南河畔，最近被《公共事业投资者》杂志评为“世界最佳饭店宾馆”。

东方宾馆具有120多年的历史，宾馆经理认为：“最佳宾馆是由最佳员工创造的，而最佳员工则是靠严格的培训产生的。”

该酒店有员工2 980人，年培训费高达11万美元，酒店的新员工在上岗前均需经过为期半年的与业务技能相关的礼仪训练。以后每隔一段时间还要进修。酒店规定，员工不能与客人争吵，否则将立即被解雇。东方酒店员工训练有素的优质服务为酒店赢得了声誉，同时树立了良好的形象，致使许多客人慕名而来。

三、重要作用

（一）规范行为

现代礼仪中一系列行为准则和活动程序能够规范个人和组织在交往活动中的行为，使活动以更加体面和友好的方式进行。例如，在签字仪式上，按照商务礼仪程序进行操作，能够体现仪式的正规和隆重。

（二）塑造形象

现代礼仪能够为人们塑造良好的形象，有利于在社会生活中进行和谐交流。因此，人们的良好形象能够代表和宣传其所在单位或国家的形象，从而提高单位或国家的知名度和美誉度，利于提升其经济效益和社会影响力。

（三）沟通信息

现代礼仪能够表达不同的信息，人们可以通过言语、行动、表情、礼品馈赠等礼仪形式向交往对象表达感情、传递信息。例如，人们通过面带微笑地与对方握手来传递“你好”或“很高兴见到你”的信息。

（四）联络感情

现代礼仪使得人们衣着整洁、谈吐得体、举止优雅，帮助人们更好地向交往对象传达敬意和友好，促进双方良好人际关系的建立和发展，联络双方的感情。例如，人们通过馈赠礼品来巩固相互之间的感情。

四、主要原则

现代礼仪的内容包罗万象，且在不同情况下的运用方法不同。因此，我们要想在纷繁复杂的社交活动中把握得体的礼仪尺度，充分发挥礼仪的沟通协调作用，就必须掌握现代礼仪的基本原则。

（一）注重形象原则

在人际交往中，人们往往根据交往对象的第一印象来初步判断其修养和素质，且第一印象一旦形成就难再改变。因此，在人际交往活动中一定要注重塑造良好的个人形象，以体现自我尊重和对交往对象的重视，给对方留下美好的印象。

（二）尊重原则

尊重是礼仪的灵魂。在人际交往中，应将对交往对象的尊重放在首位，自己的言行举止千万不可伤害对方的尊严和人格。

（三）真诚原则

在人际交往活动中，千万不可把礼仪当作一种伪装道具，待人口是心非、弄虚作假，而要以诚待人、言行一致、表里如一，发自内心地表达对交往对象的尊重和友好。

（四）平等原则

在运用礼仪时，切不可因交往对象的年龄、性别、种族、文化、职业、身份、地位、财富及其与自己的亲疏远近关系等而厚此薄彼、区别对待，而应该对任何交往对象都一视同仁，给予同等的礼遇。

（五）适度原则

在运用礼仪时，应做到恰如其分。例如，与他人交往时，应做到既彬彬有礼又不低三下四、既热情大方又不轻浮、既坦诚又不粗鲁、既老练稳重又不圆滑世故等。

（六）入乡随俗原则

在涉外交往活动中，一定要做到入乡随俗，充分尊重当地的礼仪习俗，按照东道主的礼仪习惯来完成活动。例如，阿拉伯人忌食猪肉、忌酒、忌用左手与人接触、忌送塑料玩偶等，那么商务人员在与阿拉伯人进行交际活动时，就必须尊重他们的礼仪习俗，否则就会冒犯对方。

课后训练与实践

一、思考题

1．简述礼仪的特性是什么？
2．简述商务礼仪的功能？
3．以自己的亲身经历谈谈礼仪在生活中的作用？

二、案例分析

1. 案例一

2023 年 8 月 10 日，中共中央政治局委员、外交部部长王毅会见新加坡外长维文，维文在新加坡植物园的餐厅设宴款待王毅一行。王毅下车后，维文首先为自己没有打领带道歉，两人亲切拥抱，王毅随即也拿掉了自己的领带赴宴。

请结合本章的知识点，分析王毅拿掉领带赴宴说明了什么？

2. 案例二

乔·吉拉德是世界上最伟大的推销员。一天，一位中年妇女从对面的福特汽车销售部走进了吉拉德的汽车展销室。她很想买一辆白色的福特车。“夫人，欢迎您来看我的车。”吉拉德微笑着说。妇女兴奋地告诉他：“今天是我 55 岁的生日，想买一辆白色的福特车作为送给自己的生日礼物。”“夫人，祝您生日快乐！”吉拉德热情地祝贺道。随后，他轻声地向身边的助手交代了几句。吉拉德领着夫人边看边介绍，一会儿，助手走了进来，把一束玫瑰花交给了吉拉德。吉拉德把这束漂亮的玫瑰花送给夫人，再次对她的生日表示祝贺。那位夫人感动得热泪盈眶，当即在吉拉德这儿买了一辆白色的雪佛兰轿车。

结合案例，说说乔·吉拉德成功地运用了哪些商务礼仪，商务礼仪对于他的汽车销售又有何作用？

第二章

形象礼仪

◆ 学习目标

1. 掌握仪容礼仪的基础知识。
2. 理解服饰礼仪的原则。
3. 掌握人际交往中的服饰搭配。
4. 掌握仪态礼仪中坐姿、站姿、行姿、手势、表情等姿态的基本要领和注意事项。

第一节 仪容礼仪

案例导入

小文是一个公司的女文秘，她刚刚毕业不久，有着一头令人羡慕的长发，因为长期披着齐肩的长发，因此，小文决定换一个新发型。周末，小文来到了理发店，在理发师的建议下，小文决定尝试一下挑染，理发师帮她挑了一个紫红色，这个颜色很靓，从各方面来说，这个颜色对小文的确很合适。

第二天当小文出现在公司时，大家都为之一震，但总经理却把她叫到办公室，说："今天与外商的谈判你就不要参加了，先去把头发给染回来，我不希望让'火鸡'出现在我的谈判桌旁。"

小文心里很委屈，但无奈只好再把头发恢复原样……

思考讨论：这个案例给予你什么启示？

个人礼仪是在人际交往活动中形象的设计、塑造与维护的具体规范，主要包括个人仪容、仪表、仪态等方面礼仪知识和规范的修养。在不用的场合，对个人礼仪的要求是不一样的。

在人际交往中，人们留给初次见面者的第一印象至关重要，它往往会影响到他人对自己的看法与评价，这将对此后的交往产生较大的影响。第一印象一旦形成，就很难改变。这就是所谓的“首因效应”。根据首因效应，他人对自己看法与评价的第一眼印象，通常由个人的仪表、言谈举止、待人接物等方面决定的。所有，我们要根据场合塑造自己的个人形象。

仪容主要指人的容貌，而且是经过修饰以后能给人以良好知觉的容貌。好的仪容是人的第一张名片，也是给对方留下感官印象最直接、最深刻的部位。仪容美是内在美、自然美和修饰美这三个方面的高度统一。三者之间，因为仪容的修饰美是最可以直接实现的。在人际交往中，每个人的仪容都会引起交往对象的关注，并将影响对方对自己的整体评价。仪容之美体现了自然美和修饰美的和谐统一。俗话说：“三分长相，七分打扮。”恰到好处的修饰能弥补自身的某些缺陷，展现一个人的仪容之美。

一、发型修饰

发型在人的仪容中占有举足轻重的地位，头发的修饰是仪容礼仪中不可或缺的组成部分，它主要包括头发的护养、修剪，以及发型的选择。男性的发式给人以得体、整齐的感觉，应该显示成熟、稳重。女性则比较适合清秀典雅的发型，能体现出持重、干练、成熟。

（一）基本要求

1. 干干净净

要求勤洗发、勤理发，使自己的头发保持清洁的状态。具体做法如下：第一，应当至少三天洗一次头发；第二，需随时检查自己头发的清洁度，以保证其整洁、无头屑、无异味。

2. 长短适当

如果是在职场，头发要求宜短不宜长，讲究前不遮眉、侧不盖耳、后不过肩。不论是女士，还是男士，留短发都有诸多好处。如短发梳洗方便，使人显得朝气蓬勃、精神焕发，而且它还符合职场人士讲究传统保守和工作快节奏的特点。头发宜短，并不是越短越好。头发的长度：男士头发以 6 cm 左右为佳，最长不应后及领口、前过额头；女士头发的长度相对来说要求要宽松一些，但不要长过肩部或挡住眼睛，若是社交活动较多，或者确实对潇洒飘逸的长发情有独钟，头发可留长些，但在正式的工作场合，则必须将长发梳成发髻，盘在头上。

3. 整整齐齐

头发要梳理到位，不允许蓬松凌乱。为了使头发保持既定的发型，可以使用美发用品对之加以定型，要保持其整齐。如果要出席重要的商务活动或参加相关的社交活动，最好先去理发店或美容店，请理发师对自己的头发精心修剪或修饰一番，这样做往往能使交往对象借此发现你对此次活动的重视程度，能让其有被尊重的感觉。

（二）发型设计

头发处在人的仪表最显著的部位，除了要保持干净整洁、长短适宜外，发型的选择也十分重要。一个好的发型，能弥补头型、脸形的某些缺陷，使人显得神采奕奕，体现出内在的艺术修养和良好的精神状态。在选择发型时，应与脸形要协调。

1. 鹅蛋脸形

这种脸形给人端庄娴静、柔和的感觉，梳理任何发型都合适，但更适合中分的发型，这种发型会增添端庄的美感。梳理的时候要注意线条的柔和自然，不必刻意梳理。

2. 圆脸形

这种脸形要避免将头发全部往后梳的后掠式和将头发烫成齐耳的内卷式，这两种发型会使脸显得更圆。可采用轻柔的大波浪，眼睛以下层层削薄。头发宜用侧分，以减弱圆脸的偏中性特征。同时，有刘海的不太适合这一脸形。

3. 长脸形

这种脸形要避免头顶的头发吹得太高，也不能梳成旁立的发髻，这样会使脸显得更长。可以梳理一些松散的发型，前发下垂而略厚，形成自己喜欢的刘海；同时增加面部两旁的发量，使脸部显得宽一些。

4. 三角脸形

这种脸形由于左右下颌骨的间距太宽，显得前额狭窄。在做发型时要注意前部的头发向后梳时，不论中分还是侧分，都要左右两侧展开，以表现出额部的宽阔感。同时，在头发的下端应尽量运用发型将脸部遮盖一些，注意颧骨两侧的头发要往外蓬，后脑的头发也要做得蓬松，使其有丰满感。

5. 倒三角脸形

这种脸形的特征是上宽下窄，即上额宽阔下颌尖窄。一般说来，这种脸形还是比较理想的。这种脸形的人不宜留超短发，而且头顶的头发不宜吹得过高，最好是让头发紧贴头顶和太阳穴部位，这样可以减少额角和颧骨的宽度。

6. 方形脸形

这种脸形的人要尽量用发型缩小脸部的宽度。首先头顶的头发可以梳得蓬松些，刘海要往两侧太阳穴梳，以掩盖方额角。

（三）注意事项

在正式场合时，发型应当传统一些，切勿过分新潮，过分怪异，做到不烫发、不染发（不染黑色以外的其他颜色）。

此外，女士不管为自己选定了何种发型，在头发上都不宜再添加过分花哨的发饰，不宜不分场合地把用于室外或社交场合的帽子，如公主帽、发卡帽、贝雷帽、学士帽、棒球帽、太阳帽等戴进办公室。有些需要戴发卡的发型，应使用常规的发卡。做发礼仪是指塑造头发的整体造型，即发型或发式，它是美发的关键，美国的雷·怀尔德在《管理大师如是说》中认为："身为一名职业女性，必须时时注意自己的外表仪容，但造型别太标新立异，尽量固定自己外表的形象，过多的变化会让其他人吃不消，发型最好固定，不要频频改变。"对职场人士来讲，发型风格应以庄重、简约、典雅和大方为主。

二、皮肤护理

（一）洁肤

卸妆后，取洁面用品，用无名指以向上向外打圈的手法揉洗面部及颈部，清除尘垢、过剩油脂及化妆物，去除表面老化细胞，促进新陈代谢，让肌肤清新、爽洁。洁肤是肌肤美丽的第一步。

（二）爽肤

用棉球蘸取爽肤水轻轻擦拭脸部及颈部，注意避开眼部。擦爽肤水可起到进一步清洁皮肤、补充水分、平衡皮肤的 PH 值、帮助收缩毛孔的作用。

（三）润肤

将润肤品抹于脸部及颈部，以向上向外打圈的手法轻轻抹匀，为肌肤补充必要的水分与养分，令肌肤柔润而有弹性。

知识链接

皮肤的清洁

首先是洁肤。应选择合适的洗脸水。一般可以先用温水，以让毛孔扩张，洗出残留在毛孔中的灰尘。然后立即用冷水敷一下脸，使毛孔收缩，减少水分流失，并使皮肤保持弹性。再配以适合自己肤质的洗面奶或洁面霜使用，将适量洗面奶倒在手心，用手指将其轻涂于脸上，由下往上螺旋式按摩清洗，尤其是额头、鼻翼、嘴角处要着重清洗，然后用清水洗净。由于表皮最外层的角质是层层覆盖的鳞片状，因此我们提倡由下往上洗脸，这样可以洗去藏在之间的污物，并保持肌肤的正常纹理。除了每日一至二次的日常洁肤外，有条件的每周还可以进行一次深层清洁，用泥浆式或撕拉式面膜，将面膜均匀涂在脸上，注意避开嘴和眉眼，待面膜中的水分彻底挥发后，将其撕下来，可彻底清除污垢。此外，别忽视脖颈的清洗。

其次是爽肤。由于洁肤用品呈碱性，用之清洁皮肤之后，常有绷紧的感觉，而健康的肌肤应呈微酸性，故应平衡皮肤的酸碱度，而且还要使张开的毛孔收缩，以防止气孔增大而导致皮肤粗糙。那就需要用爽肤水（又称紧肤水、收缩水等）来调整。可将爽肤水倒在化妆棉或直接倒在手心里，均匀地往脸上轻按并轻敲，以促进其吸收。

再次是润肤。爽肤后还应为肌肤补充营养。白天用日霜，夜间用晚霜。日霜可防止灰尘附着在皮肤上和免受紫外线的侵害，并为肌肤提供所必需的养分，夏天使用防晒霜来阻挡强烈日晒更为重要。夜晚是养颜的最佳时机，因此在临睡前用晚霜，能使养分被充分吸收，达到养颜之目的。

三、面部化妆

化妆，是修饰仪容的一种方法，是指采用化妆品按一定技法对自己进行修饰、装扮，以便使自己容貌变得更加靓丽。在人际交往中，进行适当的化妆，是必要的。这既是自尊的表示，也意味着对交往对象的尊重。

（一）基本原则

1. 美化原则

化妆意在使人变得更加美丽，因此在化妆时要注意适度矫正、修饰得法。

2. 自然原则

化妆既要美化、生动，又要真实、自然。

3. 协调原则

高水平的化妆，强调的是其整体效果，所以在化妆时，应努力使妆面与全身、场合、身份协调。

（二）性别妆容

1. 男士妆容

对男性来说，面部化妆方面做到面颊干净整洁即可，千万不可留胡须。此外，鼻毛长的也一定要记得修剪。

2. 女士妆容

女性妆容一定要坚持素淡的原则，让面容更精致、更有精神的同时给人爽洁、大方、清新的感觉，切不可浓妆艳抹。

眼部：可只画眼线，不要涂眼影。画完眼线，可抹上睫毛液，使睫毛显得长密，眼睛明亮有神。

唇部：不建议女士涂画过于浓重色彩的唇膏，如紫色、金黄色、大红色等，应选色泽接近自己唇色的唇膏，或色泽稍艳丽的红色唇膏。

（三）基本程序

1. 清洁面部

用温水及洗面奶彻底洗去脸上的油脂、汗水、灰尘等污秽，以使妆面光艳美丽。

2. 护肤

将收缩水或爽肤水适量倒入掌心，然后轻拍在前额、面颊、鼻梁、下巴等处，然后根据肤质抹上护肤霜（液）或美容隔离霜（液）。

3. 基础底色

选择适合自己皮肤的粉底，不要使用太白的底色，否则会让人感到失真。

4. 定妆

为了柔和妆色和固定底色，要用粉饼或散粉定妆，粉的颗粒越细越自然。

5. 修眉

脸盘宽大者，眉毛不宜修得过长过直，相反，应描得适度弯一些、柔和一些；五官纤细者，不宜将眉修饰得太浓密。描眉时，应将眉笔削成扁平状，沿眉毛的生长方向一根根地描画，这样描出的眉毛有真实感，而不要又浓又粗地画成一片。

6. 画眼线

沿睫毛根部贴近睫毛，由外眼角向内眼角方向画出眼线，上眼线应比下眼线重些，上眼线从外眼角向内眼角描十分之七长，下眼线描十分之三长。

7. 涂眼影

眼影的颜色要适合自己的肤色和服装的颜色。

8. 涂抹睫毛膏

先用睫毛夹使睫毛卷曲，然后用睫毛刷把睫毛膏均匀地涂抹在睫毛上，但不宜抹得过厚，否则会让睫毛粘住，给人以造作之感。

9. 腮红

用胭脂刷将胭脂涂扫在面颊的相应部位。

10. 涂口红

涂口红可加深嘴的轮廓，让脸部更加生动，富有魅力。涂口红时先用唇线笔画出理想的唇型，然后填入唇膏。按上嘴唇从外向里，下嘴唇从里向外的顺序进行。口红的颜色应根据不同肤色、不同服装的颜色、不同的场合来选用。

（四）常用方式

1. 工作妆

工作妆是适合日常工作场合的化妆，应为淡妆。发型要简洁、整齐。在办公室中可涂淡色或无色指甲油，不要把指甲留得太长，手以清洁最为重要。

2. 舞会妆

舞会妆是适合舞会场所的化妆。因为灯光较暗，舞会妆以浓妆为宜。发型可比晚妆随意一些，可用彩色喷发剂喷洒在头发上以增加发型的华丽感，也可用假发加以修饰，这对职业女性是最简便易行的办法。

3. 晚妆

晚妆的特点是粉底与皮肤的颜色不可相差太远，但要遮盖力强。晚妆的发型比较讲究，男性可吹发、定型，以显潇洒；女性可盘发、卷发，尽显妩媚动人。

4. 休闲妆

休闲妆追求清丽洒脱的化妆效果，宜淡妆轻描。休闲妆的发型可简洁、随意，前额的刘海儿不能遮住眼睛，最好将长发束紧固定，以免出汗后发丝粘在颈上，让人产生不适感。

总之，化妆的目的是修饰自己，要有所为，有所不为。要在自己不尽满意的部位，做专门的润色调整，不要整个面部全方位的描画修饰。高明的化妆，既要显出漂亮的仪表，又要不露人工痕迹。

第二节 仪表礼仪

案例导入

有位女职员是财税专家，她有很好的学历背景，常能为客户提供很好的建议，在公司里表现一直很出色。但当她到一家较著名的公司为客户提供服务时，对方主管却不重视她的建议，因而没有机会发挥她的才干。为此，她很苦恼。

一次偶然的机会，一位时装设计师结识了这位女职员，时装师指出了女职员在着装方面的缺陷：她 32 岁，身高 152 厘米，体重 48 公斤，圆圆的娃娃脸看起来很可爱，且她平时也喜欢穿可爱型的服装，像个十六七岁的少女。

其外表与她所从事的工作相距甚远，导致客户对于她所提供的建议缺少安全感、依赖感，所以难以发挥她的才干。时装师建议她用服装来强调财税学者和专家的气势，用深色的套装、对比色的上衣、镶边帽子来搭配，甚至还戴上稳重大方的眼镜。

女职员一一认真照办。结果，3 个月后客户的态度有了明显的转变。很快，她便成为公司重要的董事之一。

思考讨论：时装设计师的建议你认同吗，为什么？你对职业女性的着装有什么建议？

个人形象在职场中至关重要。个人礼仪是个体的生活规范与个人处事的准则，是个人仪表、言谈、举止、待人接物等方面的具体规定，是个人道德品质、文化素养、教养良知等精神内涵的外在表现。个人素养往往通过不经意的举手投足表现出来，其个人礼仪不仅影响个人形象，也影响一个单位的形象。仪容、仪表给人留下深刻的“第一印象”，能反映出一个人积极向上的精神风貌和乐观开朗的生活态度。拥有良好的仪容、仪表、仪态美，会给人留下美好而深刻的印象，使人从内心产生信任、喜爱、激发合作的想法。

一、基本原则

服饰是一种文化，也是一种“语言”，是透视个人形象的一个非常重要的窗口，体现着人的性格、文化、气质、品味及身份地位等。服饰美不仅表现人的外在美，还体现着人的精神面貌。服饰是他人对自己“第一印象”的重要组成部分，整洁合身的服饰通常能给人留下干净、利落、干练的形象，容易取得他人的信任和好感，也是尊重客人的具体表现。为了着装得体，达到一种和谐统一的整体视觉效果，就必须掌握着装的四个原则。

（一）TPOR 原则

目前，国际上通行的着装原则是 TPO 原则。是指人们在着装时要兼顾时间、地点、场合这三个基本因素，并与之相适应。TPO 即英文“time（时间）”、“place（地点）”和“occasion（场合）”三个英文单词开头字母的缩写。该原则产生于 1963 年，之后便迅速传播，现已成为世界服装界公认的着装审美原则之一。

如今，有不少礼仪专家把 TPO 原则的内容做了进一步的延伸与拓展，增加了一个“role（角色）”，形成了着装中的 TPOR 原则。

1. 时间

即穿着要应时。一般包含三个含义：第一个含义是指每天的日间和晚上的变化；第二个含义是指每年的春、夏、秋、冬四季的不同；第三个含义是指时代的差异。在不同的时间里，着装的类别、式样、造型应有所变化。比如，冬天要穿保暖、御寒的冬装，夏天要穿通气、吸汗、凉爽的夏装。白天穿的衣服需要面对他人，应当合身、严谨；晚上睡觉时穿的衣服不为外人所见，应当舒适、随意等。

2. 地点

即穿着要因地制宜。在不同的地方，着装的款式理当有所不同，切不能以不变应万变。例如，穿泳装出现在海滨、浴场，是人们司空见惯的，但若是穿着泳装去上班、逛街，则定会令人瞠目结舌。在中国或欧美国家，一位少女只要愿意，随时可以穿小背心、超短裙，但她若是以这身打扮出现在着装保守的阿拉伯国家，就有些不尊重当地人了。

3. 场合

即穿着要与场合气氛相和谐。工作场合的着装，要求与职业相协调；社交场合的着装，应该根据所处场合气氛的变化来选择服饰。如在宴会、联欢会等喜庆的场合，服装颜色可相对鲜亮，款式可相对新颖；在庆典、仪式、接见外宾等庄重的场合，穿着就要规范得体；在追悼会等悲伤、肃穆的场合，服装款式就应该简洁庄重，颜色则应以深沉的颜色来应时应景。

4. 角色

人们的社会活动是多方面的、多层次的，人们经常在不同的社会场合，扮演不同的社会角色。在社会活动中，人们的仪表、言行必须符合他的身份、地位、社会角色，才能被人理解、接受。如一位成功人士，以蓬头垢面、破衣烂衫的形象出现在众人面前，就很难让人相信他的经济实力。因此，利用得体的着装，可以满足他人对自己社会角色的期待，促成社交的成功。

（二）整洁原则

整洁原则是指整齐干净的原则，这是服饰打扮的最基本原则。无论是商务场合的正装还是休闲场合的便装，均应以整齐、洁净为原则。一个穿着整洁的人总能给以积极向上的感觉，并且也表现出对交往对象的尊重和对社交活动的重视。整洁的原则并不意味着时髦和高档，只要保持服装的干净合体、整齐有致即可。

（三）和谐原则

和谐原则是指一个人的着装要与他的年龄、体型、职业和所处的场合相协调。服饰本是一种艺术，能掩盖体型的某些不足，若能巧妙地利用这一点，借助于服饰，定能创造出意想不到的效果。

1. 与年龄相适宜

在穿着上要注意自己年龄。不论是年轻人还是年长者都有权利打扮自己、装扮自己，展示自我。但是在打扮时要注意，不同年龄的人有不同的着装要求：①年轻人着装以自然、质朴为原则，鲜艳、活泼、简洁和随意的服装，可充分体现年轻人热情奔放、朝气蓬勃的青春美；②中年人的着装要庄重、雅致、含蓄，体现出成熟、端庄和冷静的气度；③老年人可选用砖红、海蓝、墨绿等色彩来掩饰倦怠之相，并显现雍容、华贵、稳重和雅致的气质。

2. 与体型相适宜

树无同形，人各有异。不同的体型着装意识有所区别。①体型高大者，宜选择深色、单色为好；②体型较矮者，服色宜稍淡、明快、上下色彩一致为好；③体型较胖者，以冷色调为好；④体型偏瘦的人，服色以明亮柔和为好。同时还要注意款式与体型相协调。

3. 与肤色相适宜

服饰的色彩可使人的肤色发生变化。因此，应根据肤色进行服装的选择和搭配，从而起到相得益彰的效果。①肤色偏黑的人如果穿着的服色过深，会加深偏黑肤色，宜选用明亮浅色调，如浅粉、月白等色彩；②肤色偏黄的人，如果穿着黄色、紫色、青黑色服装，会加深肤色更黄的感觉，宜选用蓝色或浅蓝色；③面色苍白的人，如果选用粉红、浅绿、嫩黄色，会给人一种病态的感觉；④肤色发红的人，如果穿着浅绿色和深蓝色，强烈的色彩对比会使肤色显得发紫，宜选用稍冷或浅色的服色。

4. 与性格相适宜

不同的性格需用不同的色彩来表现。①性格内向的人，一般喜欢选择较为沉着的颜色，如灰、蓝、黑色等；②性格外向的人，一般选用暖色，如红、橙、黄色等。服色与性格相符会给人带来舒适和愉快。

5. 与职业相适宜

不同的职业有着不同的着装要求。特别是工作时的着装，更应体现职业服装的实用性、象征性和审美性。职业服装表明了着装人的社会身份，也表明了工作人员的责任感和可信度，同时也表现了对他人的尊重。

（四）个性原则

个性原则是指社交场合树立个人形象的要求。不同的人由于年龄、性格、职业、文化素养等各方面的不同，自然就会形成各自不同的气质，因此在选择服装进行服饰打扮时，不仅要符合个人的气质，还要突现出自己美好气质的一面，为此，必须深入了解自我，正确认识自我，选择适合自己的服饰，这样，可以让服饰尽显自己的风采。要使打扮富有个性，还要注意：首先不要盲目追赶时髦，因为最时髦的东西往往是最没有生命力的；其次要穿出自己的个性，不要盲目模仿别人，如看人家穿阔腿裤好看，就马上跟风，而不考虑自己的综合因素。

阅读拓展

一位明星曾因在可口可乐签约广告的仪式上误穿了一条用英文写满脏话的裤子，引起媒体的指责。

这位明星有着青春、清纯的外貌，健康、健美的体魄和很高的知名度，以及在年轻人中良好的人缘。可口可乐公司选择她做广告代言人，也正是看中了这一点。

可是这件事却使她的形象大打折扣，也使花大钱请她做广告代言人的可口可乐公司跟着倒霉，使“可口可乐”品牌形象也受到很坏的影响。

“可口可乐”花钱本来是要宣传自己的良好品牌形象，一不留神却被“脏裤”抢了“戏”。所以，服饰对商务人员和公司的形象是非常重要的，个性的原则也要在职业化的基础之上。

二、正规职业装

（一）男性职业装

1. 基本要求

西装是男性商务人员在商务场合最理想的职业服装。西装应配衬衫、打领带和穿皮鞋。

2. 重要原则

1）三色原则

即身上的颜色一般不宜超过三种，即西装、衬衫，领带、鞋袜。最好选择深色西装、白色衬衫和黑色鞋袜。袜子跟皮鞋颜色应类似，至少是深色。①西装颜色：深色为主/深（藏）蓝色/深灰色/黑色/棕色等为主。②衬衫颜色：要与西装相协调，一般蓝色/灰色/白色/浅棕色等。③领带颜色：蓝色/灰色/黑色/紫红色等单色领带为主。

2）三一律原则

即要求鞋子、皮带、公文包三者的颜色要一致，而且首选黑色。

3. 注意事项

（1）要拆除衣袖上的商标或质地的标志。

（2）要熨烫平整，裤子要熨出裤线。

（3）衣袖不挽、不卷。

（4）口袋里要少装东西。

（5）要注意巧配内衣（西装的标准穿法是内穿衬衫，衬衫内一般不穿棉纺或毛织背心或内衣。如需要，其色彩应与衬衫的色彩相仿。内衣的领口应比衬衫的领口低，以免外露）。

（6）扣好纽扣，并注意纽扣的扣法。

4. 纽扣扣法

（1）单排扣。适合较苗条者；单排双粒扣，扣上面一颗。

（2）单排三粒扣。扣上面两颗或中间一颗；单排多粒扣，扣上面三颗或扣中间一颗。

（3）双排扣。适合身体健硕者，一般要全扣上。

在重要场合，在大庭广众面前站立时，一般西装上衣的纽扣应系上，以示郑重；就座之后，西装上衣的纽扣可解开，以防其“扭曲”走样。

5. 搭配

1）与衬衫的搭配

在正式的商务场合，正装衬衫必须是：长袖衬衫；面料主要以纯棉或纯毛为主；单一色彩，白色最佳，蓝色、灰色、棕色也可以；以无任何图案为最佳（较细的竖条衬衫也可以）。

衬衫与西装相配套时，必须注意：衣扣要系上，袖长要适度，下摆要收好。在商务场合，西装必须和衬衫同时穿着。但在自己的办公室里，可暂时脱下西装上衣，直接穿着衬衫、打着领带。不穿西装上衣，而直接穿着衬衫、打着领带去参加正式商务活动，是不符合礼仪规范的。

2）与领带的搭配

挑选领带时应注意：①面料。商务场合适合的领带，一般用真丝或羊毛制作成的。②样式。下端为箭头的领带，比较传统、正规；下端为平头的，显得时尚、随意一些。③色彩。以蓝色/灰色/黑色/棕色/红色等单色领带为主（在正式场合佩戴的领带颜色不要多于三种）。④图案。以无图案的领带或以条纹/圆点/方格等规则几何形状为图案的领带为主。

佩戴领带应注意场合、服装、结法及长度。领带打好后，标准的长度以箭头到皮带扣处为宜，过长过短都不合适。不同花色领带适合不同的场合：①无图案或斜纹领带。成熟、稳重、大方，适合商务谈判、主持、演讲场合。②圆点或方格领带。中规中距，按部就班，适合在初次见面或拜见长辈、上级时佩戴。③不规则领带。活泼有个性、有创意和朝气，适合酒会、宴会、舞会。

不同颜色的西装与衬衫、领带的搭配：①黑色西装。庄重大方、沉着冷静，搭配白衬衫+红黑领带。②中灰色西装。格调高雅、端庄，搭配暗灰衬衫+银灰色圆点领带。③咖啡色西装。大方、风度翩翩，搭配黄褐色衬衫+咖啡色的小方格领带。④深蓝色西装。格外精神，塔配衬衫+蓝色小方格领带。

知识链接

领带的打法

◆　双环结

一条质地细致的领带再搭配上双环结，颇能营造时尚感，适合年轻的上班族选用。该领结完成的特色就是第一圈会稍露出于第二圈之外，不可刻意盖住，如图 2–1 所示。

图 2–1　双环结

◆　交叉结

单色素雅质料且较薄领带适合选用这种领结方法。对于喜欢展现流行感的男士不妨多加使用，打法如图 2–2 所示。

图 2–2　交叉结

◆　平结

平结为最多男士选用的领结打法之一，要诀是领结下方所形成的凹洞需让两边均匀且对称，这种打领带的方法几乎适用于各种材质的领带，如图 2–3 所示。

图 2–3　平结

◆　双交叉结

这样的领结让人有种高雅且隆重的感觉，适合正式活动场合选用。该领结多运用在素色且丝质领带上，若搭配大翻领的衬衫，能产生尊贵感，如图 2–4 所示。

图 2–4　双交叉结

3）与公文包的搭配

公文包的质地以真皮为宜。黑色或棕色为正统的选择，一般包和皮鞋的颜色应一致。除商标外，商务男士用的公文包外表不要带有任何图案。标准的公文包是手提式的长方形公文包。

（二）女性职业装

裙装最能体现女性的体态美，在所有的裙式服装中又以套裙为首选。商界女士在参加正式场合的活动时，穿套裙是最佳的选择。套裙是西装套裙的简称，上身是女式西装，下身是半截式裙子。也有三件套的套裙，即女式西装上衣、半截式裙子外加背心。

1. 种类款式

种类有成套型套裙和随意型套裙（西装套裙最适合商务上班族女士，显得庄重、大方）。

款式主要集中在上衣衣领、衣扣及裙子的式样上。①衣领翻领、V 形领、U 形领、圆领、一字领及束带领等。②衣扣。单排扣、双排扣（明扣或暗扣式）及无扣式。女性在正式场合穿套裙时，上衣的衣扣应全部系上（装饰作用的除外）。③裙子式样。西装裙、一步裙、百褶裙、A 字裙、旗袍裙及开叉裙等。

2. 着装要求

整洁、大方，符合职业特征。

3. 套裙的色彩

1）以冷色、单色为主

如炭黑/棕/深蓝/紫红/土黄等稍冷的色彩；穿套裙可搭配不同色的衬衫、丝巾、胸针等稍加点缀，以体现着装者的典雅、端庄。

2）以简洁为主

套裙一般以无任何图案，或以小圆点/细条纹/格子图案为主。一套套裙的色彩一般不要超过两种。

4. 注意事项

1）长短适度

一般套裙的上衣最短可齐腰，上衣的袖长要恰好盖住手腕；而裙子最长到小腿中部（套裙中的超短裙，裙长一般以不短于膝盖以上 15 厘米为限）。

2）注意场合

女性在商务场合中（尤其在涉外商务活动中），一般以穿套裙为好。此外，没必要非穿套裙不可（如出席宴会、舞会时，可选择礼服或连衣裙或时装）。特别要注意正式商务场合不宜穿超短裙、牛仔裙、皮裙、吊带裙。

3）协调妆饰

穿着打扮应讲究着装、化妆与佩饰风格的协调。穿套裙时的基本守则如下：①一般应化妆，但不能化浓妆；②佩饰不宜多，应合乎身份，佩戴首饰最多不应超过三种（应同质同色），每种不多于两件。佩戴首饰时，须兼顾自己职业女性的身份。在工作场合要讲究“首饰三不戴”：有碍于工作的首饰不戴；太炫耀财力的首饰不戴；过分张扬突出个人性格魅力的首饰不戴。

5. 搭配

1）与衬衫的搭配

最好选择无图案的单色衬衫，除白色外，其他色彩只要与所穿的套裙色彩相协调，都可作衬衫的色彩。套裙搭配穿衬衫时须注意：①衬衫的下摆须掖入裙腰内；②衬衫的纽扣要系好；③衬衫在公共场合不宜直接外穿。

2）与鞋袜的搭配

与套裙配套的鞋子，应为皮鞋，以黑色的牛皮鞋最好（与套裙色彩一致的皮鞋也可以）。鞋子应是高跟或半高跟的船式皮鞋（皮靴和皮凉鞋等不合适，但正装凉鞋可以）。

3）与包的搭配

商务女性出席重要商务场合时，一般要求包与皮鞋的颜色一致。在其他场合，女性穿套装时，包与皮鞋没必要同色，但包的颜色须与所穿的服装色彩相协调。无论是男士还是女士，出席重要商务场合，包与皮鞋的颜色最好一致。

知识链接

女性着装禁忌

◆ 穿丝袜

注意不要穿有勾丝、破洞的袜子；不要将袜口露在裙外。

◆ 内衣

如同隐私，不可外露。

◆ 不要乱追时髦

女士穿踏脚健美裤，曾非常流行，殊不知这是从欧美妇女内裤袜演变而来的，只能在家里或进行某种运动时穿，是不登大雅之堂的。

皮短裙也曾在时髦女郎中流行，更令人哭笑不得，因为这曾是西方一些地区风尘女郎标志性的打扮，良家姑娘岂能随意仿效？

近年来，姑娘们时兴露背低胸的吊带装，构成一道道靓丽的风景线。此类服装在休闲娱乐时可以穿，而在办公室、图书馆、教室却有伤大雅；如此装束去推销商品则更不敢恭维，恐怕客户关注的不是你的产品。

◆ 穿凉鞋拖鞋

如此上班能影响升级加薪。美国《完美服饰：从鞋子看人》的作者克利里说："鞋子表露了女人的心情，穿凉鞋显示她很轻松，带着度假的心情，这是在办公室里传达了负面的信息，可能影响升级加薪。"

课后训练与实践

一、思考题

1. 如何理解 TPOR 原则在工作实践中的体现与运用？
2. 结合自己生活经历，分析有哪些不符合礼仪规范的着装表现。

二、案例分析

郑伟是一家大型国有企业的总经理。有一次，他获悉有一家著名的德国企业的董事长正在本市进行访问，并有寻求合作伙伴的意向。他于是想尽办法，请有关部门为双方牵线。让郑总经理欣喜的是，对方也有兴趣同他的企业进行合作，而且希望尽快与他见面。到了双方会面的那一天，郑总经理对自己的形象刻意地进行一番修饰，他根据自己对时尚的理解，上穿夹克衫，下穿牛仔裤，头戴棒球帽，足蹬旅游鞋。无疑，他希望自己能给对方留下精明强干、时尚新潮的印象。然而，郑总经理自我感觉良好的这一身时髦的“行头”，却偏偏坏了他的大事。

根据本节原理分析：

1. 郑总经理的错误在哪里？

2. 他的德国同行对此有何评价？

第三节 仪 态 礼 仪

案例导入

有位老师带着三个毕业生同时应聘一家公司做业务员。

公司人事部主任让三位同学一起面试。三位同学进入人事部主任办公室时，主任上前请三位同学入座。

当主任回到办公桌前，抬头一看：其中两位同学坐在沙发上。一个架起二郎腿，而且两腿不停地抖动；另一个身子斜靠在沙发一角，右手不断在抠着鼻子，只有另外一个同学端坐在椅子上，静静地等候面试。

很快，人事部主任非常客气地对两位沙发上的同学说：“对不起，你们二位的面试已结束了，请退出。”

两位同学四目相对，不知何故。面试怎么什么都没问就结束了。

思考讨论：通过本案例你得到什么启示？

仪态是指人在行为中的姿势和风度。姿势是指身体所呈现的样子，风度则属于内在气质的外部表现。每个人总是以一定的仪态出现在别人面前，一个人的仪态包括他的所有行为举止。仪态在心理学上称为“形体语言”，是指人的肢体动作，是一种动态中的美，包括站姿、坐姿、行姿、手势、表情等，是风度的具体体现。而这些外部表现又是一个人内在品质、知识、能力等的真实流露。

仪态在社交活动中有着特殊的作用。潇洒的风度、优雅的举止，常常令人赞叹不已，印象深刻，受到人们的尊重。在与人交往中，我们可以通过一个人的仪态来判断他的品格、学识、能力，以及其他方面的修养。仪态美是一种综合的美、完善的美，是仪态礼仪所要求的。

这种美应是身体各器官相互协调的整体表现，同时也包括了一个人内在素质与仪表特点的和谐。容貌的美只属于那些幸运的人，而仪态美的人，往往是一些出色的人，因而仪态的美更具永久魅力。

一、站姿

古人云：“站如松。”男士站姿主要体现出阳刚之美，女士则要体现出阴柔之美。

（一）男性站姿

1. 肃立

头正，脖颈挺直，双目平视，嘴唇微闭，下颌微吸，面容平和自然，两肩放松，稍向下沉，自然呼吸，躯干挺直，做到收腹、立腰、挺胸、提臀，双臂自然下垂于身体两侧，手指并拢自然弯曲，中指贴拢裤缝，双膝并拢，两腿直立，脚跟靠紧，脚掌分开呈“V”字形。角度为 45° ～60° 。肃立适用于隆重集会的场合，如升旗庆典、剪彩等仪式。

2. 直立

两脚平行分开，两脚之间距离不超过肩宽，以 20 厘米为宜，两手手指自然并拢，右手搭在左手上，轻贴在腹部，双目平视，面带微笑；或者两脚平行分开，与肩同宽。

男性站姿如图 2–5 所示。

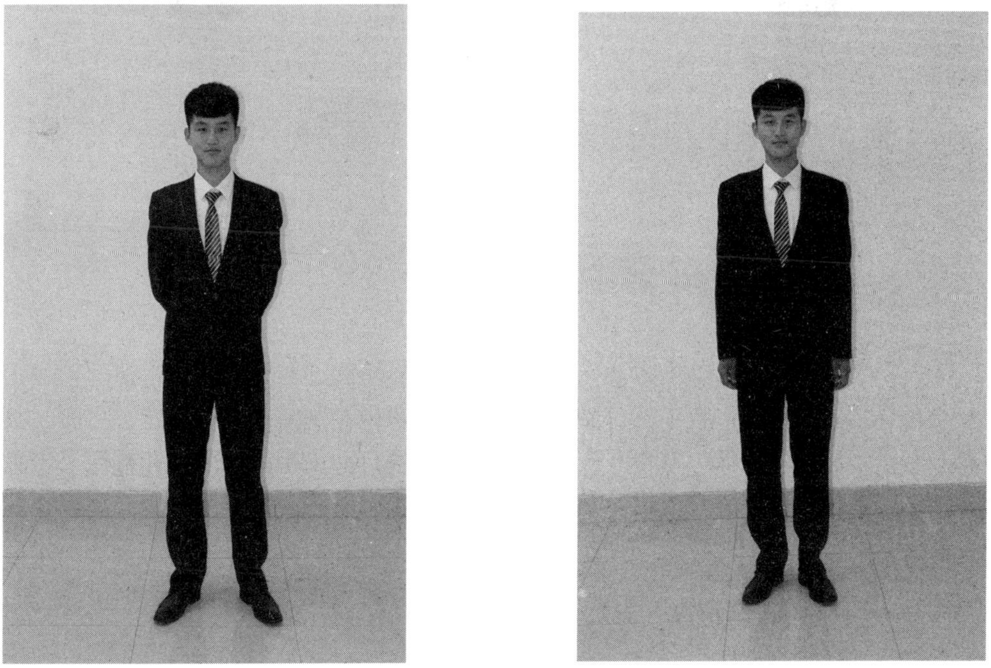

图 2–5　男性站姿

（二）女性站姿

1. 肃立

女性肃立同男性要求相同。

2. 直立

头部抬起，面部朝向正前方，双眼平视，下颌微微内收，颈部挺立，双肩自然放下、端平且收腹挺胸，但不显僵硬，双臂自然下垂，处于身体两侧，将双手自然叠放于小腹前，右手叠加在左手上。直立时，两脚展开成 90°，右脚向前将脚跟靠于左脚内侧中间位置，成右丁字步，左手背后，右手下垂，身体直立，重心置于两脚，双目平视，面带微笑；或者两脚展开成 90°，左脚向前，脚跟靠于右脚内侧中间位置，成左丁字步，面带微笑。

女性站姿如图 2–6 所示。

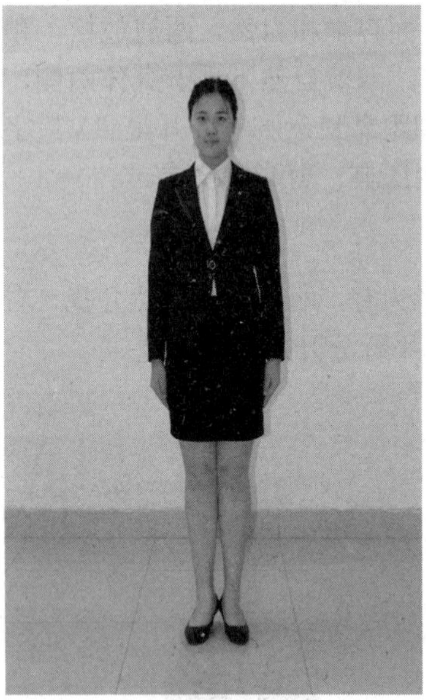

图 2–6　女性站姿

（三）站姿禁忌

社交场合站立时切记：双手不可叉在腰间，也不可抱在胸前；不可驼背、弓腰、眼睛不断向左右斜、一肩高一肩低、双臂左右乱摆、双腿不停抖动；不宜将手插在裤兜里，更不要下意识地做小动作，如摆弄打火机、香烟盒，玩弄皮带、发辫，咬手指甲等，这样不但显得拘谨，给人以缺乏自信和经验的感觉，而且也有失庄重。

（四）训练方法

1. 靠墙训练

“五点一线”，即脚跟、小腿、臀、肩胛骨、头五点在一条直线上，尽量收腹贴墙站立，并由下往上逐步确认姿势要领，练习站立动作的持久性。

2. 背靠背训练

两人一组练习，要求背靠背，以双方的髋部、肩部、后脑勺为接触点，练习站立动作的稳定性。

3. 顶书训练

在头顶放一本书使其保持水平促使人把颈部挺直，下巴向内收，上身挺直，目光平视前方。每天训练 20 分钟左右，每天一次。

二、坐姿

（一）男性坐姿

男士标准坐姿要求“坐如钟”，即体态稳重，不摆动身体，不抖腿踢脚。

头部挺直，双目平视，下颌内收。身体端正，两肩放松，勿倚靠座椅的背部。挺胸收腹，上身微微前倾。采用中坐姿势，坐椅面的 2/3。日常手的姿势，双手自然放在双膝上或椅子扶手上。桌面手的姿势，双手自然交叠，将腕到肘部的 2/3 处轻放在桌面上。双腿可并拢，也可分开，但分开间距不得超过肩宽。

男性坐姿如图 2–7 所示。

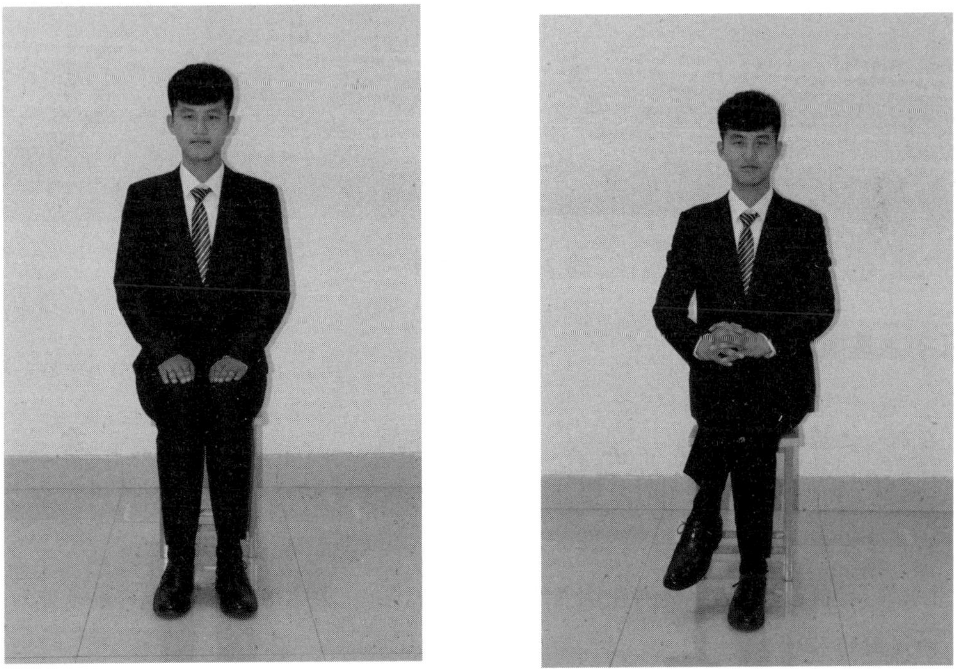

图 2–7 男性坐姿

（二）女性坐姿

头部挺直，双目平视，下颌内收。身体端正，两肩放松，勿倚靠座椅的背部。挺胸收腹，上身微微前倾。采用中坐姿势，坐椅面的 2/3。日常手的姿势：双手自然放在双膝上或椅子扶手上。桌面手的姿势：双手自然交叠，将腕至肘部的 2/3 处轻放在桌面上。双腿靠紧并垂直地面，也可将双腿稍稍斜侧调整姿势。

女性坐姿如图 2–8 所示。

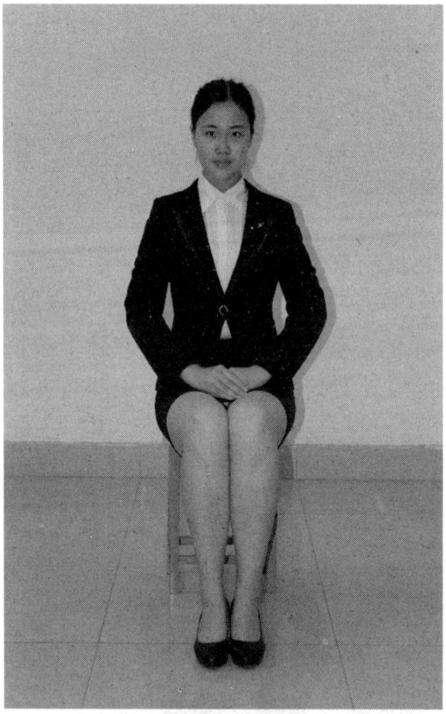

图 2–8　女性坐姿

（三）入座礼仪

1. *在别人之后入座*

出于礼貌，和他人同时入座时，要分清尊卑，先请对方入座，自己不要抢先入座。

2. *从座位左侧入座*

如果条件允许，最好从座椅的左侧入座。这样做，是一种礼貌，而且也容易就座。

3. *向周围的人致意*

就座时，如果附近坐着熟人，应该主动打招呼。即使不认识，也应该先点点头。在公共场合，想要坐在别人身旁，必须征得对方的允许。

4. 入座动作

以背部接近座椅在别人面前就座，最好背对着自己的座椅，这样就不至于背对着对方。入座时双脚与肩同宽，同时尽量轻稳，避免座椅乱响。

女士在入座时应右手按住衣服前角，左手抚平后裙摆，缓缓坐下。女士如因坐立时间长而感到疲劳时，可以变换腿部姿势，即在标准坐姿的基础上，双腿可向右或向左自然倾斜。

（四）离座礼仪

1. 事先说明

离开座椅时，身边如果有人在座，应该先用语言或动作向对方示意，随后再站起身来。

2. 注意先后

和别人同时离座，要注意起身的先后次序。地位低于对方的，应该稍后离座；地位高于对方时，可以首先离座；双方身份相似时，可以同时起身离座。

3. 起身缓慢

起身离座时，最好动作轻缓，不要拖泥带水，弄响座椅，或将椅垫、椅罩弄掉在地上。起身后，从左侧离座，从容离开。

（五）坐姿禁忌

正面与人对坐会产生压迫感，应当稍微偏斜，这样双方都会感觉轻松自然。

坐在椅子上，勿将双手夹在两腿之间，这样显得胆怯害羞、缺乏自信，也不雅观。

坐时，双腿叉开过大，或双腿伸出老远，或双腿过分伸张，或腿呈“4”字形，或把腿架在椅子、茶几、沙发扶手上，都不雅观。同时，忌用脚打拍子。

坐时应避免内八字，当跷二郎腿时，悬空的脚尖应朝下或朝向他处，切忌朝天或朝向他人，且不可上下抖动。

与客人交谈时，要坐正。不可摆弄手指，将手里的东西不停地晃动，把手中的茶杯转来转去，一会儿拉拉衣服，一会儿整整头发，抠抠鼻子耳朵，都会破坏坐姿。

不可过于放松，瘫坐椅内。

三、行姿

（一）标准行姿

行姿，就是走姿，属于动态美，凡是协调稳健、轻松敏捷的行姿，都会给人以美感。标准行姿要方向明确。身体协调，姿势稳健。步伐从容，步态平衡，步幅适中，步速均匀，走成直线。双臂自然摆动，挺胸抬头，目视前方。如图 2–9 所示。

图 2–9 行姿

（二）女性行姿

女士保持仪态优雅有 5 种方法。

第一，保持颈部仪态优雅。颈部是最能体现女性美的部位，体现颈部最佳曲线的关键是将颈部完全拉起来。

第二，保持肩背部仪态优雅。两肩打开，背部挺立，这样才能显得优雅挺拔。

第三，保持腰、腹、臀部仪态优雅。挺腰、收腹提臀，才能把女性的魅力充分体现出来。

第四，保持腿部仪态优雅。站立时腿用劲，膝关节也用劲。

第五，保持手部仪态优雅。把手的侧面向着对方，手指显得更修长雅致。

女士穿高跟鞋时，由于鞋跟较高，身体重心自然前移，为了保持身体平衡，必须挺胸、收腹、提臀，膝盖绷直，全身有挺拔向上的感觉。行走时步幅不宜过大，膝盖不要过弯，两腿并拢，两脚内侧落到一条线上，脚尖略向外开，足迹形成柳叶状，俗称“柳叶步”。这样会显得温婉动人，体现女性轻盈、妩媚、秀美的特质。

（三）不同着装的行姿

1. 穿西装

西装以直线为主，应走出穿着者挺拔、优雅的风度。穿西装时，身体保持平正，两脚立直，走路的步幅要略大些，下臂放松，伸直摆动。行走时男士不要晃动，女士不要左右摆髋。

2. 穿裙装

穿着职业套裙能体现女性身材的修长和曲线美。行走时要平稳，步幅不宜太大，两脚内侧要落到一条线上，脚尖略向外开，两手臂自然摆动，幅度也不宜过大，髋部可随着脚步和身体的重心移动而稍左右摆动，体现出柔和、含蓄、典雅的风格。转动时，要注意头和身体相协调，调整头、胸、髋三轴的角度。

（四）行姿禁忌

行姿必须用双胯向上提的力量带动双腿，这样方显得轻快敏捷。如果以腿部为主动，尤其是以小腿为主动，便有身体下沉、步履蹒跚之感。

走路不要大甩手、扭腰摆臀、左顾右盼，或歪肩晃膀、弯腰驼背，或吸烟、手插裤兜。

切忌走成内八字或外八字，双腿不要过于弯曲，不要上下颤动或脚蹭地面。停步、拐弯、上下楼梯时应从容不迫，控制自如。

三人或更多人一起行走时，应避免排成横队或勾肩搭背。有急事要超过前面的行人，不得跑步，可以大步超过，并在超越时向被超越者致意道歉。

四、手势

手势是社会交往中极富表现力的一种“体态语言”，是通过手和手指活动传递信息的。俗话说：“心有所思，手有所指。”手的魅力并不亚于眼睛，甚至可以说手就是人的第二双眼睛。在社会交往中，正确地掌握和运用手势，可以增强感情的表达，提高交往效果。

（一）手势规范

五指伸直并拢，注意将拇指并严。腕关节伸直，手与前臂成直线。做动作时，肘关节既不要成90°，也不要完全伸直，弯曲140°为宜，掌心斜向上方，手掌与地面成45°，位于头和腰之间。身体稍前倾，肩下压，眼睛随手走。运用手势时，一定要目视交往对象，面带微笑，体现出对宾客的尊重。

一般来说，掌心向上的手势有一种诚恳、尊重他人的意义，向下则不够坦率，缺乏诚意。掌心向下有时是权威性的，如对女士行礼，开会时领导要求“安静”等。

（二）指引方向

五指伸直并拢，屈肘由腹前抬起，手臂的高度与肩同高，肘关节伸直，向要行进的方向伸出前臂。在指引方向时，身体要侧向来宾，眼睛要兼顾所指方向和来宾，直到来宾清楚了，再把手臂放下。注意指引方向时不可仅使用一根手指，显得不礼貌。

（三）请进

五指并拢伸直，掌心向上，手掌平而与地面成 45°；肘关节微屈为 140° 左右，腕关节要低于肘关节。做动作时，手从腹前抬起，至上腹部处，然后以肘关节为轴，向右摆动，摆到身体右侧稍前的地方停住。手臂摆动时身体和头部微向左向右倾斜，视线也随之移动。双脚并拢或成右丁字步，左臂自然下垂或背在身后，目视客人，面带微笑。

（四）请坐手势

一只手曲臂由前抬起，再以肘关节为轴，前臂由上向下摆动，使手臂向下成一斜线，表示请来宾入座。

（五）手势禁忌

很多人喜欢将单手或双手抱在脑后，这一体态的本意，也是放松。在别人面前特别是为人服务时这么做的话，会给人一种目中无人的感觉。反复摆弄自己的手指，要么活动关节，要么捻响，要么攥着拳头，往往会给人一种无聊的感觉。在工作中，通常不允许把一只手或双手插在口袋里，这种表现，会让人觉得你在工作上不尽力，忙里偷闲。手势宜少不宜多，多余的手势，会给人留下装腔作势、缺乏涵养的感觉。

在社交活动时，有些手势会让人反感，严重影响形象。例如，当众大挠头皮、掏耳朵、抠鼻孔、咬指甲、手指在桌上乱写乱画等。

五、表情

表情是指人的面部情态，即通过面部眉、眼、嘴、鼻的动作和脸色的变化表达出来的内心思想感情。表情在人际沟通上占有相当重要的位置。现代心理学家总结出一个公式：感情的表达=7%言语+38%语音+55%表情。健康的表情可以给人留下良好的第一印象。

阅读拓展

国外许多城市在塑造自己的形象时，十分注重市民的微笑。如美国爱达荷州的波卡特洛市几年前重申，要求全体市民遵守该市四十年前通过的一项法令。即市内的市民在公开场合下不得愁眉苦脸或拉长面孔，违者到“欢容检查站”去学习微笑，微笑成功后方可离开。该市现在自豪地称为美国的“微笑之都”，并决定每年举行一次“微笑节”。

当人们问著名的美国希尔顿集团的董事长，如何把一家名不见经传的旅馆迅速发展成为遍及美国及五大洲 70 多家豪华宾馆的跨国公司的成功秘诀时，他自豪地说是靠“微笑的影响力”。希尔顿说：“如果缺少服务员的美好微笑，好比花园里失去了春日的太阳和风。假如我是顾客，我宁愿住进那虽然只有残旧地毯，却处处见到微笑的旅馆，而不愿走进有第一流的设备而见不到微笑的地方……”因此，他经常问下属的一句话便是：“你今天对顾客微笑了没有？”

（一）微笑

人的笑容有许多种，如微笑、狂笑、冷笑、嘲笑、傻笑、皮笑肉不笑等，不同的笑表达不同的情感。其中，微笑是人类最富魅力，最有价值的体态语言；微笑既是一种人际交往的技巧，也是一种礼节。微笑是人们对美好事物表达愉悦情感的心灵外露方式，是善良、友好、赞美的象征。微笑表现出对他人的理解、关心和爱，是礼貌修养的外在表现，是谦逊、含蓄、自信的反映，是心理健康的标志。微笑可以调节情绪，消除隔阂，提高人的自信，促进人的身心健康，提高服务质量。

阅读拓展

飞机起飞前，一位乘客请空姐给他倒一杯水吃药。空姐很有礼貌地说：“先生，为了您的安全，请稍等片刻，等飞机进入平衡飞行后，我会立刻把水给您送过来，好吗？”

十五分钟后，飞机早已进入平衡飞行状态。突然，乘客服务铃急促地响了起来，空姐猛然意识到：糟了，由于太忙，她忘记给那位乘客倒水了。当空姐来到客舱，看见按响服务铃的果然是刚才那位乘客时，她小心翼翼地把水送到那位乘客眼前，微笑着说：“先生，实在对不起，由于我的疏忽，延误了您吃药的时间，我感到非常抱歉。”这位乘客抬起左手，指着手表说道：“怎么回事，有你这样服务的吗？你看看，都过了多久了？”空姐手里端着水，心里感到很委屈，但是，无论她怎么解释，这位挑剔的乘客都不肯原谅她的疏忽。

接下来的飞行途中，为了弥补自己的过失，每次去客舱给乘客服务时，空姐都会特意走到那位乘客面前，面带微笑地询问他是否需要水，或者别的什么帮助，然而，那位乘客余怒未消，并不理会空姐。

临到目的地前，那位乘客要求空姐把留言本给他送过去，很显然，他要投诉这名空姐，此时空姐心里很委屈，但是仍然不失职业道德，显得非常有礼貌，而且面带微笑地说道：“先生，请允许我再次向您表示真诚的歉意，无论您提出什么意见，我都会欣然接受您的批评！”

那位乘客脸色一紧，嘴巴准备说什么，可是没有开口，他接过留言本，开始在本子上写了起来。

等到飞机安全降落，所有的乘客陆续离开后，空姐本以为这下完了，没想到，等她打开留言本，却惊奇地发现，那位乘客在本子上写下的并不是投诉信，相反，这是一封热情洋溢的表扬信。

在表扬信中，空姐读到这样一句话：“在整个过程中，你表现出的真诚的歉意，特别是你的十二次微笑深深打动了我，使我最终决定将投诉信写成表扬信！你的服务质量很高，下次如果有机会，我还将乘坐你们的这趟航班。”

1. 礼仪规范

1）真诚

微笑要亲切、自然、诚恳，发自内心，切不可故作笑颜，假意奉承。发自内心的微笑既是一个人自信、真诚、友善、愉快的心态表露，同时又能造就一种富有人情味的融洽的气氛，它能温暖人心，消除冷漠，获得理解和支持。发自内心的真诚微笑应是笑到、口到、眼到、心到、意到、神到、情到。

2）适度

微笑的美在于文雅、适度，而不是随心所欲，不加节制。微笑的基本特征是不出声，不露齿，嘴角两端略提起，既不要故意掩盖笑意，压抑内心的喜悦以影响美感，也不要咧着嘴哈哈大笑。只有笑得得体，笑得适度，才能充分表达友善、真诚、和蔼、融洽等美好情感。

3）适宜

微笑应注意场合、对象。比如在特别严肃的场合，不宜笑；当别人做错了事、说错了话时，不宜笑；当别人遭受重大的打击心情悲痛时，不宜笑。相反，当两人初次见面时，微笑可以拉近双方的距离；同事见面时点头微笑，显得亲切、融洽；服务人员对顾客微笑，表现出热情主动；商务洽谈时微笑，显得潇洒大方、不卑不亢；当别人与自己争执时，不愠不火的微笑，能缓解对方的紧逼势头；当对方提出一些不好回答或不便回答的问题时，轻轻一笑不作回答，更显出它的特殊功能。

2. 微笑训练

1）对镜练习

使用眉、眼、面部肌肉、口形，在微笑时和谐统一。

2）诱导练习

调动感情，发挥想象力，或回忆美好的过去或憧憬美好的未来等，使微笑源自内心，有感而发。

3）在众人面前练习

使微笑规范、自然、大方，克服羞涩和胆怯心理。

4）讲话练习

练习讲话时脸上保持微笑。

（二）目光

目光是面部表情的核心，是一种真实的、含蓄的体态语言。眼睛是心灵的窗户，是人体传递信息最有效的器官，而且能表达最细微、最精妙的差异。

1. 注视时间

在人际交往中，不同场合、不同情况下，目光的注视时间长短亦有所不同。见面时，不论是熟人还是初次见面之人，尤其是向对方问候、致意、祝贺时，都应面带微笑，用炯炯有神的目光注视对方，以示尊敬和礼貌。在与对方交谈中，应经常与对方目光保持接触，长时间回避对方目光而左顾右盼，是对对方不感兴趣的表现，过长时间地盯视对方是失礼的。与对方目光接触的时间，一般以与之相处的总时间的 1/3 为宜。

2. 注视位置

与人交往时，不能死盯住对方某部位，或不停地在对方身上上下打量，这都是失礼的行为。注视对方不同位置，所传递的信息、营造的氛围是不一样的。

1）公务型注视

公务型注视是指在进行业务洽谈、商务谈判、布置任务等谈话时采用的注视区间。注视范围是对方额头。

2）社交型注视

注视范围是对方眼部至唇部，这是人们在普通社交场合采用的注视区间。注视这一区域最容易形成平等感，创造良好的社交氛围。

3）亲密型注视

注视范围是对方的眼部至胸部，这是具有亲密关系的人在交谈时采用的注视区间。恋人之间、亲朋好友之间，注视这些区域能激发感情，表达爱意。

3. 自然有神

用目光注视对方应自然、稳重、柔和，一个良好的交际形象，目光应当是坦然的、亲切的、友善的、和蔼的、诚恳的、有神的，这是心情愉快、充满信心的反映，也是尊重对方的表现。

4. 正视对方

在人际交往中敢于礼貌地正视对方，是一种坦荡、自信的表现，也是对他人尊重的体现。谈话中切忌眼睛往上往下、眯眼、斜眼、白眼、左顾右盼，这是傲慢、怯懦、漫不经心的表现，是交际中忌讳的眼神。但当别人难堪时、交谈休息时或停止谈话时，不要正视对方。

课后训练与实践

一、思考题

1. 仪容礼仪包括哪些方面？
2. 服饰礼仪有什么基本要求？
3. 着装的基本原则是什么？
4. 仪态礼仪包括哪些基本内容？

二、实践训练

商务贸易专业毕业的刘小姐刚入职一家外贸公司，该公司将和巴基斯坦客户进行商务洽谈，刘小姐将作为公司的代表出席贸易洽谈会。

1. 请你为刘小姐进行面部的妆容、发型等外形设计。

2. 模拟洽谈场景，表演刘小姐和巴方客户在此场景下恰当的举止与神态。

3. 请讨论并说出作为一名商务人员应注意哪些仪容仪态礼仪与规范。

要求：把全班同学分组，分别扮演任务中的外贸公司和巴基斯坦客户的代表，运用所学的仪容仪态礼仪规范知识完成上述任务。

三、案例分析

炎夏的一天，居民区苏女士家的门铃突然响了，正在做家务的苏女士打开门一看，迎面而立的是一位戴墨镜的年轻男子，身着白衬衫、西裤，由于天气很热，上衣扣子解开了四颗。苏女士并不认识他，于是问道："请问您是……"，这位男士没有摘下墨镜，而是从口袋里摸出一张名片，递给苏女士，"我是保险公司的，专门负责这一地区的业务。"苏女士接过名片看了看，不错，他的确是位保险推销员。但是这位推销员的形象却让她打心底反感，便说："对不起，我们不买保险。"说着就要关门。而这位男士动作却很敏捷，用手快速地挡住门，将一只脚迈进门内，挤了进来，一副极不礼貌的样子，在屋内一边打量一边说："你们家的房子装修得这么漂亮，真令人羡慕。可天有不测风云，万一发生个火灾什么的，再重新装修，势必要花费很多钱，倒不如现在你就买份保险……"苏女士越听越生气，光天化日之下，竟然有人闯进门来诅咒她的房子。于是，她把这位没礼貌的年轻男子赶了出去。

根据本节原理分析：

1. 这名保险推销员被苏女士赶出来的原因是什么？

2. 他在个人礼仪方面有哪些不妥之处？

第三章

求职礼仪

◆ **学习目标**

1. 了解求职礼仪的作用及原则；
2. 掌握求职的事前准备和方式选择；
3. 掌握求职面试的礼仪和技巧。

案例导入

您认错人了

某大公司招聘总经理助理，由总经理亲自面试。应聘者小钱来到总经理办公室。总经理一见到小钱就说："咱们好像在一次研讨会上见过，我还读过你发表的文章，很赞赏你所提出的关于拓展市场的观点。"小钱一愣，知道总经理认错人了。但转念一想，既然总经理对那人那么有好感，不如将错就错，对我肯定有好处。于是就接着总经理的话说："对，对。我对那次研讨会也记忆犹新，我提出的观点能对贵公司有帮助，我感到很高兴。"

第二个来应聘的是小高，总经理对他说了同样的话。小高想：真是天助我也，他认错人了。于是说："我对您也非常敬佩，您在那次研讨会上是最受关注的对象。"

第三个来应聘的是小孙。总经理再次说了同样的话。但小孙一听就站起来说："总经理先生，对不起，您认错人了。我从来没有参加过那样的研讨会，也没有提出过拓展市场的观点。"总经理一听就笑了，说："小伙子，请坐下。我要招聘的就是你这样的人，你被录用了。"

思考讨论：总经理为什么录用了小孙？

第一节　求职准备

“人尽其才，才尽其用，家国两利，各得其所”，这是求职者和求才者双方共同追求的目标。由于供求双方存在信息交流的不完全和信息的不对称及信息交换成本，在茫茫职海中求职者抱怨找不到伯乐，而求才者抱怨找不到千里马。如何求职应聘已经成为人们就业求职中的重要问题。在求职时，良好的礼仪可以充分展现出自己的修养及个人素质，使用人单位对你欣赏有嘉。

一、求职礼仪的作用

面对当前人才流动越来越频繁、求职竞争越来越激烈的现实，怎样找到一份称心如意的工作，成为困扰求职者的问题。所以，每位求职者都必须重视自己、把握自己，并结合个人的实际条件去择业。求职者除了要具备良好的专业素养外，掌握一些礼仪惯例和技巧是非常必要的，有时这些礼仪形式甚至会起到举足轻重的作用。

（一）促进求职的顺利进行

多年来，许多用人单位在招聘新员工时一般会比较看重应聘者的学历、文凭、工作经历与经验等背景优势。随着社会的进步与发展，已有越来越多的单位开始对求职者的现实表现及个性特质与礼仪素养等个人综合素质给予更多的关注。在同等背景条件下，为人谦和、礼数周到者往往更容易得到用人单位的肯定，促进求职的顺利进行。

（二）展现良好的个人素质

在求职的过程中，正确运用礼仪，不仅可以使人在求职中充满自信、胸有成竹、处变不惊，而且可以在细节中充分展示求职人员的良好教养与优雅的风度。除了良好的谈吐举止外，令人舒服和喜爱的外表也是极为重要的。清爽润泽的妆面，不仅让人觉得朝气蓬勃，更能在无言中显示出良好的个人修养和富于个性的审美情趣。如果妆面能够与投报单位的职业特征巧妙结合，则更能表现出你的机智与灵活。

（三）帮助赢得更好的机会

面对竞争越来越激烈的就业市场，求职择业的成败和礼仪有着密不可分的关系。选择职业、应聘求职，要想力挫群雄，赢得更好的机会，除了要具有良好的专业素养外，掌握必要的求职礼仪及其技巧是成功的必备条件：在特定的情形下，后者甚至起着关键的作用。

二、求职礼仪的原则

无论在求职前、求职中还是求职结束后，求职者都应适当运用求职礼仪，提升自身形象，达到求职成功的目的。求职礼仪的使用也应遵循一定的原则，简述如下。

（一）诚信原则

求职者在求职中要遵循实事求是的原则，所提供的求职材料内容要真实，突出自己的优点、优势时不可浮夸，任何弄虚作假和自吹自擂，从长远看对本人都将产生不利的影响。因为谎言一旦被揭穿，不用说工作，就连人格都会丧失殆尽。面试时，回答主考官提出的问题时要根据自己的情况谨慎作答，既要自信，又要坦诚、简洁并合情合理。

（二）规范原则

求职是一件较正式的社会活动。在求职过程中的求职材料要求完整、简洁，统篇不得出现文字或语法错误及其他涂改擦痕；求职用语要求措辞准确、礼貌谦和；求职服饰要求与职业角色相吻合，力求做到端庄、规范、整洁且便于行动等。求职礼仪的规范性是求职成功的基本保证。

（三）灵活原则

由于求职单位不同，求职者在准备求职内容及面试方法上都会存在一定的差异性。如：小王到某广告公司应聘，在应聘前做好了充分的准备，面试当天还特意选了职业套裙，可是求职却以失败告终。人事经理这样形容：我们要招聘一个具有时尚气息、具有青春活力的设计师，而不是老成的办公室文员。由此，我们可以看出，求职应该具有针对性，需要根据不同的环境要求，做适当的调整。

作为一名求职者，就求职的阶段来说，良好的修养，并不仅仅靠面试时的印象，还应包括其他方面，比如求职信和简历、心理准备及面试后续礼仪等。在求职过程中，注意自己的行为举止，表现出自己良好的专业知识和修养，才能获得求职的成功，拥有一份称心如意的工作。

三、择业应聘前的准备

找到一份能发挥所长、工资待遇高、福利待遇好、未来发展空间大的工作，是每一位求职者的最大心愿。作为一位求职者应先分析职业和社会的发展趋势，也要了解用人单位的情况及求职面谈的意义和重要性。只有做好充分的准备，才能表现出自信而从容的态度。

（一）职业规划必不可少

现实社会竞争激烈，不允许你慢慢地成长，这就要求每一个人在看清自己的同时还要看清前方，看清社会的发展趋势，行业的发展需求，快速地成长起来。因此，对自己进行职业规划是十分重要的。职业规划就是将人才与职业进行匹配，既要分析自己的特点和长处，找出优势所在，又要分析职业和社会的发展趋势。一种有效的职业规划有利于明确人生未来的奋斗目标，有助于一个人认清自己，在困境中百折不挠，最终走向成功。很多事业的失败者不是他们没有足够的知识才能，而是失败于他们走错了门、入错了行，没有对自己进行职业规划，或者没有进行正确的职业规划设计，没有找到适合于自己发展的职业目标与发展机会。

1. 准确定位

就大学毕业生而言，在求职择业前，要知彼知己。知彼就是要了解择业的社会环境和工作单位，正确认识面临的就业形势，了解社会需要什么样的大学毕业生。知己就是实事求是地评价自己，对自己有个正确的认识。要客观、正确地认识自己在德、智、体诸方面的情况，自己的优点和长处，缺点和短处，自己的性格、兴趣和特长，有必要正确审视一下自己。从自己的理想、兴趣、爱好和专业特长出发去选择自己的职业。客观地认识自己和评价自己，千万不要把高薪、工作轻松作为择业的唯一目标。很多人在找工作时会遇到两难的选择，如：去一家外资公司，则有出国的机会，可是自己不是很喜欢这一行业；而另一家中资公司薪水少一点，却是自己喜欢的职业，二者只能择其一。此时建议考虑选择自己喜欢的职业，这样在以后的工作中才能发挥自己的所长，取得好的成绩。明确自己想做什么和能做什么，社会又允许你做什么，只有这样才能给自己的择业准确定位。选择适当的就业目标，一个人的择业目标应和本人具备的实力相当或接近：避免理想主义，及时调整就业期望值，不刻意追求最满意的结果；避免从众心理，一切从自身的特点、能力和社会需要出发，不与别人攀比；克服自卑、胆怯的心理，树立自信心，树立敢于竞争的勇气；不怕挫折，遇到挫折，不消极退缩，采取积极的态度，勇于向挫折挑战。

阅读拓展

理性定位，发挥专长

小王是会计和国际贸易双学位本科学历。毕业时，考虑到专业对口，自身英语基础不错，加上中国入世，外贸行业前景看好，他选择了做外销员。小王先后做了几家公司的外销员，但每次均是试用期内，用人单位就中止了与他的合同。所以，虽然毕业两年多了，可累计工作时间还不超过半年。当小王由父亲陪着再次来到人才交流中心时，引起了交流中心顾老师的注意。他经过观察和与小王进一步沟通发现，小王性格比较内向，不善于表达自己的想法，人际交往能力较差，显得缺乏信心，但对数字比较敏感，办事细心，于是顾老师就推荐了一些统计和出纳方面的岗位让小王去面试。小王经过仔细权衡，接受了顾老师的建议。不久，就有一家公司录用了他，担任“计划统计”一职。小王很快适应了新的工作，做起来得心应手，自己感觉也相当轻松舒畅，并且顺利度过了试用期，得到了用人单位的肯定。

案例思考：

小王的择业过程说明了什么问题？

2. 了解单位

择业时应选择发展态势较好的单位，能否给自己一个施展才能、拓展事业的空间，个人的发展是最为重要的，正规的大企业能给员工提供系统的训练、能学习到过硬的本领和技术，对求职者以后的跳槽和发展都是非常有帮助的。当你在一个大公司有过工作经验，不论将来干什么，都是人生的重要阅历和资本，不要投身于正在萎缩、没落的单位。可以通过媒体，如报纸、电台、电视台、杂志和网络等了解用人单位和招聘信息；也可通过劳务市场、人才交流会和职业介绍所等进行了解；还可以到用人单位登门拜访，借助亲朋好友和熟人了解用人单位信息等方法，获得公司的发展前景、人际公关、所聘职务、上班时间、服务地点和薪金待遇等信息，来帮助自己了解选择单位。

（二）利用机会建立人际关系

美国著名职业战略学家阿黛尔·席尔这样说：“不管你怎样认为，成功择业往往以‘你认识多少人’而不是以‘你知道多少东西’来衡量的。”虽然他的说法有些极端，但事实上，人际关系确实是择业成功的一个非常重要的砝码。因此，努力学习很重要，同时还必须拓展你的人际关系网。如在学校内和老师、同学搞好关系，参加实践时多交朋友，和自己的亲戚、熟人建立良好的关系等，都有利于择业时多一条路，多一次成功的机会。要有本领，还要让别人知道你，了解你，信任你，敢用你。人际关系网除了能够提供信息外，还能培养交际能力。任何一个单位都愿意要一个能够与大家和睦相处的人，而不是找一个难以相处的人共事。社会的发展对一个人的合作精神和人际交往能力提出了越来越高的要求。

（三）努力增强竞争力

竞争实力是从事某种职业劳动的技能与知识特长及有效发挥这种特长的能力。它包括两个方面：一是基础素质，包括心理素质、知识素质、品德素质及体能素质；二是职业技能及特长，应聘某项工作应具备某一方面的职业技能。因此，应聘前应努力提高自己的素质，多看一些关于应聘方面的书籍。

四、应聘前的仪表形象

求职者的外表形象往往关系到应聘效果，因为人的第一印象中 70%是由外表引起的。应试当天的穿着打扮对录取与否，有着举足轻重的影响，虽说留下完美的第一印象未必会被录取，但若给人留下坏印象，极可能因此名落孙山。所以，应聘的偶然性决定了应聘者必须重视自己在应聘、面试那一刻的形象。随着面试日期的到来，应花费心思为自己塑造一个良好的外在形象。

在国外，大约有15%的招聘者把应聘者的外表看成是决定录取与否的非常重要的因素。外貌是应聘的敲门砖。虽然应聘者的五官相貌难以改变，但是他（她）的穿着打扮、风度气质及言谈举止是可以通过训练改变的，从而给人留下深刻的印象。

（一）应聘者的形象设计

应聘者的基本外表形象要求是服装合体，搭配合理，色调和谐，服装整洁，尤其注意领口、袖口不要有污渍。女性的最佳形象是端庄、干练、化淡妆，不要浓妆艳抹，否则会给人以轻浮的印象；男性不要留长发，将鼻毛和胡须修整好，使人显得面部光洁、神采奕奕，穿西服，系领带。

（二）应聘者形象方面的注意事项

女士着装应大方得体，以简单朴素为主，不穿超短裙，也不穿极薄透明的或紧绷的衣服；可穿西装套裙，西装应稍短，以充分体现腰部的曲线美，裙子不宜太长，以免因紧张而不慎绊倒，穿丝袜，并检查是否有脱线、破损等情形：如要配裤子，上装要稍长为宜，注意将衬衫的下摆扎进裤子里。昂贵的珠宝及饰品不适合佩戴，若擦香水，应选用香味清新淡雅的，不要用香气过于浓烈或奇特的。

男士的穿着以正式的西装为宜，领带要打端正。袜子颜色最好配合西装的颜色。面试着装宜在一个月前就试穿好，以免当天因穿新衣而有不舒适的感觉。面试者的衣着应视工作性质而定，表现出来的形象越专业越好。面试当天除脸部清洗干净外，还应注意耳朵、脖子的清理和指甲的修剪。

五、离开原单位应做的准备

（一）考虑该不该离开

在以下情况下可以考虑离开：公司对人不公平；公司的前景暗淡；薪酬待遇太低，与你的能力、成绩不符；工作性质与自己专业、兴趣不符：公司没有令你大展身手的环境。

如果是以上的原因，可以考虑离开单位。但如果是由于自己的工作不力、工作中发生失误或人际关系处理不好等原因想离开，就应该首先反省自身、改变自己，努力工作、和善待人，以改变自己工作中的处境。

（二）欲离开原单位应注意的礼仪

未找到新的职业前不要辞职，一来自己生活无保障，二来会让新单位觉得你是走投无路才来的，会低估你的能力。

避免在公司繁忙、缺人手的时候辞职，否则不近人情，表明此人个性不成熟、没有责任心。

保持有始有终的负责态度，不要以为要辞职就可以对工作马马虎虎，如果新单位到原工作单位调查你的情况，对你自己也不利。

向公司借用的物品或金钱应归还原主，业务工作的交接要认真负责。

最好以书面报告形式提出辞呈，写辞呈要注意使用白色信笺，用黑色或蓝色钢笔，不要指责公司或攻击某人。具体原因可口头报告，如“不能发挥才干”等。辞呈直接交到上司手上，不要越级辞职，无视上司，这样做不礼貌。

对择业的学生和想跳槽的人来讲，成绩“优秀”而无其他专长的学生和学无所成的人都是不受用人单位欢迎的。

第二节　求职方式及礼仪

求职信、网上求职、电话求职是重要的求职方式，所以应该认真对待，容不得半点马虎，更不能在自我推荐的过程中有欺骗的行为。

一、求职信礼仪

在求职信中应以诚为先，做到切切实实地描述自己的情况，在字里行间暗示出你的优秀，而不宜在纸上对自己大加吹嘘。

求职信篇幅不宜过长，招聘人员没有那么多时间来看你的长篇大论，而应在有限的字数里有效地突出自己的特点，这样既节省了招聘人员的时间，又留下了深刻的印象。

（一）求职信

求职信的内容包括个人情况、申请的工作单位、胜任工作的条件及表示面谈的愿望等内容。撰写求职信时应注意以下一些问题。

（1）全面、真实地介绍自己的情况，介绍特长时应真实、具体，不要泛泛而谈。

（2）反复斟酌字句，不卑不亢，用词得体，不要写错别字，否则会给人粗心大意及缺乏诚意甚至文字功底差的印象。

（3）书写简明扼要，重点突出。不用简称，求职信上不使用学校、学科、专业甚至地址的简称，因为简称有时会使人误解，感到模糊不清。比如“南大”是指南京大学，还是南开大学？此外，这样的表达也会使人觉得你未脱学生气，做事不成熟，从而影响面试和录用情况。

（4）不要过分强调学习成绩，应多强调自己完成工作的能力。

（5）书写纸张应用质地好的信纸，用钢笔书写或用电脑打印。字体大小合理，四周空白，行间距适度。布局要轻松、自然、和谐，给人一种舒适感；不要随便改写，也不能使用涂改液，否则会给人作风不严谨、漫不经心的印象。

（6）书写篇幅在两页以内。太长了，对方没时间看：太短了，自己情况介绍不详细，不易吸引人。

必要时还可以将个人的其他一些信息，如家庭情况、爱好和特长等一并反映在求职信中。求职信中可以附上个人近照，但不宜附艺术照，也可以不附照片，这都是符合礼仪规范的。

知识链接

求职信范本

尊敬的主管领导：

您好！

当您翻开这一页的时候，您已经为我打开了通往机遇与成功的第一扇大门。我是××××大学××××系的一名学生，即将面临毕业。非常感谢您在百忙之中抽空阅读我的材料，希望它不同于您手中若干份雷同的求职材料，并且能够有助您在激烈的市场竞争与知识经济的大潮中寻求到综合型的跨世纪人才。

××××大学是我国××××人才的重点培养基地，具有悠久的历史和优良的传统，并且素以治学严谨、育人有方而著称；××××大学××××系则是全国××××学科基地之一。在这样的学习环境下，无论是在知识能力，还是在个人素质修养方面，我都受益匪浅。

四年来，我以“严”字当头，在学习上勤奋严谨，对课堂知识不懂就问，力求深刻理解。在掌握了本专业知识的基础上，不忘拓展自己的知识面，对课外知识也有比较广泛的涉猎。同时，我还很重视英语的学习，不断努力扩大词汇量，英语交际能力也有了长足的进步。为了全面提升个人素质，我还积极地参加各种社会实践活动，抓住每一次机会，锻炼自己。这些经历使我认识到团结合作的重要性，也学到了很多社交方面的知识并增加了阅历。

我热爱贵单位所从事的事业，殷切地期望能够在您的领导下，为这一光荣的事业添砖加瓦，并且在实践中不断学习、进步。

随信附上我的简历，希望您能看到我是该职位的有力竞争者，我的联系电话 139××××××××。再次感谢您在百忙之中所给予我的关注，愿贵单位事业蒸蒸日上，屡创佳绩，祝您的事业百尺竿头，更进一步！

此致

敬礼！

×××

××××年××月

（二）个人简历

1. 简历包含的内容

一份卓有成效的个人简历是开启事业之门的钥匙，简历并没有固定格式，大多数求职者把能想到的情况都写进简历中，但我们都知道没有人会愿意阅读一份长达五页的流水账般的个人简历，尤其是繁忙的人事工作者。对于社会经历较少的大学毕业生，简历一般包括个人基本资料、学历、社会工作及课外活动、兴趣爱好等，其内容大体包含以下几个方面。

（1）个人基本情况。如本人姓名、性别、年龄、通信地址和联系电话等，一般写在简历最前面。

（2）个人学习情况。即学习经历、所学专业及课程与曾经获得的学位及最后学历等。为求职而弄虚作假，甚至编造履历、伪造文凭的做法是不应该的。生产实习、科研成果和毕业论文及发表的文章等材料能够反映你的工作经验，展示你的专业能力和学术水平，将是简历中一个有力的参考内容。

（3）个人工作情况。包括工作经历及原工作单位、职务与工作业绩等。近几年来，越来越多的用人单位渴望招聘到具有一定应变能力、能够从事各种不同性质工作的大学毕业生。学生干部和具备一定实际工作能力、管理能力的毕业生颇受青睐。社会工作对于仍在求学的毕业生来说，主要包括社会实践活动和课外活动，在应聘时是相当重要的。同时，勤工助学的经历也可简单表述，即使与应聘职业无直接关系，但是勤工助学能够显示你的意志，并给人留下能吃苦、勤奋、负责、积极的好印象。

（4）特长、兴趣爱好与性格。特长是指你拥有的技能，特别是指中文写作、外语及计算机能力。兴趣爱好与性格特点能够展示你的品德、修养、社交能力及团队精神，它与工作性质关系密切，所以用词要贴切。

2. 简历写作三原则

（1）重点突出。一个招聘者希望看到你对自己的事业所采取的认真负责的态度。不要忘记用人单位在寻找的是适合某一特定职位的人，这个人将是数百名应聘者中最合适的一个。如果简历的陈述没有工作和职位重点，或是把自己描写成一个适合于所有职位的求职者，你很可能将无法在任何求职竞争中胜出。

（2）语言富有感召力。把简历看作一份广告，推销自己。最成功的广告通常要求简短而且富有感召力，简历应该限制在一页以内：工作介绍不要以段落的形式出现，尽量运用动作性短语使语言鲜活有力；在简历页面下端写一段总结性语言，陈述事业上最大的优势，然后在工作介绍中再将这些优势以工作经历和业绩的形式加以叙述。

（3）陈述有利信息。招聘时每次面试需要较长时间，因此对招聘者来说进入面试阶段的应聘者人数越少越好。招聘者对理想的应聘者也有要求：相应的教育背景、工作经历及技术水平，这会是应聘者在新的职位上取得成功的关键。应聘者应该符合这些关键条件，这样才能打动招聘者并赢得面试机会。

为面试阶段所进行的简历筛选的过程就是一个挑选不合适人选的过程。因此，要尽量避免在简历阶段就遭到拒绝。简历中不要有其他无关信息，以免影响招聘者对你的看法。写作简历时，要强调工作目标和重点，语言简短，并且避免会使你淘汰的不相关的信息。当你获准参加面试时，简历就完成了使命。

知识链接

个人简历范本

一、个人资料

姓　　名：　　　　　　政治面貌：
性　　别：　　　　　　最高学历：
年　　龄：　　　　　　所学专业：
藉　　贯：　　　　　　健康状况：
联系电话：
E-mail：
联系地址：
邮政编码：

二、知识结构

主修课：专业课：选修课：实　践：

三、素质技能

（1）外语水平：××××年通过国家大学英语四级考试，××××年通过国家大学英语六级考试。有较强的阅读、写作能力。

（2）计算机水平：熟练掌握计算机操作系统和办公软件，熟悉各类应用软件，荣获国家计算机等级考试二级证书，会使用C语言进行简单的编程。

（3）喜爱体育活动、热爱自然科学。

（4）有较强的组织能力、活动策划能力和公关能力，在大学期间曾多次领导组织过大型体育赛事及文艺演出，并取得良好效果。

（5）有较强的语言表达能力，如：大学期间曾多次作为班、系、校等单位代表，在大型活动中发言。

（6）有较强的团队精神，如：在老师和同学中有良好的人际关系；在同学中有较高的威信；善于协同“作战”。

四、自我评价

活泼开朗、乐观向上、兴趣广泛、适应力强、勤奋好学、脚踏实地、认真负责、坚韧不拔、吃苦耐劳、勇于迎接新挑战。

五、求职意向

胜任××××及相关领域的生产策划、宣传等方面的工作。

二、网上求职礼仪

网上求职是一种特殊的择业形式，避免了人群大范围集中和近距离接触，给天南海北的求职者有了平等的表现机会，所以网上招聘受到了越来越多的用人单位和求职者的青睐。网上求职同样也需要准备一份既简练又能吸引用人单位的求职信和简历。

（一）网上求职信的内容

网上求职信要注意控制篇幅，要让人事经理无需使用屏幕的流动条就能读完：直接在网上编辑，排版要工整；要做到既体现个人特点又不过分吹嘘。对于网上求职来讲，简历的准备相对比较简单，在“中华英才网”等人才网站上都提供标准的简历样本。需要注意的是，学历和工作经历要按时间顺序倒着填写，也就是把最近的工作经历和学历写在最前面，以便招聘方了解你目前的状况。在填写工作经历时，很多求职者只是简单地列出工作单位和职位，没有详细描述工作的具体内容，而招聘方恰恰就是根据你做过什么来评估你的实际工作能力。除非应聘美工职位，否则不要使用花哨的装饰或字体。

（二）网上填写简历

在网上填简历，要严格按照招聘方的要求填写，要求网上填写的就不要寄打印的简历；要求用中文填写的就不要用英文填写；有固定区域填写的就不要另加附件。发送简历是网上求职关键的一步，如果是自己在网上通过 E-mail 发简历，应该以“应聘某某职位”作为邮件标题，把求职信作为邮件的正文，再把简历直接拷贝到邮件正文中，这样既方便对方阅读，又杜绝了附件带电脑病毒的可能性。如果通过人才网站求职，可以直接把填好的简历发送给招聘单位，网站的在线招聘管理系统还能把个人简历以数据库的方式存储起来，根据求职者的要求，供招聘单位检索和筛选。

三、电话求职礼仪

通过电话推荐自己，是常用的一种求职方式，如何充分地利用电话接通后的短暂时间，用最简洁明了的语言清楚地表达自己，能否给对方留下一个深刻清晰的印象，是应聘者十分关心的问题。

（一）打电话之前

打电话之前，一定要做好充分的准备工作。选择好通话时间，一般宜在上午或下午的工作时间打，临下班前半小时不宜打电话，午休、下班后及三餐时间不宜打电话。

谈话内容上，首先要了解用人单位的有关情况，尽量做到心中有数；其次要对自己有一个客观、公正的认识；最后要根据用人单位的需求情况，结合自己的特长，列出一份简单的提纲，讲究条理并重点突出地介绍自己，力争给受话人留下深刻印象。另外，还要调整好自己的心态，做好充分的心理准备，努力控制好说话的语音、语调和语速，在短暂的时间里，展现自己积极向上、有理有节的个人良好品质。

（二）电话接通后

电话接通后应有礼貌地询问:“请问这是某单位人事处吗？”在得到对方单位的肯定答复后，应作简短的自我介绍，并说明来电意图。求职者一定要言简意赅，并着力表现自身特长，与所求职位相互吻合。语速不急不缓，语气、声调不要太高或太低，语言顺畅、不结巴。记清楚与对方约好进行面试的时间、地点。打完电话应致谢并说再见，轻轻放下话筒。

四、招聘会求职礼仪

通过招聘会这种形式，可以和用人单位直接见面，推销自己，所以目前成为求职者中较多选择的求职途径。据统计，现在大约有20%的成功求职者是通过人才市场获得职业的。这种形式主要适用于刚刚毕业不久的大学生或工作职位不太高的白领。

（一）有选择性的参加招聘会

招聘会的种类很多，如综合招聘会、专场招聘会、行业招聘会和院校招聘会等，所以要有选择性的参加招聘会，效果才会更加明显。特别是专场招聘会，如师范类、综合类、理工类、医药类和经贸类等，或是分行业的专场招聘会，如金融、电子、电力和IT业等，这种招聘会中，用人单位要求明确而集中，专业人才参加这样的招聘会求职的成功率自然会更高。

另外，院校内的招聘会也不可错过，用人单位直接进校内招聘，对学生来说，求职的成功率往往比社会上的招聘会高，因为用人单位是对学生认可而来的，避免了学生和有工作经验的求职者之间的竞争。

（二）抱着学习的心态参加招聘会

初入职场的大学生要从数以千计、眼花缭乱的岗位信息中寻找出适合自己的岗位，不是一件易事，往往会挑花眼、转了向。对于初次求职进入招聘会的人来说，会场是一个实战学习的大课堂，招聘会最大的优势是能与招聘人员面对面沟通，能透过呆板的职位说明进一步了解企业和岗位的信息，同时也能了解到一些职场和行业的相关信息。所以，要抱着学习的心态参加招聘会，以期得到以下收获：了解各主要行业及有关公司，特别是对职位的要求，避免片面理解；利用招聘会现场的有利条件，与招聘人员积极主动沟通，争取有可能和招聘人员交上朋友；学习职场老手的应聘方法和经验，多看、多学、多记，还可以谦虚的请教几句；学习招聘人员的商业礼仪，使自身面试时的礼仪和表现更加突出。

（三）招聘会上投递简历

寻找对工作经验要求相对较低或无明确经验要求的职位，因为经验是大学生的空白或弱势，回避是明智之举。

不要一到招聘会现场就开始奔波于各个招聘展台前，留下一堆求职材料，然后转身就走。最好先到招聘单位的展台前，看看招聘介绍材料，与招聘人员诚恳地交谈，问一些得体的问题，简单地介绍一下自己。当招聘人员表露出一定的兴趣时，你可以适时地留下你的简历。

参加招聘会应该准备足够的简历等求职材料，避免有了机会却没有准备的情况。但是，也不要一次提交大量的求职材料，比如成绩单、身份证复印件及英文简历等。

由于招聘会上与每位招聘人员的谈话都相当于面试，所以无论从态度、着装还是言谈举止，都要以面试的标准来要求。有经验的招聘者在招聘会现场交谈之后，会目送那些他感兴趣的人，以进一步观察这些应聘者的真实面貌。

招聘者在招聘会上收到那么多简历，可能保存起来比较困难，招聘会上的简历力求简洁，容易携带和保存，没有必要把简历做得如一本画册，更没必要刻成光盘。

第三节 面试礼仪

面试是求职成功的临门一脚，这是获得新职的关键一步。所谓面试，就是由用人单位组织的对应聘求职者所进行的面对面的考查与测试。一次面试的时间往往不会超过一小时，其影响却可能长达数年，因此，进行面谈时要注意一定的应聘礼仪，谈吐要适当，不要急于求成，面试结束时也不要忘了周全的礼仪，善始善终代表着一个人的修养，会给考官留下深刻的印象。同时，往往在面试考官中就有你的未来上司，面试中的交流就决定了你的上司对你的印象和态度。个人的天赋、学历和工作经验固然重要，但更重要的是考官对你的感觉，有时录取或淘汰一个面试者往往说不出理由，这就更说明外表形象与个人的谈吐是至关重要的。在应聘时，注意并恰当地遵守这些礼仪，有助于择业成功。

一、面试的主要方式

从面试的组织形式来看，可分为结构性面试、非结构性面试和压力面试。

（一）结构性面试

结构性面试指在面试前，已设立面试内容的固定框架或问题清单，主考官按照这个框架对每个应聘者分别做相同的提问，并控制整个面试的进行。由于结构性面试对所有应聘者均按同一标准进行，因而能减少面试的主观性。但是由于结构性面试过于僵化，难以随机应变，因而所收集信息的范围受到限制。

（二）非结构性面试

非结构性面试前无需作面试问题的准备，主考官只需掌握组织、职位的基本情况，因而非结构性面试灵活自由，问题可因人、因情境而异，可得到更多有用的信息。但由于此方法缺乏统一标准，因而易带来偏差，同时对主考官要求较高，要求主考官具备丰富的经验与很高的素质。

（三）压力面试

压力面试在面试一开始就向应聘者提问攻击性问题，用于了解应聘者承受压力、情绪调整及应变能力。

二、面试中测试的方法

（一）目测仪表

主考官会先目测应试者的衣着、外表、仪表及行为举止。例如，一家合资饭店招聘各类服务人员 350 名，700 多名男女青年怀着对这家企业的向往，很早就排起了“长龙”等候应聘。7 点 30 分，第一次目测在众多人的期待中开始了，一位应聘女青年，环佩叮当、浓妆艳抹，昂然来到主考官面前，话不过三句，主考官眉头轻皱，却彬彬有礼地连声说谢谢！女青年心想，这就是被淘汰了。一位男青年气宇轩昂，据说会两门外语，主考官以礼相待，连声“请坐”，这位男青年如入无人之境，屁股落座，二郎腿一跷，浑身悠然自得地颠起来……。这天，700 多名应聘者，仅目测这一关，就被“刷掉”80%。人们着实被震动了一下，尤其是那些自视才大志高的应聘者更是没有想到，还没到大江大河中去施展才华，就在这小水沟里翻了船。

（二）考核口才

主考官通过提问或交谈对应试者的专业知识、口才、谈话技巧和反应灵敏度与否等，做整体性的考核。有时候招聘者往往通过与你闲聊时感受你的反应灵敏与否、专业知识扎实与否等，虽然他问的问题很随意，但却是在试探你、考查你，所以，要顺其自然，不要志在必得，造成不必要的紧张，从而影响正常发挥。因为有些问题本身没有标准答案，仁者见仁，智者见智。

（三）了解性格

主考官可能会从与你短暂的谈话中去了解你的性格、人际关系、情绪状况及人格成熟度。主考官可能会通过诸如："面对压力你怎样工作？""你能形容一下你自己吗？""遇到恃强凌弱者，你如何处理？"或"当你的老板经常批评你时你应该怎样处理？"，这些问题看似随意，却能考查你处理人际关系的能力和人格的成熟程度。所以，如果说某一个人怎么那么幸运得到一份别人乞求或追求了很长时间的工作，其原因在于，应聘者看中了他的某一方面长处，这是一个人长期素质培养的结果而不是短期能够培养的。

（四）观察责任心

主考官会从面谈中观察应试者对工作的热忱度及责任心，了解应试者对人生的理想、抱负及上进心。一个人的专业知识和技术水平是可以在工作中磨炼出来的，而有没有责任心和对工作是否热爱是决定他能否经受住工作中的各种困难考验的决定性因素。我们把这种素质叫作"敬业精神"或"职业道德"，这是用人单位最为需要的。对一项工作的热爱是一个人出成绩的根源，它是一个人百折不挠的精神动力源泉。对于主考官将会问你什么问题，一般没有固定程序化的东西，主考官可以现场发挥，这是很难预测的，唯一能准备的是你的沉着、镇定与自信。

三、面试的基本礼仪

（一）面试时的时间礼仪

面试时一定不能迟到，由于交通状况无法掌握，最好提早出门，比原定时间提前 5～10 分钟到达面试地点，如迟到，通常有 70%的概率不利于获得工作，有 50%的概率使你失掉工作。例如：有一位女士到一家电器公司应聘文秘一职，通知她上午 9 点进行面试，可是那天因为她出门前打扮得太久，耽误了时间，加上路上堵车，结果整整迟到了 40 分钟，她到达后，工作人员扬起手上一堆报名表对她说："女士，你不适合做文秘，只适合做老总。"

如果早到可先熟悉应聘单位附近的环境并整理仪容，但如果早到 10 分钟以上，千万别在接待区走来走去，可在僻静处静候。

（二）面试时的仪态礼仪

在面试中，面试者应该特别注意自己的站姿、坐姿、走姿、握手和表情等。

1. 面试时的走姿

面试时重要的是自信。这种自信可以通过你的走姿表现出来。现在，越来越多的公司强烈地意识到走姿的重要性。自信的走姿应该是，身体重心稍微前倾，挺胸收腹，上身保持正直，双手自然前后摆动，两眼平视前方。步伐要稳健，步履自然，有节奏感。需要注意的是，如果同行的有公司的职员或接待员，你不要走在他们前面，应该走在他们的斜后方，距离 1 米左右。

2. 面试时的入座

进入室内前应先敲两下门，等对方答应“请进”时方可进入，然后向对方行点头礼或鞠躬礼后，再关上门。进门后，可以在考官请你入座时入座，注意要坐在指定的位置上，不要大大咧咧随便拉过椅子就坐下，这样会令考官觉得你很粗鲁。如果主考官要求你坐在他的对面时，不要正对着他，可以稍靠侧一点。走到椅子旁边时，应恭敬地自我介绍：“我是某某”，当对方请你坐下时，说声“谢谢”再坐下。如果对方未请你坐下，应礼貌地询问“我可以坐下吗？”，然后等待主考官示意后才可就座。

3. 面试时的站姿

站姿给人的印象非常重要。人们往往认为其简单而忽略它的重要性。站立应当身体挺直、舒展、收腹，眼睛平视前方，手臂自然下垂。这样的站姿给人一种端正、庄重、稳定、朝气蓬勃的感觉。如果站立时歪头、扭腰、斜伸着腿，会给人留下轻浮、没有教养的印象。

4. 面试时的坐姿

面试时的坐姿要端正大方，不能驼背，更不能靠在椅背上贪图舒服。许多人养成了瘫坐的习惯，在面试时一下子就表现出来了。正确的坐姿从入座开始，入座的动作要轻而缓，不要随意拖拉椅子，身体不要前后左右晃动，背部要与椅背平行，沉着、安静地坐下。落座后，上身要保持直立状态，既不前倾，也不后仰。双手自然下垂，肩部放松，五指并拢。男女的坐姿还有一定的区别：男士可以微分双脚，这样给人以自信、豁达的感觉，双手可以随意放置；女士一般要并拢双膝，或者小腿交叉端坐，这样，给人端庄、矜持的感觉，双手一般要放在膝盖上，表现出你良好的精神状态。

5. 面试时的表情

在面试中，应注意保持自信的微笑，不要紧张，应试者应当与主考官保持目光接触，以表示对主考官的尊重。目光接触的技巧是，盯住主考官的鼻梁处，每次 15 秒左右，然后自然地转向其他地方，例如望向主考官的手，办公桌等其他地方，然后隔 30 秒左右，又再次望向主考官的双眼鼻梁处。切忌目光犹疑，躲避闪烁，这是缺乏自信的表现。

6. 面试时的手势

在面试中，还可以通过一些肢体语言如点头或是手势来适当地表示你的看法和个性，但不要表现得太过夸张。当自信由内而外散发出来时，考官也一定会被你的自信所感染从而更加钟意聘用你。同时，要杜绝习惯性的小动作，如抓耳挠腮、随手玩弄小物件、不停揉搓手指、伸舌头、频繁地耸肩、手舞足蹈或左顾右盼等，这样会显得你不够庄重，并且经验丰富的考官也可以从你的小动作所显示出的局促上看出你的自信心不足、不成熟。

7. 面试结束

在一般面试者看来，主考官向你表示面谈结束，求职面试的全过程就结束了。其实不然，这只是面谈的结束，求职还没有结束。此时此刻，作为求职者的你，万万不可大意，认为大功告成或没有希望了。面谈结束后的礼仪同样对你很重要，也许可以扭转你的不利局面，在困境中重新获得生机。面试结束后，行礼、握手后再离开，离开时要先采用“后退步”的走法，然后离开。注意，直到离开公司所有人的视野后，你的面试才结束。

（三）面试时的交谈礼仪

交谈是求职面试的核心。面试是与面试官交谈和回答问题的过程，在这个过程中要根据自我介绍和交谈内容控制音量的大小、语速的快慢、语调的委婉或坚定、声音的和缓或急促，在抑扬顿挫之中表现出你的坚定和自信。如果装腔作势，会给人一种华而不实、矫揉造作的感觉。

1. 交谈中的嗓音

从嗓音可以看出一个人是否紧张、是否自信等，平时应多练习演讲、交谈的艺术，控制说话的语速，不要尖声尖气或声细无力，应保持音调平静，音量适中，回答简练，不带“嗯”“这个”等无关紧要的习惯语，这些都显示出在自我表达方面不专业。

2. 交谈中口齿清晰、发音正确，使用普通话

讲话要言简意赅，通俗易懂。不可用考官听不懂的方言或行话，不要为了显示自己而只顾使用华丽、奇特的辞藻，这样会很难顾及语言的逻辑性和通顺性，反而使人感到你用词不当、逻辑思维能力差。此外，急于显示自己的妙语惊人，往往会忽略自己的语言过于锋利、锋芒太露而显得有些猖狂。

3. 交谈中要掌握和控制语速、语调

一般情况下，语速掌握在每分钟 120 个字左右为宜，要注意语句间的停顿，不要滔滔不绝而让人应接不暇。语调是表达人的真情实感的重要元素，通过语调表现出你的坚定、自信和放松。

4. 交谈中的谈话礼貌

可以通过灵活机敏的语言评断表现自己的机智，但是注意不要抢话头、打断对方的话，更不要和对方争辩，虽然这些可以表现你的才能及个性，但是考官很有可能因此认为你过于锋芒毕露不够合群，因而拒绝雇用你。要集中注意力认真“倾听”对方的讲话，听清和正确

理解对方的一字一句，不但要听出其“话中话”，而且要听出其“弦外之音”，这样才能做出敏捷的反应。

阅读拓展

欲速则不达

小吴好不容易才通过了用人单位的招聘程序，几道关下来，还算比较顺利，最后一关是与用人单位领导面谈。面谈中，尽管领导曾当场提示他：“不要着急，放松些。”但他急于求成，竟没有注意，常常是领导的话还没有说完，就急于抢着领导要表达的意思，并按照自己的理解做了回答。

谈话很快结束了，小吴回到学校等这个单位的消息。可是，过了预定的日期，他没有收到任何消息。

案例思考：

请问：小吴在应聘中出了什么问题？

5. 回答问题要恰当得体

得体地回答面试官提出的问题是面试取得成功的关键，面试者要对面试官可能提到的问题有充分的准备。回答考官提出的问题时候要谨慎，想好了再说。很多考官都是经验极为丰富的，他们可以通过提出一些有点陷阱性的问题让你回答，来判断你的性格或是能力。因此这个时候，一定要思索后再回答，务必使答案可以表现你的优点；当然也不能思索太长时间，即使有些只是很普通的问题，也要考虑后再回答，不要脱口而出，这样可以表现出你的谨慎细致。

6. 交谈中着力避免的话题

（1）以前工作过的单位的产权性机密资料和商业秘密。会让面试考官认为你这个人不值得信任。

（2）内心的性别或种族偏见。以为面试考官与你志同道合而大放厥词，因为职场里不容许性别和种族歧视存在。

（3）政治和宗教话题。在求职面试时是不应涉及的，是很危险的。

（4）为面试考官取得某物或某种特殊商品的提议。例如“我能为你买到批发价”或许是事实，或换了个场景会表现出你待人的热忱，可是对于面试则格格不入，而且会显得你贿赂面试考官。

（5）面试中急于套近乎，不顾场合地说“我认识你们单位的某某”“我和某某是同学，关系很不错”等。这种话主考官听了会反感。如果你说的那个人是他的顶头上司，主考官会觉得你在以势压人；如果主考官与你所说的那个人关系不怎么好，甚至有矛盾，那么你这样引出的结果很可能就是自我遭殃。报有熟人或攀龙附凤以自抬身价给他人造成你在吹嘘自己的印象，会适得其反。

（6）将面试考官赞美得天花乱坠，即使你诚心佩服他人，在这种情况下，你的赞美可能遭到误解。当然你可以这样说："与您面晤是一种愉悦，谢谢您。"

阅读拓展

请另谋高就

休息室里坐满了等候面试的人，有的人充满自信，志在必得；有的人紧张异常，一遍遍地背着自我介绍。面对众多的求职竞争者，李小倩不以为然地笑笑，从包里拿出化妆盒补妆，又用手拢拢头发，心想："我高挑的个子，白皙的皮肤，还有这身够靓的打扮，舍我其谁？"小李穿着迷你裙，露出藕段似的大腿，上身是露脐装，涂着鲜红的唇膏。

主考官叫到李小倩的名字，李小倩轻盈地走进考场。按主考官的要求，李小倩开始做自我介绍：各位好！我是师大中文系毕业班的学生李小倩。在校期间，我的学习成绩优良，曾担任两届学生会文艺部部长，……我还有很多业余爱好，比如演讲、跳舞啊，我还拿过奖呢！对于我的公关才能和社交手腕我是充满自信的。

一边说着，李小倩一边从包里拿出交谊舞大赛和校演讲比赛的获奖证书，化妆盒不小心跟着掉了出来，各式的化妆用品散落一地。她乱了手脚，慌忙捡东西，抬头对着考官说："不好意思！"

考官们不满地摇头。考官："同学，麻烦你出去看一下我们的招聘条件，我们这里是研究所你还是另谋高就吧。"

案例思考：

李小倩面试失利的原因是什么？

四、面试后续礼仪

当面试结束后，如果面谈非常顺利，彼此都感到满意，你一定会非常想知道结果如何，什么时候是询问结果的最佳时机，什么样的礼仪会使双方更愉快，无论录用与否，善始善终，良好的礼仪修养都会给他人留下深刻的印象。

（一）感谢主考官

感谢主考官的方式有多种，例如打电话或发邮件，不仅体现出你对主考官的尊敬，这也可以帮助主考官在决定录用何人时想到你，你的提醒会给对方留下深刻的印象。不要在感谢函中提及能否被录用的问题，因为感谢信的用意是感谢主考官在你的面试上花费了时间，而非增加对方的困扰。

（二）打电话询问

打电话询问时，若得知对方尚未决定，那就说声"对不起，打扰您了"，然后询问一下对方什么时候可以再打电话。

如果主考官曾告知有问题可以打电话询问，你就可以打电话询问面试结果，或是等到用人单位有回音时再问会比较妥当一些。

（三）不要忽视被你拒绝的公司

当自己表现出色，被多家用人单位同时录用，并且每家都积极争取你的加入时，而此时你已决定接受其中一家用人单位的邀请，必须发出感谢函邮件给被你拒绝的单位，也许有一天你会换到那家单位工作，这封感谢函邮件将留给别人良好的印象。

给被你拒绝的单位发感谢函邮件应直接署名发给最后决定给你工作的人，信中只需要表达你的谢意，以及说明你已接受其他的工作，但不必解释你接受的工作及理由，也不必提及你将要工作的那家单位的名称。

知识链接

面试时，千万不要出现不礼貌的行为，因为一些小动作也会被主考官列作评判内容。以下举例说明需注意的小节。

（1）应聘前不喝酒、不吃辛辣的食物。喝酒会使人的大脑反应迟钝，并且说话时带有酒味，会给考官留下“酒鬼”的印象；吃辛辣的食物会带有很重的口气，如果有口臭，应聘前多喝几杯茶，注意吃好早餐，否则因空腹会产生胃气，妨碍口气清新。清新自然的形象，有助于取得应试成功。

（2）应聘时不要让伙伴陪同，带着陪伴说明你缺乏自信。

（3）随身除了带公文包或手提包外，不要带其他物品。自己随身带的物品，不可放置面试考官办公桌上。可将公文包、大型皮包放置于座位下右脚的旁边，小型皮包则放置在椅子侧或背后，不可挂在椅背上。

（4）应聘时不要抽烟，不嚼口香糖。与人谈话时，吃了重口味的东西，也显得不尊重对方。

（5）不可要求茶点，除非是咳嗽或需要一杯水来镇定自己。

（6）不要随便乱动办公室的东西。

课后训练与实践

一、思考题

判断下列说法正确与否？为什么？

1. 应聘时间越早越好。

2. 面试开始时，应试人可以自己找座位坐下，不用等别人让座。
3. 面试后，又想起几个问题，再打电话告诉应聘的主考官。
4. 有几家公司要录用我，所以要给每一家录用我的公司写答谢信。
5. 在应聘时对自己的优点或优势说得越多越好。
6. 当你想离开现在就职的公司时，不要在公司正忙的时候提出辞职。
7. 当你被应聘的公司拒绝后，也应该出于礼貌写一封感谢信。

二、案例分析

案例一：小王大学毕业，求职意向首选是惠普公司和联想公司，经过层层筛选，他如愿进入最后一轮面试，也就是要去见公司的高层领导。小王能在数千大军中脱颖而出，获得机会，已经实属不易。然而，在见高层领导的时候，他特别紧张。在见惠普的高层领导时，他叫错了领导的名字，并且临走时把包忘在了领导的办公室里；在见联想的高层领导时，由于是英文面试，他重复一个英文单词数遍，唯恐对方听不清楚，直至那位领导打断并说明他已经明白了小王的意思，他才明白该适可而止。结果是两家公司都在最后面试时将他拒之门外。

小东在面试中国工商银行时，面试官问他为什么想来工行。小东心里想：还不是因为你工行效益好。但是碍于不方便直白地说这样的话，他一时没了主意，半天没说出话来和工行说了再见。

案例思考：

请问小王和小东的主要问题是什么？你认为应该如何做呢？

案例分析提示：

小王精神紧张，缺乏自信，小东对用人单位缺乏了解，答不出常规问题。想在面试中脱颖而出，给招聘人员留下深刻的印象，就要克服紧张，建立自信。想自信，就必须知己知彼，对自己和用人单位都要有客观的认识，做好充分的准备。

案例二：梁同学在求职之初，屡试屡败。一天下午，他走进就业指导中心寻求帮助。我让他回忆前几次面试中，自我感觉有何失误。沉思了一会儿后，他说在农业银行的面试中他过于紧张，说话没有条理；在光大集团的面试中他没有说好为什么要加盟光大；在信息产业部的面试中，他没有回答好业余爱好是什么（他回答的是喜欢和朋友们喝酒聊天）。在反思以前面试中的不当之处后，我让他在准备下一个面试时，除了专业知识的准备，还要做到：事前自己以正常说话口吻作简短的两分钟自我介绍；对简历中的每个方面的内容，都要做到心中有数；对所应聘的公司要做到大致了解，并且一定要想“我为什么要来，我来了能做什么”这样的问题；面试时注意说话的语速和音调，以保证让面试官听清楚。一周后，他满脸欢欣地再次走入就业指导中心，对我说他参加了人民保险公司的面试，在11位主考官面前，神态自若，回答流利，有理有据，得到了面试官的一致好评。一个星期后，我接到了他的电话，他被人保录取了。

案例思考：

梁同学为什么能够最终成功应聘呢？

案例分析提示：

每一次经历都是一次成长的好机会。经历了失败要能及时总结经验与教训，不断增强自信心，才能不断增加成功的砝码。

案例三：一位青年到一家大型公司应聘，主考官问："你怎么知道我们这里正好有空缺的职位啊？"这位青年想把气氛调动轻松些，就故作神秘地说："我在梦里听到有人对我说的。"说完自己先笑起来，结果他没有被录用。

案例思考：

请分析这位年轻人没有被录用的原因。

案例分析提示：

求职的场合就应该注意相应的礼仪，避免不必要的失误。

三、技能训练

训练项目一：面试的答问技巧

训练情景：假设你是一名毕业生，在参加××公司的面试过程中，面试官问你以下几个问题，你该如何回答？

1. 为什么想到我们公司工作？

2. 如果你获得这个工作机会，你可以想想五年后的自己会如何，有没有考虑过自己的职业生涯规划？

3. 你觉得你有足够的能力来完成这份工作吗？

训练要求：由教师根据学生专业特点设计应聘单位名称。

训练项目二：应聘礼仪

训练情景：设计面试官和应聘者两个角色，完成进门、坐下、问答、结束离开整个环节。

训练要求：按照正式场景完成，面试官提前设计好问题，考验应聘者临场应变能力。

第四章

社 交 礼 仪

◆ 学习目标

1. 掌握人际交往中常用的称呼礼仪、致意礼仪、鞠躬礼仪。
2. 掌握介绍礼仪、名片礼仪、握手礼仪的方式及注意事项。
3. 掌握拜访礼仪和接待礼仪的要点。
4. 掌握位次礼仪、餐饮礼仪、馈赠礼仪的要点。
5. 掌握通信礼仪和办公室相处礼仪的基本要点。

第一节 见 面 礼 仪

心理研究成果表明：人们第一次见面给对方留下的印象最为深刻，而且对以后的人际交往起着指导作用。因此人们对日常见面礼仪规范应特别引起重视。

一、称呼礼仪

案例导入

曹禺剧作《日出》的顾八奶奶，唯恐别人说她老，不识相的福生当她面说："怪不得她老人家听腻了，您想，她老人家脾气也是躁一点，再者……"没等说完，惹得顾八奶奶火冒三丈，呵斥道："去！去！去！什么'她老人家、她老人家'的，我瞅见你就生气，谁叫你进来给我添病？"

◆ **分析：**

称呼语在不同的环境条件中的运用应恰到好处，称呼的不妥，常常会引起对方的不快，必将会影响交谈的效果。

称呼指的是人们在日常交往中所采用的彼此之间的称谓语，用以指代某人或引起某人的注意。人际称呼的格调有雅俗、高低之分，它不仅能反映人的身份、性别、社会地位和婚姻状况，而且反映了对对方的态度和亲疏关系。不同的称呼内容可以使人产生不同的情感。在交际开始时，只有使用高格调的称呼，才会使交际对象产生同你交往的欲望。

（一）基本原则

在与人交往中，应对生活中的称呼、工作中的称呼、外交中的称呼、称呼的禁忌细心掌握，认真区别。在社交活动中称呼应当亲切、自然、准确、合理。在商务场合，要求庄重、正式、规范。在国际交往中，因为国情、民族、宗教、文化背景的不同，称呼显得千差万别。正确、适当的称呼对方时要遵循以下三个原则。

1. 礼貌原则

这是人际交往的基本原则之一。每个人都希望被他人尊重。合乎礼节的称呼，正式表达对他人尊重和表现自己有礼貌修养的一种方式。交际时，称呼对方要用尊称，对任何交际对象都忌用诨号、绰号。

2. 尊重原则

一般来说，汉族有从大、从老、从高的心态。对同龄人，可称呼对方为哥、姐；对副科长、副处长等，可以直接以正职相称。

3. 适度原则

要视交际对象、场合、双方关系等选择恰当的称呼。如有些人往往喜欢称别人为师傅，虽然亲热有余但文雅不足。与众多人打招呼的时候，还要注意亲疏远近和主次关系，一般以先长后幼，先高后低，先亲后疏为宜。

（二）种类用法

1. 泛尊称

如先生、小姐、夫人、女士。

2. 姓名称

称呼姓名有三种情况：一是称呼姓名；二是只称其姓，不呼其名；三是不称其姓，直呼其名。

1）称呼姓名

一般适用于对同事关系、同学关系、平辈的好友、熟人之间及长辈对晚辈都可以直接称呼姓名。如“张平”“李燕”等。要注意中国人通常是前姓后名。

2）只称其姓，不呼其名

为了表示亲切，可以在被称呼者的姓前面加上“老、大、小”字相称，而免称其名。例如，对年长者，可以称呼 “老王、老李”，对于年幼者，可称呼“小李、小张”。

3）不称其姓，直呼其名

对于同性的朋友、熟人，若关系亲密，可以不称其姓，而直呼其名，如“小华，丽婷”等。但对于异性不可如此称呼。

3. 职业称

对于从事某种特定行业的人，可直接称呼对方的职业，如老师、医生、会计、律师、警察、护士等，也可以在职业前面加上姓氏、姓名。

4. 职务称

这是一种以被称呼人担当的职务来作为称呼语的称呼，如经理、局长、厂长、院长、主任等。

5. 亲属称

亲属是指与自己有着直接或者间接血缘关系的人。对亲属的称呼已经形成规范，如父亲的父亲称“祖父”，父亲的祖父称为“曾祖父”。姑、舅之子称为“表兄”“表弟”，叔、伯之子称为“堂兄”“堂弟”。对待亲属的称呼，有时讲究亲切，不一定非常标准，如儿媳妇对公公、婆婆，女婿对岳父、岳母，都可以称呼“爸爸”“妈妈”。这样称呼主要是表示与对方“不见外”，是自家人。

知识链接

亲属称有敬称和谦称两种。

对自己的亲属应用谦称。称辈分或年龄高于自己的亲属，可在其称呼前加“家”字，如“家父”“家姐”等。称辈分或年龄低于自己的亲属，可在称呼前加“舍”字，如“舍弟”“舍侄”等。称自己的子女时，可在其称呼前加“小”字，如“小儿”“小婿”等。

对别人的亲属应采用敬称，在其称呼之前加“尊”“令”“贤”字等。对其长辈，在称呼前加“尊”字，如“尊母”。对其平辈、晚辈，在称呼前加“贤”字，如“贤妹”“贤侄”。若在其亲属的称呼前加“令”字，一般不分辈分和长幼，如“令堂”“令郎”“令爱”等。

所以有“家大、舍小、令外人”的说法。

与亲属称相类似的称呼我们通常称亲近称。对于邻居、至交，有时可称“大爷”“大娘”“大妈”“大伯”“爷爷”“阿姨”等。有时还在称呼前加上姓氏，如“张阿姨”“李叔叔”等。

除此之外，由于人际交往活动的复杂性，还要注意在各种不同环境下的不同称呼的灵活运用。中国幅员辽阔，方言繁多，即使同一个称呼，也因地区不同而含义迥异。所以，来到异地他乡，不了解当地的方言，还是以“通称”相称较为妥当。在当今社会，虽然不同于等级森严的封建社会，但是用合适的称呼体现出上下长幼，以示亲切或尊敬，也是必要的。对年长者、知名人士要用尊称；对上级领导或其他单位负责人可称其职务；对职务低于自己的，也要选择有敬重含义的称呼，一般不宜直呼其名。同一个称呼，也要注意场合，比如在一般场合叫“爷爷”，自然而亲切，叫“祖父”就显得生硬别扭；如果在一些比较庄重的场合，则以后者为宜。又如，很多人兼有几种身份，对他们的称呼也要因时因地而定。有的称呼本身就带有明显褒奖的感情色彩，如“老厂长”“老模范”“老同志”等。称呼别人的绰号，有时有亲切感，如陈赓将军就喜欢别人称他为“小木瓜”（头脑迟钝者）等。社交场合以别人生理缺陷为绰号，是对别人人格的侮辱，是缺乏教养的表现。但是在恋人的称呼中，常有“傻瓜”“坏蛋”之类，不但不引起反感，反而极其喜欢，这是表达特殊感情的特殊称呼。还要注意同样的称呼，有人乐于接受，有人就非常避讳。渔民忌“沉”字，假如他正巧姓陈，你若“老陈老陈”叫个没完，他肯定会不高兴。同样是30岁的人，有人乐于被称为“老张”“老李”，而对于正在寻找伴侣的30岁的人，不妨叫他“小张”“小李”。

（三）主要禁忌

1. 使用错误的称呼

常见的错误称呼无非就是误读或误会。误读也就是念错姓名，这样是很不礼貌的。为了避免这种情况的发生，对于不认识的字，事先要有所准备；如果是临时遇到，就要谦虚请教。误会是对对方的情况不了解，主要是对被称呼者的年纪、辈分、婚否及与其他人的关系作出了错误判断。比如，将公司的董事长称为“经理”，将未婚妇女称为“夫人”等，这都是很无礼的。

2. 使用不通行的称呼

有些称呼具有一定的地域性，如北京人爱称“师傅”，山东人喜欢称“伙计”，但南方认为“师傅”等于“出家人”，“伙计”肯定是“打工仔”。

3. 使用庸俗的称呼

有些称呼在正式场合不适合使用。例如，“兄弟”“哥们儿”“姐们儿”等一类的称呼，虽然听起来亲切，但显得档次不高。

4. 使用外号称呼

对于关系一般的，不要自作主张地给对方起外号，更不能用道听途说来的外号去称呼对方，也不能随便拿别人的姓名乱开玩笑。

5. 使用过时称呼

有些称呼具有一定的时效性，若再采用，难免贻笑大方，如“老爷”“大人”。

6. 使用不当语音

在官场，应注意上司的姓氏与职务的语音搭配，如赶上姓傅、姓戴的正职领导，称其“傅局长”“戴主任”，对方会不高兴，因为外人一听，误以为他是副职或临时代理。此种情况，应该略去其姓氏，直接称呼官职。

二、致意礼仪

（一）基本内涵

1. 致意

致意是已相识的友人之间在距离较远或不宜多谈的场合，用无声的动作语言，相互表示友好与尊重的一种问候礼节。一般来说，相互致意的顺序是：地位低的先向地位高的致意。

（二）主要建议

1. 微笑致意

微笑可以传播友好，它最好用在与不相识者初次会面，也可以用在同一场合经常见面的老朋友身上。

2. 举手致意

在公共场合，倘若离相识的人过远，一般要默不作声，将右臂抬起，向前方延伸，或挥帽致意即可。

3. 点头致意

点头致意适用的场合有：在公共场合遇到相识的人而相距较远时；与相识者在一个场合多次见面时；与一面之交或不太相识的人在社交场合见面时等。这时均可微笑点头向对方致意，以示问候，而不应视而不见，不理不睬。施礼时，一般应不戴帽子。

具体做法是：身体要保持正直，两脚跟相靠，双手下垂置于身体两侧或搭放于体前，目视对方，面带微笑，头向前下微低。注意不宜反复点头，也不必幅度过大。

4. 欠身致意

全身或身体的上半部分在目视被致意者的同时，应略微向上、向前倾斜。这是对他人恭敬的一种表现，可以向一个人或者几个人同时欠身致意。

5. 脱帽致意

摘下帽子表示对别人的尊敬。通常来说，向别人致意，距离不能过远，一般以 3～20 米较为适宜；也不能在对方的侧面或背面。当然，有时与相遇者侧身而过，施礼者在用非语言信号致意的同时，也可用“您好”“早上好”等问候语，增加致意的亲切感，受礼者也应用同种方式表示答谢。

知识链接

脱帽礼来源于冷兵器时代，当时，作战都要戴头盔，头盔多用铁制，十分笨重。战士到了安全地带，首先是把头盔摘下，以减轻沉重的负担。这样脱帽就意味着没有敌意，如到友人家，为表示友好，也以脱盔示意。这种习惯流传下来，就是今天的脱帽礼。

三、鞠躬礼仪

知识链接

鞠躬礼的来源

鞠躬礼源于中国的先秦时代，两人相见弯腰曲身待之，这样做有两层含义：一是缩小个人的势力圈；二是降低身势减少易受攻击的部位。它最早是表示鞠躬者对敌方的惶恐、畏惧，显现自己精神的劣势，后来才演变成表示尊敬对方的礼貌动作。中国的跪拜在原始含义上是与鞠躬礼相同的，只是跪拜比鞠躬礼的意义更强烈些。

（一）基本内涵

鞠躬，是表示对他人敬重的一种郑重礼节。此种礼节一般是下级对上级或同级之间、学生向老师、晚辈向长辈、服务人员向宾客表达由衷的敬意。鞠躬是中国、日本、韩国、朝鲜等国家传统的、普遍使用的一种礼节。鞠躬主要表达“弯身行礼，以示恭敬”的意思。

阅读拓展

在日本，由于特殊的历史背景和地缘文化，使他们形成了进出房门低头俯身，日常交际低姿势待人的民族习惯。一般有绅士风度的人每天从早到晚总在人际交往中弯腰鞠躬。

据有关资料，日本的商店、宾馆、酒店的服务员，平均每人每天要向客人鞠躬近 1 000 个。一位电梯服务员称，她每天平均要向客人鞠躬达 2 560 次。日本人即使在打电话时也会不自觉地向看不见的对方鞠躬。

在日本，鞠躬礼一般分为站礼和坐礼两种。

站礼分为三种，即见面时的 30° 鞠躬礼，称为见面礼。分手时的 45° 鞠躬礼，称为告别礼。对上级、长辈行最高鞠躬礼，腰弯到脸面几乎与膝盖平行的程度。

坐礼也分为三种，双手礼，脊柱和脖颈挺直，整个身体向前倾伏，与此同时双掌向前靠拢着地，整个身体向前几乎面着地。这种礼一般是在下级向上级、晚辈对长辈、主人对尊客所用的礼节。屈手礼，身体向前倾约45°，脸面向下，双掌着地，这种礼一般是在同辈间和向对方请教时常用的礼节。指尖礼，双手垂于两膝侧，指尖着地，身体前倾 5°，这种礼一般是在长辈接受晚辈施礼和接受对方的问候时，在“榻榻米”上进行的。

在韩国、朝鲜，现在日常的礼节中，男士常用握手礼，而女士们则常用鞠躬礼。

（二）动作规范

行礼时，立正站好，保持身体端正；面向受礼者，距离为两三步远；以腰部为轴，并拢双脚，整个肩部向前倾，视线由对方脸上落至自己的脚前 1. 5 米处（15° 礼）或脚前 1 米处（30° 礼）或脚前 1. 4 米处（45° 礼），如图 4–1 所示。同时问候“您好”“早上好”“欢迎光临”，等等；男性双手放在身体两侧，女性双手合起放在身体前面。

15° 鞠躬

30° 鞠躬

45° 鞠躬

图 4–1 鞠躬礼

（三）鞠躬礼的注意事项

鞠躬时要注意的是戴着帽子时，应将帽子摘下，因为戴帽子鞠躬既不礼貌，也容易滑落，使自己处于尴尬境地。鞠躬时目光应向下看，表示一种谦恭的态度，不要一面鞠躬，一面试图翻起眼睛看对方。

四、介绍礼仪

在人际交往中，与人初次见面，是要通过介绍礼来实现的。介绍是进入社会大门的一把钥匙，它是初次会面的陌生双方开始交往的起点。介绍在人与人之间起着沟通与桥梁的作用，只要几句话就可以缩短人与人之间的距离，为进一步交往做好准备。介绍的形式主要可分为自我介绍、他人介绍和集体介绍。

（一）自我介绍

自我介绍，也就是人们常说的自己向他人介绍自己，通常用在想和某人结识，但又没有合适的介绍人，或者在某些场合他人需要了解自己的情况时。在自我介绍时，可以先主动打招呼说声“您好”来引起对方的注意，然后说出自己的姓名、身份，也可以在与对方握手时做自我介绍。恰到好处的自我介绍，能给他人留下深刻的印象。

1. 主要场合

需要自我介绍的场合有以下一些：应聘求职、应试求职；在社交场合，与不相识者相处、有不相识者表现出对自己感兴趣、有不相识者要求自己作自我介绍；在公共聚会上，与身边的陌生人组成新的交际圈、打算介入陌生人组成的交际圈；交往对象记不清自己，或担心这种情况可能出现；有求于人，而对方对自己不甚了解或一无所知；拜访熟人遇到不相识者挡驾，或是对方不在，需要请不相识者代为转告；前往陌生单位进行业务联系；在出差、旅行途中，与他人不期而遇，并且有必要与之建立临时接触；因业务需要，在公共场合进行业务推广；初次利用大众传媒向社会公众进行自我推荐、自我宣传，等等。

2. 礼仪举止

以标准站姿为基础，身体稍向前倾 15° ，表情坦然亲切，注视对方，举止庄重、大方，态度镇定而充满信心，表现出渴望认识对方的热情。也可将右手放在自己的左胸上，使人产生信赖。

3. 重要形式

1）应酬式

适用于一般性的社交场合，这种自我介绍最为简洁，往往只包括姓名一项内容即可。例如，“您好，我叫陈波”，“您好，我是王强”。

2）工作式

适用于工作场合，它包括本人姓名、供职单位及其部门、职务或从事的具体工作等。例如，“您好，我叫张勇，是××计算机公司的销售经理”，“我叫赵伟，我在湖北工作”。

3）交流式

适用于希望与交往对象进一步交流与沟通的情况，它大体应包括介绍者的姓名、工作、籍贯、学历、兴趣及与交往对象的某些熟人的关系。例如，“您好，我叫李俊，在××银行上班。我是周芳的老乡，都是四川人”，“我叫孙倩，是吴敏的同事，在武汉大学外语系，我是教英语的”。

4）礼仪式

适用于讲座、演出、报告、仪式或庆典等一些正规而隆重的场合，其内容包括姓名、单位和职务等，同时还要加入一些谦辞、敬辞。例如，“各位来宾，中午好！我叫张勇，我是××

计算机公司的销售经理。我代表本公司热烈欢迎大家光临我们的展会现场”。

5）问答式

适用于应试、应聘和公务交往，这种自我介绍，应该是有问必答，问什么就答什么。例如，面试主考官问：“请介绍一下你的基本情况”。应聘者回答：“各位中午好！我叫郑兵，现年 26 岁，湖北武汉人，汉族”……

4. 介绍语言

1）流畅

语言表达要流畅自如，不带口头禅，中间不停顿，要求内容熟练。

2）完整

介绍的语言要完整，介绍单位要用全称，如“作家协会”“应用技术学院”“中国人民大学”“消防协会”“上海吊车厂”等，不能说“作协”“技院”“人大”“消协”（是市人大常委会还是中国人民大学？是消费者协会还是消防协会？）“上吊”等（很难与“上海吊车厂”相连）。

5. 介绍技巧

在自我介绍中，特别要注意说好一个“我”字。“我”字说得太重，有意拖长仿佛要通过强调“我”来树立自己的高大形象。更有甚者，说“我”时神态扬扬自得，目光咄咄逼人，大有不可一世的气势，其自我介绍不过是孤芳自赏罢了，只能给人留下骄傲自大的印象。要想留下好的印象，就要在关键的地方以平和的语气说出“我”字，目光亲切，神态自然，才能使人从这个“我”字里感受到自信、自立而又自谦的良好形象。可以从不同角度进行。

1）从姓名入手

知识链接

一位刚刚毕业的大学生，在本部门的欢迎会上的自我介绍。“我姓苏，苏东坡的苏，名杰，杰出人才的杰。自古以来姓苏的人才辈出，因此父母也希望我成为一名杰出的人才。不过我刚毕业，事业刚刚开始，但我相信在同志们的帮助下，成功之路就在自己的脚下。”

分析：这个介绍，从自我姓名的含义的角度介绍，给大家一个联想的空间，记忆深刻，同时还恰当地表露了自己的谦虚和抱负，不失为聪明之举。

2）从生肖入手

知识链接

一次礼仪先生与小姐的比赛中，一位小姐的自我介绍：“我的生肖第一，属老鼠。我去年进入信宜宾馆工作，今天是我参加工作以来的第一个五一节，我也是第一次参加如此大规模的比赛，但愿这么多的第一会给我带来好运，谢谢大家。”

分析：这位小姐恰当引出自己的年龄、职业、参赛信心，给人留下一个深刻的印象。

3）从职业特征入手

知识链接

一位公关先生在比赛中的自我介绍："我叫张伟，在上海宾馆公关部工作，也许有的人心目中认为公关工作都是一些漂亮小姐担任的，一个男子怎么从事公关工作呢？其实这是一种误解，公关是塑造形象和协调工作的科学，只要是有公关知识和素养，男子也同样能从事公关工作，今后希望各位在工作中多多关照。"

分析：张先生的自我介绍，使人了解了公关工作，理解了公关先生。

（二）他人介绍

他人介绍又称第三者介绍，通常是经第三者为彼此不认识的双方相互进行引荐，或把一个人引荐给其他人的一种介绍方式。

阅读拓展

《钢铁是怎样炼成的》一书中，有这样一段描写：保尔深深地爱着安娜，两人关系非常密切，但是有一天，保尔发现安娜房里来了一位陌生的男子，而且两人非常亲昵，于是保尔对安娜产生误会断绝了与她的来往，爱情也由此夭折。其实这位男子是安娜的表哥，如果安娜一开始就向保尔介绍她的表哥也就不会产生误会了。

1. 被介绍人的礼节

作为被介绍者，当介绍者询问自己是否有意认识某人时，一般不要扭扭捏捏或加以拒绝，而应欣然表示接受。实在不愿意时应说明理由，表示歉意。

当介绍者为自己进行介绍时应表现出非常愿意结识对方，主动热情，正面对着对方，面带微笑。一般情况下应起立，注意优美的站姿，宴会或谈判会，只略欠身致意就可。在介绍的过程中，按礼仪规范微笑致意、握手或递送名片。

2. 介绍者的礼节

在社交中，东道主，长者，家庭聚会中的女主人，专职人员（公关、礼宾、文秘、办公室接待者等），在正式活动中地位、身份较高者或主要负责人，熟悉双方者，指定介绍者，都可以为他人进行介绍。如家里来了客人，客人之间彼此不认识的话，主人有义务为大家作介绍。单位来了客人一般有三种情况：一是由专职人员、公关、文秘、办公室主任介绍；二是对口人员介绍；三是本单位的领导介绍。

知识链接

天强贸易公司的销售部李经理到恒讯贸易公司找销售部张经理联系业务，恰逢恒讯公司销售部的副经理及业务骨干小王在办公室里，张经理赶紧招呼李经理，同时将副经理和小王介绍给了李经理，又向副经理及小王全面介绍了李经理。

分析：这种介绍在介绍礼节中为对口介绍，张经理此时有义务把其他在场的不认识的人进行介绍。否则大家大眼瞪小眼，尴尬、不便、互相猜忌，影响彼此的交往。

若单位来了贵宾，应该由本单位职务最高者做介绍。比如市长到一家公司检查工作，公司董事长就有义务把市长向公司员工做介绍。这是对贵宾的一种尊重。

3. 介绍者的姿势

具体做法：作为介绍者，无论介绍哪一方，都应手势动作文雅，手心朝上，四指并拢，拇指张开，胳膊肘向外伸，指向被介绍一方，并向另一方点头微笑，上体前倾 15°，手臂与身体成 50°～60°，如图 4–2 所示。在介绍一方时，应微笑着用自己的视线把另一方的注意力引导过来。态度热情友好，语言清晰明快。

图 4–2　介绍者姿势

4. 介绍的顺序

介绍的顺序应该是将地位低的介绍给地位高的，因为地位高的有优先知情权。例如，在社交场合，将男士介绍给女士；将年轻者介绍给年长者；将职位低者介绍给职位高者；将主人介绍给客人；将未婚者介绍给已婚者（当双方地位、年龄相当、性别相同时），除非未婚者年龄比已婚者年龄大很多。

（三）集体介绍

集体介绍是介绍他人的一种特殊情况，指被介绍者之中的一方或双方不止一人。

1. 集体介绍顺序

1）少数服从多数

当被介绍者双方地位、身份大致相似时，应先介绍人数较少的一方。

2）强调地位、身份

若被介绍者双方地位、身份存在差异，地位、身份高者，虽人数较少或只有一人，也应将其放在尊贵的位置，最后加以介绍。

3）单向介绍

在演讲、报告、比赛、会议、会见时，往往只需要将主要人物介绍给广大参加者。

4）人数多一方的介绍

若一方人数较多，可采取笼统的方式进行介绍。如，“这是我的家人”，“这是我的同学”。

5）人数较多各方的介绍

若被介绍的不止两方，需要对被介绍的各方进行位次排列。排列的方法：以其负责人身份为准；以其单位规模为准；以单位名称的英文字母顺序为准；以抵达时间的先后顺序为准；以座次顺序为准；以距介绍者的远近为准。

2. 集体介绍方法

1）单项式

被介绍者双方一方为一人，另一方为多人时，只将前者介绍给后者。

2）笼统式

被介绍者双方均人数较多，而又确无必要或不可能对其逐一加以介绍时，只扼要介绍一下双方的概况。如：“介绍一下，这些人都是我的家人，这几位是我生意上的伙伴。”

3）尊卑式

适用于十分正规的商务交往中，它要求先介绍位卑的一方，后介绍位尊的一方，而且在介绍任何一方时，均应由尊及卑地逐一介绍其具体成员。

（四）注意事项

1. 介绍不唐突

介绍时要向双方打招呼（但不是命令形式），使双方有思想准备。如，“请让我介绍你们认识一下好吗？”这就是比较合适的介绍。“小王，来见一下张小姐。”这样的介绍就不妥。

2. 语言清晰、明确、完整

为他人介绍时的语言不能含糊其辞，使双方听不清或介绍完后记不清对方的名字。美国交际语言大师戴尔·卡耐基说过：“一个人的姓名是他自己最熟悉、最甜美、最妙不可言的一种声音”，它不仅是礼仪的需要，而且也是开启友谊之门的钥匙，是寻找合作伙伴的桥梁。

美国比特·杜波尔说："如果你能记住一个人的姓名，他可能给你带来100个新朋友。"所以，对每一位在商务活动中想取得成功的人士来说，记住对方的名字是非常重要的。

3. 介绍内容适宜

首先，选择双方感兴趣的内容。如将一位教师介绍给一位生意人："他叫×××，是一位教学经验丰富的老师。"不如说："×××是一位老师，她丈夫是××贸易公司的经理"。

其次，介绍特长会促进了解。"×××是我们单位的歌坛新秀"，"××是市里乒乓球比赛冠军，现在仍不减当年，有机会的话你们俩可以比试比试"。

最后，给予评价，促进合作。"×××在建筑方面很有经验，主持过好几个大的项目，希望你们以后能够合作。"

4. 避免过度赞扬某人

不合时宜的吹捧会使被介绍者尴尬，介绍者也会给人留下不良的感觉，从而使被介绍双方产生反感。一般也不要开过分的玩笑，不要捉弄人。

5. 掌握好为他人介绍的时机

若为他人介绍只起牵线搭桥的作用，则介绍双方后的停顿时间要适当。一般介绍后应停顿片刻，引导双方交谈，待他们能够交谈后，再借机离开；否则，双方初次见面会因找不到共同话题或紧张而显得很尴尬。

介绍长辈时，一般只介绍关系；介绍晚辈、平辈，既介绍关系，又介绍姓名。一般介绍时不要统称爸爸、妈妈，如"这是我的爸爸"，"这是我的婆婆"。"这是我丈夫的妹妹小玲"，"这是我弟弟的妻子张丽"，"这是我女儿李妍"等。注意在国际商务活动中，介绍妻子时最好不要用"爱人"来称呼，因为在国外爱人是情人的意思，避免发生误解。

五、名片礼仪

阅读拓展

某公司新建的办公大楼需要添置一系列办公家具，价值数百万元。公司的总经理已做了决定，向A公司购买这批办公用具。

这天，A公司的销售部负责人打电话来，要上门拜访这位总经理。总经理打算等对方来了，就在订单上盖章，定下这笔生意。

不料对方比预定的时间提前2个小时到了。原来对方听说这家公司的员工宿舍也要在近期内落成，希望员工宿舍需要的家具也能向他们购买。为了谈这件事，销售部负责人带来了一大堆资料，摆满了台面。总经理没料到对方会提前到访，刚好手边又有事，便请秘书让对方等一会。这位销售员等了不到半小时，就开始不耐烦了，一边收拾起资料一边说："我还是改天再来吧。"

这时，总经理发现对方将自己刚才递上的名片不小心掉在了地上，对方却并没发觉，走时还无意中从名片上踩了过去。但就是这个不小心的失误，却令总经理改变了初衷。A公司不仅没有机会与对方商谈员工宿舍的设备购买，连几乎到手的数百万元办公家具的生意也告吹了。

这个失误看似很小，其实是不可原谅的。名片在商业交际中是一个人的化身，是名片主人“自我的延伸”。弄丢了对方的名片已经是对他人的不尊重，更何况还踩上一脚，顿时会令对方产生反感。

名片是现代社会生活中一种精致而实用的交际工具，是一种最为经济实用的介绍性媒介。现代社会人际交往中，一张做工考究的名片，不仅是一个人身份、地位的象征，而且也是一个人尊严和价值的一种体现，还是使用者要求社会认同、获得社会理解与尊重的一种方式。名片上一般印有公司名称、头衔、姓名、联络电话、地址等，有的还印有业务介绍及个人的照片。有人把它称为另一种形式的身份证。所以，在交往中，熟悉和掌握名片的有关礼仪是十分重要的。要使名片在人际交往中正常地发挥作用，应重视其礼仪效应，恰到好处地使用名片。

（一）主要用途

1. 自我介绍

名片最主要的用途是介绍自身。会客交友，取出一张名片，自我的基本情况跃然纸上，让他人一目了然。它在介绍中的好处是简明扼要、节省时间、介绍方便，能使对方印象深刻。在进行口头自我介绍时，总是很简短，几乎就是姓名、单位，有时候职务都不便开口说出，因为介绍自己的一官半职总有自我炫耀之嫌，当身兼数职时更不好一一启齿，但有了名片，一切都写得清清楚楚，不用为难，他人就能较多地了解你。

2. 结交朋友

在对他人有好感，希望与对方进一步交往的情况下，可以主动把名片递给对方，意味着对对方的友好、信任和希望深交。巧用名片，可以为结交朋友“铺路架桥”，但也没有必要每逢遇见陌生人，就递上自己的名片。

3. 维持联系

名片犹如通信录，利用它所提供的资料，即可与名片的提供者保持联系。一旦晋升职务、变换单位、迁居或更换电话号码，送给亲朋好友一张注明上述变动的名片，等于及时而又礼貌地打了招呼，通报本人的最新情况。把个人或企业变更信息印在名片上给老朋友，以使彼此联系更加畅通，使对方对自己或企业的相关情况了解得更加充分。正因为有了名片上所提供的各种联络方式，人们的“常来常往”才变得更加现实和方便。

4. 业务介绍与宣传

公务式名片上有所属单位、地址、经营范围等内容。在进行业务往来时，名片是公司的招牌，具有类似广告的作用，可使对方了解你所从事的业务。利用名片也可以为本人及所在单位进行业务宣传，扩大交际面，争取潜在的合作伙伴。

5. 拜访他人

初次前往他人住所或单位时，可以把自己的名片交给对方的接待者，由其转交给被拜访者，以便对方确认，决定见或不见。这种做法比较正规，可以避免冒昧造访而引起他人的反感。

（二）制作礼仪

1. 一般规格

在我国通用的标准名片有两种，即普通与折卡。普通名片的设计尺寸为：55 毫米×90 毫米，折卡名片的设计尺寸为：95 毫米×90 毫米。

名片的色彩切忌鲜艳、花哨，讲究淡雅端庄，以白色、米色、淡蓝色、淡黄色、淡灰色为宜。但是现在的名片的规格五花八门，有些人为了突出自己的个性，给对方留下一个深刻的印象，在名片设计时独出心裁，所以名片又有心形的、树叶形的，材质也五花八门。虽有特色，但不宜在严肃的商务活动中使用。在比较正式的商务场合一般要用正规的名片，即较为规则的长方形纸质名片，如图 4–3 所示。

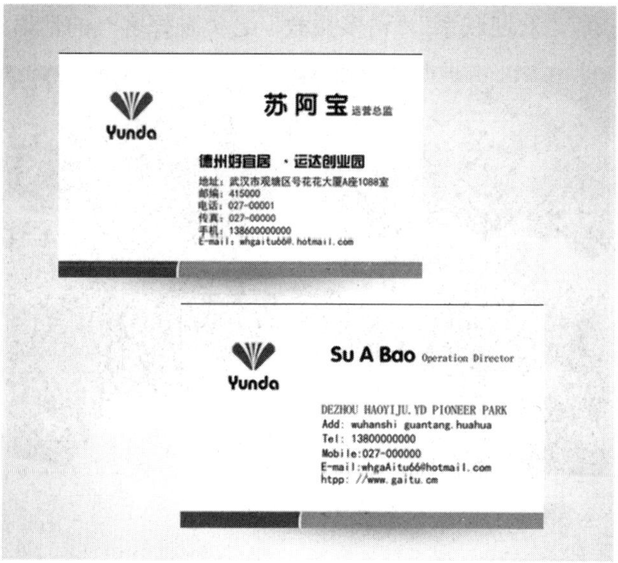

图 4–3　一般名片形式

2. 常见类型

1）社交名片

用于社交场合，和新朋友交换或和老朋友联络之用。内容一般包括姓名、地址、邮编、电话、邮箱等

2）商务名片

用于商务场合，拜访客户等。内容包括姓名、单位名称、单位地址、邮编、职务等。

3. 主要内容

除单位名片外，通常一枚标准的名片应包括以下三个方面的内容：本人所属的单位及自己所在的具体部门；本人的姓名、学位、职务或职称。与本人联络的方法，包括单位所在的地址、办公电话号码、住宅电话号码和邮政编码等。

此外，还可酌情列出本单位的传真号码、电报挂号及本人的寻呼机号码和手机号码，商务名片一般都不提供本人家庭住址。

名片的背面，一般都印上相应的英文，作为对外交往时用。但也有些名片在背面印上企业、公司的简介、经营范围、产品及服务范围，以方便客户和作为宣传。

（三）使用礼仪

1. 递送名片

1）递送规则

递送名片时，态度要恭敬，表示对方能接受自己的名片感到很荣幸。递送时双手递给对方，以示尊重：用双手的大拇指和食指拿住名片的两个角，将名片正面对着对方，以便对方观看；起立或者欠身递送，身体前倾，面带微笑，注视对方，态度要庄重大方，动作要轻缓；还要说话，如“请关照”“欢迎联系”“请多指教”之类友好客气的话语等，如图 4–4 所示。

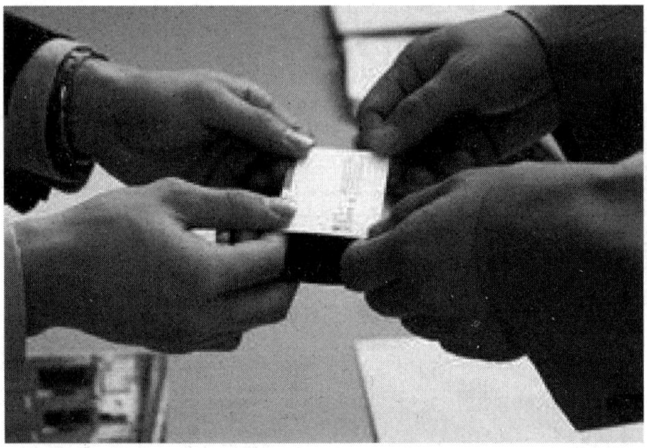

图 4–4　名片递送

2）递送顺序

一对一时，地位低的递给地位高的；一对多时，按照地位由高到低，由近到远的顺序递送。

2. 接受名片

接受名片时，应起身或欠身，面带微笑，恭敬地用双手的拇指和食指接住名片的下方两角，并轻声说“谢谢”，或“久仰大名”等。结过名片后，认真过目阅读，最好能小声地读出来，尽快记住对方的主要信息，以示尊重。同时交换名片时，可以右手递名片，左手接名片。

3. 索取名片

如何索取名片，是很值得重视的问题。除非非常必要，最好不要主动索取。索取名片有以下几种方法。

1）交易法

交易法是指“将欲取之，必先予之”。也就是说想要索要别人的名片时，最省事的办法是把自己的名片先递给对方，所谓“来而不往非礼也”，当把名片递给对方时，对方不回赠名片是失礼的行为，所以对方一般会回赠名片。

2）谦恭法

谦恭法是指在索取对方名片之前，稍做铺垫，以便索取名片。比如见到一位研究计算机技术专家可以说：“认识您我非常高兴，虽然我玩计算机已经四五年了，但是与您这种专业人士相比可是相形见绌，希望以后有机会能够继续向您请教，不知道以后如何向您请教比较方便？”前面一席话都是铺垫，只有最后一句话才是真正的目的：索取对方名片。

3）联络法

谦恭法一般是对地位高的人，对平辈或者晚辈就不太合适。面对平辈和晚辈时，不妨采用联络法。联络法的标准说法是：“认识你太高兴了，希望以后有机会能跟你保持联系，不知道怎么跟你联络比较方便？”

4. 存放名片

接过别人的名片切不可随意摆弄或扔在桌子上，也不要随便地塞在口袋里或丢在包里。应放在衬衣左侧口袋或西装的内侧口袋或名片夹里，口袋不要因为放置名片而鼓起来，不要将名片放在裤袋里。

（四）注意事项

（1）名片要放在恰当易取的地方，平整干净。

（2）接过名片后应仔细看，切忌一眼不看就随手放在一边或放在桌上。

（3）切忌看过之后用手玩弄名片。

（4）名片不允许随意涂改。

（5）对方递给你名片时，要表示感谢，若自己没带名片时要表示歉意。

（6）男士不宜主动给自己朋友的夫人或女朋友留名片，以免发生不必要的误会。

六、握手礼仪

握手礼多用于见面时的问候与致意。对久别重逢和多日不见的老朋友，以握手表示对对方的关心和问候；人们彼此之间经过他人介绍相识，通过握手，向对方表示友好和愿意与对方结识的心情；告别时，以握手感谢对方，表示愿意保持联系、再次见面的愿望。

（一）历史起源

据说握手礼起源于古代，可以追溯到人类“刀耕火种”的原始社会。在人类刚刚从动物界脱胎出来还带有几分野蛮的时候，人们不仅在狩猎或战争中而且在日常交往时，手上常常拿有石块、棍棒等“武器”以防不测。当人们在路上遇到不属于自己部落的人时，如果双方都没有恶意，就会主动放下手中的东西，双手伸开让对方摸掌心，表示自己手中没藏着武器，以此来证明自己的友好、亲善。这种习惯逐渐演变成今天作为见面和告辞的“握手”礼节，被大多数国家所接受。

还有人说中世纪骑士相互格斗、势均力敌时，作为和解的表示，脱下铁盔铁甲，把平时持剑的右手伸向对方，证明手中没有武器，相互握手言和，后来便演变为国与国之间握手言和的礼仪。

（二）常见方式

不同的人握手时掌心朝向不同，时间长短不同。在使用握手礼时，有许多种不同的握手方式。了解这些，既有助于我们通过握手了解交际对方的性格情感状况及待人接物的基本态度，也有助于我们在实际交往中根据不同的场合、不同的对象适应各种具体的交往方式。

1. 支配式

支配式又称控制式握手，是以掌心向下或向左下的手势与对方的握手，表达自己的优势、主动、傲慢或支配地位或高人一等。这样的握手一般具有支配的性格或心态。

知识链接

◆ 特别提示

用于商务谈判中，一般想给对方下马威，以示强悍或以示威胁，平等交谈的场合不宜使用。特别是对上级、长辈，这样握手容易引起对方的反感。商务人员做业务的过程中千万不能用，容易使客户对你产生戒备心理，不利于业务的开展。

2. 谦恭式

谦恭式又称乞讨式、顺从型握手，是以掌心向上或向左上的手势与对方握手，一般是对对方比较尊重、敬仰甚至有几分畏惧时的握手。它表现出被动、劣势、软弱、干不成大事业的性格，也表示此人对人谦卑恭敬。

3. 双握式

双握式又称扣手式握手，美国人称其为政客式握手。据说美国总统竞选时几乎所有的竞选人都以这种握手方式对上至亿万富翁下至西部牛仔握手。它是在用右手紧握对方右手的同时，再用左手加握对方的手背、前臂或肩部。

这样的握手表达一种热情真挚、诚实可靠，显示自己对对方的信赖和友谊。从手背开始，对对方的加握部位越高，其热情友好的程度显得越高，表示更加亲切、更加感激、尊重对方，有时也表示有求于人。但不能用于初次见面的人、仅有几天交情的人及异性，否则会令人怀疑你的动机和意图。

一般握手的亲密程度是：双手相握→左手握腕→左手握臂→左手按肩→左手拥肩。越往上表明亲热的关系越来越强。

4. 死鱼式

死鱼式也称无力型握手。在社交场合见到对方伸出一只无任何风度、质感，不显示任何信息的手，给人的感觉就好像是握住一条三伏天腐烂的死鱼一样。这种握手力量很轻，表示此人性格懦弱、优柔寡断、没有气魄、缺乏热情。这样的人可能对人冷漠无情，待人接物消极傲慢。

5. 抓尖式

这种握手不是两手虎口相触对握，而是有意或无意只握住对方的几根手指或手指尖部。女士与男士握手时为表示自己的矜持（庄重）与稳重，常采用这种握手方式。抓尖式握手经常使人与清高、冰冷联系在一起。遇到这样的握手，经常会使握手者和对方保持一定的距离，纵然态度诚恳也会给人以一种冷淡的感觉。

6. 抠手心式

这种握手是两手相握后，不是很快松开而是双手缓缓滑落，让手指在对方手心适当停留。握手本来就是身体感觉最敏感的部位相互接触，如果再让手指在手心轻轻滑过，无疑更使对方热血沸腾，情绪高涨。因此抠手心式握手一般见于恋人、情人或心有灵犀的好朋友之间。

7. 标准式

标准握手礼也称平等式握手。这种握手是一种单纯的礼节性表达友好的方式。其动作标准如下。

握手时两人相距约一步（75 厘米），上身稍向前倾 15°，伸出右手四指并齐，拇指张开，掌心向左，两人的手掌与地面垂直相握，上下轻摇，一般以 2～3 秒为宜。右臂自然向前伸出与身体成 50°～60°。除年老体弱、有病有残疾者外，都应站立握手。握手时，要双目注视对方，面带微笑，并配合适当的敬语："您好""见到您很高兴""恭喜""再见"。

（三）重要顺序

1. 一对一

在这种情况下，根据握手礼仪规范，握手时双方伸手的先后次序，一般遵守"地位高的先伸手"的原则，应由地位高的首先伸出手来，位卑者只能在此后给予响应，不可贸然抢先伸手。如社交场合，男女之间握手，应由女士先伸手。长幼之间握手，年幼的要等年长者先伸手。上级和下级握手，上级先伸手。

2. 宾客之间

宾客之间握手，主人有向客人先伸出手的义务。在宴会、酒店或机场接待宾客，当客人抵达时，不论对方是男士还是女士，主人都应该主动先伸出手，表示对客人的热情欢迎。而在客人告辞时，则应由客人首先伸手来与主人相握，在此表示的是“再见”之意。

3. 一个人与多人

若是一个人需要与多人握手，则握手时需要讲究先后次序，由尊而卑，即先年长者后年幼者，先老师后学生，先长辈后晚辈，先已婚者后未婚者，先女士后男士，先上级后下级，先职位、身份高者后职位、身份低者。

注意在商务场合，握手时伸手的先后次序主要取决于职位、身份高低。而在社交、休闲场合，则主要取决于年龄、性别、婚否。

（四）常见禁忌

（1）不要戴着帽子和手套与他人握手，只有女士在社交场合戴着薄纱手套与人握手，才是被允许的。

（2）握手时目光不要左顾右盼、心不在焉或面无表情。

（3）握手时不要左右晃动或僵硬不动。

（4）握手时不要用力不当，敷衍鲁莽。

（5）握手时不要用左手同他人握手。

（6）握手时时间不要过长，让人无所适从。

（7）握手时不要另一只手插在裤袋里或拿着东西不肯放下。

（8）握手后不要马上擦拭自己的手掌。

（9）手不干净不要与他人握手。

（10）不要拒绝与他人握手。

（11）握手时不要争先恐后，造成交叉握手，要等他人握完后再伸手。

课后训练与实践

一、思考题

1. 以下情景的礼仪是什么？

（1）在校园中见到老师，应该如何称呼、行礼？

（2）在剧院里看到对面包厢里坐着自己的老客户，而他也看见了自己，见面礼是哪一种？

（3）在酒店大厅遇到上司在陪同一位女士聊天，见面礼是哪一种？

2. 握手的禁忌有哪些？

3．在下列情况下，见面的双方应该由谁首先伸出手来促成握手，并说明原因。

（1）甲单位的张小姐和乙公司的董先生。

（2）公司的总经理和营销主管。

（3）退休的老李和其接任者小王。

（4）宴会主办者和嘉宾。

（5）有 5 年资历的公关经理和刚来的客户服务部副主任。

4．递送名片的正确姿势是什么？

5．在会议室里，你见到了一位好久不见的老朋友，而且会议室的人又比较多，你俩的距离又比较远，你会怎样与他打招呼？

6．如果你叔叔到你宿舍来看你，同宿舍的 3 位同学都在，此时你应该怎样介绍？

二、设计题

根据本节知识，给自己设计一张名片。要求名片的规格、版式、文字准确。

三、案例分析

在一次订货会议上，哈尔滨某贸易公司的一名先生，被朋友介绍给一位河南某公司的女士相识。当时朋友介绍说这位是李先生，那位是王小姐。那位李先生赶紧伸手与对方相握，这位先生显然不懂规矩，但是在这样的场合中，按说你要碰到这种情况，你也会伸手与他相握的，顶多心里琢磨这家伙真没教养。因为在与人交往的过程中，一般人都会很宽容的。但是没想到那位小姐够厉害，就是不伸手，假装没看见，不吭气。结果李先生的手悬在半空收不回来，挺了半天，假装打了一下蚊子，挺尴尬。

根据本节理论分析：

（1）为什么会出现这种局面？

（2）李先生哪里做错了？

（3）王小姐做的是否合适？

（4）若是你将如何做？

四、实践训练

海德公司一行五人：总经理盛达、副总经理李海、业务主管刘涛、公关主任吴岩、经理助理黎明前往智仁公司进行商务拜访。智仁公司接待团也由五人组成：总经理关军、副总经理李凯、业务主管宋元、宣传部长郭立、秘书宫丽组成。当海德公司一行人到达智仁公司大门时，双方之间的介绍应该如何进行呢？

学员分组演练。（包括问候、握手、介绍等礼仪形式）

第二节 拜访礼仪

案例导入

小张具有丰富的产品知识，对客户的需要很了解。在拜访客户以前，他总会先掌握客户的一些基本资料，并常常以打电话的方式先和客户约定拜访的时间。

今天是星期四，下午 4 点刚过，小张精神抖擞地走进办公室。他今年 35 岁，身高 1.83 米，深蓝色的西装上看不到一丝皱褶，浑身上下充满朝气。

从上午 7 点开始，小张便开始了一天的工作，他除了吃饭的时间，始终没有闲过，他 5 点 30 分有一个约会，为了利用 4 点至 5 点 30 分这段时间，他便打电话，向客户约定拜访的时间，以便为下星期的推销拜访预做安排。

打完电话，小张拿出数十张卡片，卡片上记载着客户的姓名、职业、地址、电话号码等资料及资料的来源。卡片上的客户都居住在市内东北方的商业区内。

小张选择客户的标准包括客户的年收入、职业、年龄、生活方式和嗜好。他的客户来源有三种：一是现有的顾客提供的新客户的资料；二是小张从报刊上的人物报道中收集的资料；三是从职业分类上寻找客户。

在拜访客户以前，小张一定要先弄清楚客户的姓名。例如，想拜访某公司的执行副总裁，但不知道他的姓名，小张会打电话到该公司，向总机人员或公关人员请教副总裁的姓名。知道了姓名以后，才进行下一步的推销活动。

小张拜访客户是有计划的。他把一天当中所有要拜访的客户都选定在某一区域之内，这样可以减少来回奔波的时间。根据小张的经验，利用 45 分钟的时间做拜访前的电话联系，即可在某一区域内选定足够的客户供一天拜访之用。

小张下一个要拜访的客户是国家制造公司董事长。小张正准备打电话给他，约定拜访的时间。

思考讨论：小张的做法对你有什么启发？

拜访又叫拜会、拜见，是指前往他人的工作单位或住所，去会晤、探望对方，进行接触与沟通。在社会交往过程中，拜访是最常见的社交活动。作为一名商务人员，经常会有到其他公司拜访的机会。掌握拜访的礼仪规范，从礼节上多多注意，才能够避免损坏自己和单位的形象，才能够融洽感情、增进了解、提高交往的效果，从而为拜访增添色彩。要想做一位受欢迎的拜访者，应注意以下几个方面的礼仪。

一、准备礼仪

（一）提前预约

提前预约是最基本的礼仪。在我们身边，经常有人不约而至，给对方来个“突然袭击”的造访，给受访人一个措手不及，打乱受访者的工作或生活计划，这样很不礼貌，也是对主人的不尊重，既令人难堪，也使人不快。所以，在决定去拜访前，一定要记得事先与对方预约，简单说明拜访的原因和目的，确定拜访时间和地点，经对方同意以后才能前往。

预约的方式有很多种，可以打电话、写信，但电话是最常用、最方便的预约方式。

预约拜访时间和地点，最好由对方来决定。商务性的拜访应该选择对方上班时间为宜。若是办公场所拜访，一般不要约在刚上班半小时和下班前半小时内；若是到对方的家中拜访，不要选择吃饭和休息的时间；若去异性朋友处做客，尤其要注意时间安排，以对方方便的时间为宜。考虑到交通拥挤或其他影响因素，可约定一个较为灵活的拜访时间，如“我在 7 点半到 8 点之间到达”，以免自己给人留下不守时、不守信的印象。

此外，在公务拜访中，还要约定拜访参加人的身份和人数。

（二）准备周到

拜访必须明确目的，出发前对此次拜访要解决的问题应做到心中有数。如果是商务拜访，尤其是一些重要的拜访，事先应做认真的设想、相应的准备和安排：拜访时是否与他人一起前往？需要商量什么事？如何与对方交谈？该说哪些话？拟请对方做哪些工作？自己需要做什么准备？是否需要准备名片、介绍信、笔、记录本、现金、合同或产品？所需资料是否齐全？尤其是名片夹，要放在容易拿取的地方，以免到时候在受访人面前，胡乱在公文包里掏动一番，还找不到自己的名片放在哪个位置，这一点千万不要忽视。

拜访者的仪容仪表对拜访效果有直接影响。正式拜访前，要修饰好自己的仪容仪表，注意头发的整齐，妆容服饰的整洁、得体、大方，以及身体的气味，不能一身灰扑扑的样子就去对方公司拜访，这样有损于个人和公司的形象。

确定拜访时是否需要带礼物，如果需要，在礼物的选择上要慎重，要有针对性地选择礼物。在人际交往中，向交往对象赠送适当的礼物，可以表达自己的浓浓情意，增加双方的理解，促进双方的友谊。礼品的选择要能反映送礼者的心意和思想感情，并使其与送礼者的形象有机地结合起来。

二、过程礼仪

（一）如期赴约

时间约定后，拜访时最好不要早到或迟到。一般来说，一旦约定了拜访的时间，若无其他事情，双方应该严格遵守，一般不要轻易变动或失约。这是拜访活动中最基本的礼仪之一。

如果没按约定时间登门，迟到或因特殊情况不能按时到达，一定要给对方一个电话，说明晚到的原因，态度诚恳地致歉并取得对方原谅，以便被拜访者重新安排工作。必要时还需约定好下次拜访的日期、时间。

（二）拜访通报

进行拜访时，倘若抵达约定的地点之后，未与拜访对象直接见面，或是对方没有派员在此迎候，则在进入对方的办公室或私人居所的正门之前，有必要用电话先向对方进行一下通报。

（三）进门礼仪

到他人办公场所或家中拜访，如果门是敞开着的，也应敲门或以其他方式告知主人，当有人应声允许进入或出来迎接时方可进门，切不可不打招呼自行闯入。如果门是关着的，有门铃的先按门铃，没有门铃再敲门。

1. 按门铃方式

先按一下（有的门铃就会连续响儿声），如果屋内没有反应，再按一次。那种按住门铃不放，弄得铃声持续不停地作响的方式，暗含催促之意，是不太合乎规范的。

2. 敲门方式

最得体的敲门方式是用中指与食指的指关节有节奏地轻叩房门 2～3 下即可，如果门没开，隔一小会儿再持续敲三下，切忌长时间连续不断敲门。敲门的响度要适中，不宜太重太急或太轻，太轻了别人听不见，太重太急了别人会反感。敲门时，不可用整个手掌，更不能用拳头使劲捶、用脚踢或大声呼喊受访人的名字开门，这都是不合乎礼节的。

（四）进门后礼仪

1. 进入办公室礼仪

在被引领到接待室时，不能像在自己的办公室那样随意。坐姿要规范，公文包放在自己的身边或脚边，外套应放置在合适的位置，不可随意乱扔、乱搭，接待人员递送茶水时，应表示感谢。在等待过程中，更不可与其他人大声说话或打电话，或乱翻动对方公司的物品。

进入受访人的办公室，一般由接待人员引领进入。如果没有接待人员带领，自己进入时一定要轻叩对方的房门，得到对方的应允方可进入。

见到受访人时，主动问候和寒暄的同时，递上自己的名片，说明自己的来意。一定要等对方伸出手，有握手之意，方可与其握手。

拜访的对象是相识的老朋友，则不必拘泥于礼节，但毕竟是办公区域，也不要过于随便。在对方的办公室内想要吸烟时要尽量克制，免得满屋子都是烟味，更不可随意乱翻人家的办公室物品。

注意自己的姿态，行为要大方得体。面对受访者，要站有站相，坐有坐相。受访者没有坐下，自己不能先坐下。

2. 进入家中礼仪

1）进门寒暄

见面后，打招呼是必不可少的。如果双方是初次见面，拜访者必须主动向对方致意，简单地做自我介绍，然后热情大方地与被拜访者行握手礼。如果双方已经不是初次见面了，主动问好致意也是必要的，这样可显示出你的诚意。如果是初次拜访，要主动自我介绍，与主人及其家人握手、问好。拜访者进门后随手将门带上，应在主人示意下脱下外套，摘下帽子、手套等随身的物品，如果戴墨镜，也要摘下来，一起放在主人指定的地方，不可任意乱放。去别人家里做客，进门要记得询问主人是否需要换鞋。需要脱鞋时，应将鞋脱在门口，穿拖鞋后进屋；若无须脱鞋，则应先将鞋在门外的地垫上擦净泥土后方可进屋。因为把鞋穿进屋内，会带入鞋底的尘土，女性的高跟鞋底还有可能破坏主人家的地板。所以，有的主人会请你换鞋，换鞋就会露袜子，一定要保证你的袜子是干净、无破损、无异味的。如果主人没有示意，则表示无意让你进屋，这时不可匆匆地脱下衣帽。对室内的人，无论认识与否，都应主动打招呼，礼貌寒暄，但也不要随意攀谈或乱插话。如果你带孩子或其他人来，要介绍给主人，并教孩子如何称呼。之后按主人在指定的座位坐下。

2）举止礼仪

主人端茶送果食，应从座位上欠身，双手捧接，并表示感谢。主人斟茶倒水，不能一滴不喝，多少要表示一下。上门做客最好不抽烟，非抽不可，应在主人敬烟或征得主人同意后，方可吸烟。主人递烟时，可接过并主动为主人点烟。坐姿要端正，不要东倒西歪，不能把整个身体陷在沙发内，也不要双手抱膝，更不要跷二郎腿。若觉疲劳，可变换坐姿，但不能抖动两腿。女士应注意两膝要靠拢。

3）不随意

在别人家里做客，是有一定的活动区域限定的，没有得到主人的示意不能随意走动。最大的禁区就是主人的卧室，一般卧室是很私密的地方，除非你跟主人关系很熟悉，否则不能随意进入主人卧室参观，在会客厅就座即可。

另外，不随意翻动物品。对屋内观赏性的饰品，可以稍作赞美，不可妄加评论。

4）卫生间使用

如果短时间拜访，尽量避免使用主人家里的卫生间。如果主人家里有两个卫生间，在必须要使用的情况下，也要避免使用主卫。

（五）交谈礼仪

拜访时创造一个轻松的氛围，有要事与主人商量或向对方请教时，在适当的寒暄后，应尽快表明来意，切入主题，不要东拉西扯，浪费时间，更不可过多询问主人家的生活和家庭情况。交谈时，要尊重主人，不可反客为主，口若悬河，喋喋不休；要做到“客随主便”，不要过于随意，也不要过于拘谨，不失礼节，自然为宜。忽视交谈对象的反应，是谈话技巧之大忌，也是失礼的表现。

（六）时间控制

拜访交谈时，一定要把握好在对方的办公室或家里进行停留的时间，拜访时间不宜过久，不能滔滔不绝，聊起来没完，要注意观察受访者的表情举止，谈话要适可而止。一般情况下，目的性的拜访，话题要明确；礼节性拜访，话题要轻松，不能聊起来没完没了，毕竟受访者还会有其他的事情安排。

礼节性拜访，尤其是初次登门拜访，应控制在 15 分钟至半小时之内，最长不宜超过 2 个小时。有些重要的拜访，往往需由宾主双方提前预订拜访的时间和时长，绝不单方面延长拜访时间，不要因为自己停留的时间过长，而打乱对方既定的其他工作日程。

三、结束礼仪

在拜访期间，若遇到其他重要的客人来访，如果受访者有结束会见的表示时，应立即起身告辞，或主人一方表现出厌客之意，应当机立断，知趣地告退；如果主人心神不定，不停地看钟、看表或接听电话，面露难色，欲言又止，说明主人已无心留客，这时就应主动提出告辞。也可以用一些动作示意即将结束此次拜访，比如，可以把交谈用的文件轻轻收拾好，或者把对方的名片慢慢放进名片夹内，然后慢慢起身，并伸手向受访者握手，表示感谢。

告辞时，即使主人有意挽留，也不要犹豫不决，仍须执意离去，但要向对方表示感谢。告辞前要向主人道别，出门时，应与主人握手告辞，对引领你的工作人员表示感谢。

一般受访者都会送客人到办公室门口或公司的办公区门口、电梯口，拜访者应该请对方留步，不必远送。出门后，还应转身行礼再次道别。回到家后最好给主人打个电话，既让主人放心，又表达感谢之意。

课后训练与实践

一、思考题

1. 拜访的准备工作包含哪些内容？
2. 拜访过程中什么时候告辞是最合适的？

二、案例分析

风景秀丽的某海滨城市的朝阳大街，高耸着一座宏伟楼房，楼顶上“远东贸易公司”六个大字格外醒目。某照明器材厂的业务员金先生按原计划，手拿企业新设计的照明器样品，兴冲冲地登上六楼，脸上的汗珠未及时擦一下，便直接走进了业务部张经理的办公室，正在处理业务的张经理被吓了一跳。“对不起，这是我们企业设计的新产品，请您过目。”金先生说。张经理停下手中的工作，接过金先生递过的照明器，随口赞道：“好漂亮呀！”并请金先生坐下，倒上一杯茶递给他，然后拿起照明器仔细研究起来。金先生看到张经理对新产品如此感兴趣，如释重负，便往沙发上一靠，跷起二郎腿，一边吸烟一边悠闲地环视着张经理的办公室。当张经理问他电源开关为什么装在这个位置时，金先生习惯性地用手搔了搔头皮。好多年了，别人一问他问题，他就会不自觉地用手去搔头皮。虽然金先生作了较详尽的解释，张经理还是有点半信半疑。谈到价格时，张经理强调：“这个价格比我们预算的高出较多，能否再降低一些？”金先生回答：“我们经理说了，这是最低价格，一分也不能再降了。”张经理沉默了半天没有开口。金先生却有点沉不住气，不由自主地拉松领带，眼睛盯着张经理，张经理皱了皱眉，“这种照明器的性能先进在什么地方？”金先生又搔了搔头皮，反反复复地说：“造型新，寿命长，节电。”张经理托辞离开了办公室，只剩下金先生一个人。金先生等了一会儿，感到无聊，便非常随便地抄起办公桌上的电话，同一个朋友闲谈起来。

根据本节理论分析：

金先生生意没有谈成的礼仪缺陷有哪些？正确的做法是什么？

第三节　接待礼仪

案例导入

泰国某政府机构为泰国一项庞大的建筑工程向美国工程公司招标。经过筛选后，最后剩下 4 家候选公司。泰国派代表团到美国亲自去各家公司商谈。代表团到达芝加哥时，那家工程公司由于忙中出了差错，又没有仔细复核飞机到达的时间，未去机场迎接泰国客人。尽管泰国代表团初来乍到，不熟悉芝加哥，他们还是找到了芝加哥商业中心的一家旅馆。他们打电话给那位局促不安的美国经理，在听了他的道歉后，泰国代表团同意在第二天 11 时在经理办公室会面。第二天美国经理按时到达办公室等候，直到下午三四点才接到客人的电话说：“我们一直在旅馆等候，始终没有人前来接我们。我们对这样的接待实在不习惯。我们已订了下午的机票将飞赴下一目的地，再见吧！”

思考讨论：请问是什么原因让泰国代表团放弃商谈？

中国是礼仪之邦，自古以来都讲究以礼相待。迎来送往，是社会交往接待活动中最重要的环节，是表达主人情谊、体现礼貌素养的重要方面。热情友好地欢迎来客，可以给客人留下良好的第一印象；周到、礼貌地送别宾朋，可以给客人留下美好的回忆，为以后的往来奠定基础。因此，懂得迎来送往的接待礼仪非常重要。

一、准备礼仪

（一）制订接待方案

在商务活动中，对前来访问、洽谈业务、参加会议的客人，作为一名公司负责接待的工作人员，要想做好提前准备，方便制订接待方案，首先要对客人的人数、身份、工作单位、级别、性别、姓名、职业、客人来访的目的、要求、时间长短等因素做一个周到的了解，确定客人的迎送规格。根据客人身份、职务等级等的基本情况，安排不同人士迎接，级别较高、身份特殊的客人，相关领导应亲自迎接；对于一般客人，可以由部门负责人或有关领导的秘书代为迎接。确定接待人员的分组，详细地列出陪同人员及迎送人员名单，事先准备好即将启用的交通工具，预算支出费用，从而方便日后的工作。并制订出接待过程中的活动方式及日程安排。在接待方案制订好以后，报送企业领导予以审批。

如果需要到车站、码头、机场迎接。迎接计划需要确定以下几个方面的问题。

1. 确定谁迎送

一般应首先了解对方到达的车次、航班，再安排与客人身份、级别、职务相当的人员前去迎送。若因某种原因相应身份的主人不能前往，前去迎接的主人应向客人作出礼貌的解释。主人到车站、机场去迎接客人，应提前到达，恭候客人的到来，绝不能迟到，让客人久等。

2. 确定住宿

在客人到来之前，按照客人的具体情况安排食宿。可根据因公出差开支标准安排，不要过高，也不要过低。要求为客人准备的住宿环境必须整洁、安静。

3. 安排物品

一方面，要安排好车辆。安排什么车型，要根据对方的人数、行李多少及对方身份确定。另一方面，准备好接待的各种物品，如烟、茶、果、点、咖啡、热冷水或矿泉水，都要准备好，以让客人感受到主人的热情。茶具应该是瓷杯，因为这样的材质不仅不烫手，而且显得很正规。当然茶杯必须每次经过严格的消毒后再使用，不要疏忽这一点。有的公司接待客人爱用一次性纸杯，虽说给人感觉好像很方便，等客人离开后还不用清洗，但从礼仪的角度来讲，并不符合规范。

（二）布置待客环境

尽量布置一个令人愉悦的待客环境，整洁有序是最基本的要求。从公司的前台接待到办公区域或是家中的每一个角落，都应该干净、整洁。容易被忽视的地方，比如不需要的纸屑一定要扔进垃圾桶内，桌面一定要保持干净，不能有灰尘等，办公室或家中要保持空气清新。

（三）接待人员礼仪

接待人员的仪容仪表、言行举止、礼貌礼节，不仅仅是接待人员自己的生活态度，更展示了公司的整体形象。对于初次来公司的外单位人员来说，接待人员是公司形象、企业文化最直接、最直观的宣传接待工作，看似简单，却具有特殊性，注重的是接待人员的综合素质。因此，接待人员的礼仪非常重要。接待人员要规范做到以下几点。

1. 仪容仪表符合职业要求

品貌端正，发饰、服饰、化妆应尽量淡雅，衣着要力求整洁、端庄、得体、高雅、稳重、大方，避免佩戴过于夸张或有碍工作的饰物。

2. 言行举止规范

具有一定的文化素养，受过专门的礼仪、形体、语言、服饰等方面的训练。举止大方，口齿清楚，说话有分寸，措辞谨慎到位、有礼有节。站、坐、行、引领等肢体动作不夸张，优雅得体。

3. 待客热情有度

因为只有热情才能体现诚意。你的热情或你的冷漠都有可能带给公司利益或损失。如果是家庭接待，也不要忽视待客的仪表仪容，着装要整齐得体，女主人可略施淡妆，这也是对客人的礼貌。穿睡衣待客或衣着不整、蓬头垢面都是一种失礼的表现。

（四）准时候客

与客人约好接待见面的时间后，一定要守约，不要让客人扑空。如果有急事，应与客人取得联系，并告之缘由。

二、接待礼仪

（一）迎接礼仪

“有朋自远方来，不亦乐乎”。对来访者（来客），不管是预约好的，还是不速之客，都要热情接待。不速之客大都有不得已的理由，来不及或不方便预先通知，所以应体谅对方。

1. 没有预约的客人

来访者皆是客，当客人来访，听到敲门声或门铃声，应立即起身迎接。接待人员应主动微笑相迎，表示欢迎。尤其是前台接待人员，一定要起立相迎，礼貌地问明客人的身份和来意。根据客人的身份、来意，请客人到接待室交谈。

对没有预约的客人，应该与有关的工作人员取得联系，如果对方不便接待或因某种原因不予接待的客人，应该有礼貌地向其说明情况，不可直接把客人晾在一边不管或态度冷漠。

如果客人到来时，要拜访的己方负责人不在时，要明确告诉对方负责人受访人的去向，以及何时回来。若客人愿意等，应该向客人提供饮料、杂志，如果可能，应该隔一段时间就为客人续茶水。

2. 有预约的客人

对有预约的客人，可根据具体情况，或在办公室、大门口、下楼迎接客人，或在车站、码头、机场迎接客人。对前来访问、洽谈业务、参加会议的外国、外地客人，应到车站、码头、机场迎接。当客人走下车、船、飞机时，主要迎接人员应走上前去欢迎、握手、问候。如果双方从未见过面，迎接人员应举起提前制作好的小牌子迎接。如果没有准备小牌子，相互间电话联系沟通时，要说清楚自己在什么地方恭候，还可以说一个让对方能识别自己的特征。如果接待的是贵宾，有必要的话，接待人员可以联系机场、火车站的服务部，先迎接贵宾，后由礼宾工作人员将主人介绍给来宾，再由主人向来宾一一介绍前来的其他迎接人员。介绍后稍事寒暄。

知识链接

怎样接待残疾人士

残疾人是一个特殊而困难的群体。与正常人相比，残疾人在学习、求职、工作、生活等问题上会遇到更多、更大的困难，甚至由于生理上的缺陷，限制了他们活动的天地、职业的选择、工作的开展和学习的进行。因此，他们比正常人更需要别人关心、帮助、支持和鼓励。只有经常得到别人的关心、帮助、支持和鼓励，才能使他们看到人生的价值和感到社会的温暖。在公共场所要处处礼让残疾人，尽可能为他们提供方便和帮助，但提供帮助应先征得他们的同意，等他们愿意接受你的帮助并告诉你怎么做时再做。

在社交场合，当被介绍给残疾人时应主动上前致意，做好握手的准备。对双目失明的人，可以先问一下“我们握握手好吗？”然后把手伸给他（她）。相互交流时，应直接与残疾者交谈，眼光正对着他们，不要面对别人用第三人称称呼他们。如果对方坐在轮椅上，应尽量保持视线与他等高，并用正常的声调说话不要拍他的头或肩膀，更不要靠在他的轮椅上，因为椅子已被视为他身体的一部分。绝不要对肢体残疾的人使用侮辱性的称呼，更不应该将残疾人作为逗乐、欺侮的对象。嘲笑别人的生理缺陷，是一种可耻的不文明行为。

3. 乘车礼仪

前去接待客人的车辆要适当，不能过于拥挤，安排时要考虑行李所占的空间。车辆也提前到达，耐心等候安排座次时，要分清主客立场。上车时，要按照座位的尊卑排列顺序。接待人员应当为客人打开车门，并且关好车门。

主人亲自开车去接待或专职司机开车去接待，车辆座次安排是不一样的，详见后面章节位次礼仪。

如果客人坐错了座位顺序怎么办？乘坐轿车要遵从“主随客便”，只要不是参加非常重要的活动，如果客人坐错了座位，不用过于墨守成规，只要客人觉得合乎礼仪，就要遵从客人的本意。

4. 引导礼仪

1）行进中的引导

在行进中，以右为尊，接待人员走在客人的左前方 1 米到 1.5 米处引导。

2）上下楼梯的引导

当引导客人上楼时，应该让客人走在前面，接待人员走在后面；若是下楼时，应该由接待人员走在前面，客人在后面。上下楼梯时，接待人员应该注意保持正确的行走位置。

3）电梯的引导

引导客人乘坐升降式电梯时，若电梯无人驾驶：标准化做法需要先入后出。接待人员先进电梯，一手按“开”，一手按住电梯侧门，对客人礼貌地说：“请进！”；到目的地后，一手按“开”，一手做请出的动作，说：“到了，您先请！”客人走出电梯后，自己立即步出电梯。

有人驾驶的电梯：一般的标准化顺序是客人先进先出，接待人员后进后出。

4）进出接待室或办公室的引导

到达接待室或领导办公室门前时，接待人员用手指示，对客人说“这里就是”，如果是领导办公室，要先敲门再进。门是向外开的，要主动拉开门，请客人先进；门向里开，则自己先进去，按住门，再请客人进入。

（二）招待礼仪

将客人引领到接待室等待，或得到受访者的同意，直接引入受访者的办公室。如果来访者需要与领导或其他人员会谈，应请客人到适当的谈话场所。

当客人与领导见面时，要进行介绍。介绍完毕后，应主动退出领导办公室。

1. 奉茶倒水

接待人员在给客人倒茶水时，首先应征求客人的意见，需要热饮还是冷饮，喜欢喝茶还是咖啡。递茶水时，应该从来访者身份最高的那位开始，如果不清楚客人的身份，则应该从上席的位置先上茶，或者给自己不熟悉的客人先倒茶。

2. 安排下榻

如果是对前来访问、洽谈业务、参加会议的外国、外地客人，到车站、码头、机场接到客人后，因旅途劳顿，不宜立即谈公事，最好先将其引领到待客厅、会议室或住所休息，并端上茶水或饮料等。也可以陪客人聊一会儿，介绍一下住所的环境、情况，当地的名胜古迹、人文趣事，可以送上事先安排的日程表，并征求客人的意见。稍作介绍后，将自己的联系方式留下，然后告诉客人稍作休息后如何联络，如何就餐，就餐的地点、时间。但时间不宜过长，尽快离开，给客人留下充足的休息时间。

3. 组织活动

客人食宿问题安排好以后，应该按照接待方案组织客人参与一系列活动，如商务洽谈、参观调研等活动，客人在活动中所提出的意见必须及时向有关领导反馈，尽可能满足客人需求。活动结束后，安排时间让有关领导和客人见面，以示对客人的尊敬。倘若整个活动过程中客人都没有见到公司领导，必然会对公司产生看法，影响公司整体形象。

4. 宴请

首先要征询客人的意见，包括宗教、民族饮食禁忌，爱吃什么、不吃什么，都要考虑进去。如果疏忽这一点，到时候点一大桌子菜，客人吃得却很少，自己还不知道是何原因。

（三）会客礼仪

办公场所会客，一般在办公室进行，如来的是重要的客人，也可在会客室或其他适合会客的地方进行。这里主要介绍办公室会客应注意的礼仪事项。

1. 起身让座

当来客进入办公室时，被访者应马上放下手中的工作，起身相迎，并主动招呼来访者就座，即便手中工作紧急，也应起身让座后向来访者说明情况，请其稍等。不能让来访者坐冷板凳。如果自己有事暂不能接待来访者，应安排秘书或其他人员接待客人，不能冷落了来访者。

在招呼客人入座后，应为客人送上茶水，泡茶时放入茶叶要适量，不要用手去抓茶叶，杯内开水不要冲入太多，以六七成满为宜；为客人端送茶水，应拿杯子的 2/3 处，一般不直接送到客人手中，而应将茶杯放在靠近客人的桌子或茶几上，并向客人说“请用茶”。

2. 认真倾听

认真倾听来访者的叙述。商务往来是“无事不登三宝殿”，来访者都是为了谈某些事情而来，因此应尽量让来访者把话说完，并认真倾听。对来访者的意见和观点不要轻率表态，应思考后再作答复。对一时不能作答的，要约定一个时间再联系。能够马上答复的或立即可办理的事，应当场答复，迅速办理，不要让来访者无谓地等待，或再次来访。同时对来访者的无理要求或错误意见，应有礼貌地拒绝，不要刺激来访者，使其尴尬，可以婉言提出借口，如“对不起，我要参加一个会，今天先谈到这儿，好吗？”等，也可用起身的体态语言告诉对方就此结束谈话。

3. 陪同引导

为客人引路，接待人员应走在客人的左前方或右前方一米左右处，并应伴随客人的脚步，不应走得过快，途中可与客人交谈；当到达所去的部门门口时，应请客人先进；进门后应为客人与被访者进行介绍；当客人到达所告知的部门时，若所要找的人不在，室内的其他人员应主动接待，向其说明有关情况，问明客人是否需要转达口信或留言，并尽量为其提供方便。

三、送客礼仪

人们常说："迎人迎三步，送人送七步。"可见送客礼节是多么重要。接待工作顺利完成以后，作为一位懂礼敬礼的商务人士，必须认识到送客比接待更重要，或者是为了留给对方美好的回忆，以期待客人能再度光临。

（一）告辞

除非有重要的事宜需要马上处理，并且主要事宜已落实的话，可以主动暗示接待工作结束，否则尽量不要主动结束接待工作，以免有"赶人"之嫌疑。

送客时，应主动为客人开门。把客人送到合适的地方道别，根据实际状况，一般送客应至室外，且应目送客人背影消失后，方可回身关门。重要的客人还应送至电梯口、楼下、大门口。千万不要在客人还没走远的时候，就转身回房关门发出响声，如果客人礼貌性地回首与你再次道别，却看不到你，心里的滋味肯定不会好受，这样是很失礼的。

对远道而来的客人，根据实际情况，还应该送到码头、机场或车站。

（二）安排返程

如果客人有意要走，则应按照客人要求，为其安排返程时间，尽快为其预订机票、车船票，安排专门人员和车辆为客人送行，具体安排如下。

1. 主动协助

首先，协助外地客人办好返程手续。准确掌握好客人离开本地的时间、乘坐的交通工具。提前为客人预订好车、船、机票后，尽早通知客人，让客人做好返程的准备并派专车将客人送往机场、码头或车站。

2. 礼貌相送

如果客人坐的是火车、船，接待方可以为客人准备一些途中吃的食品。在客人离开的当天或前一天，接待方要专门为客方举行一次践别宴请。临别前一天送行，应到客人的住地，热情、诚恳地向客人表达一下惜别之情，征求客人的意见，询问客人还有什么困难需要帮助解决。为了表达与客人间的深厚感情，根据关系亲密程度，还可以赠送一些特产或纪念品，以增进双方感情。最后别忘了向客人道别。这样做到有礼有节，会使对方产生备受重视的感觉。

客人返程的当天主人应送行，一般应送到车站、码头或机场，陪同客人候车、候船或候机。如果客人乘坐的飞机、火车尚未离开视线时，即使有很重要的事情，主人最好也不要离开，直到客人离开后自己再离开。

如果自己不能亲自前往，应向客人说明原因，表示歉意。

课后训练与实践

一、思考题

1. 如何做好接待的准备工作？

2. 如果上司正在开会，却来了一位不期而至的重要客人，并有重要的事情找上司处理，你该怎么办？

二、案例分析

上海恒信科技有限公司召开了一次全国客户联络会，公司的江总经理带着秘书陈小姐亲自驾车到浦东机场迎接来自香港斯诺集团的周总经理，为了表示对周总经理的尊敬，江总请周总坐到轿车的后排，并让陈小姐在后排作陪。周总到宾馆入住之后，对陈小姐说："明天上午 8 点的会，我自己打的去现场，就不麻烦江总经理亲自来接了。"

根据本节理论分析：

1. 周总为什么会这样说？
2. 江总在座位安排上有什么不妥？
3. 请你谈谈对迎来送往中乘车礼仪的看法。

三、技能训练

训练项目： 接待礼仪

案例描述： 周五下班前，南宁绿城商务服务公司秘书小王正为公司经理李总安排下一周的工作日程表。办公室卢主任敲门进来说，下周三北京一个重要的客户要来南宁洽谈业务，对方一行有 4 人，男性 2 名，女性 2 名。此行将于下周三中午乘飞机抵达南宁吴圩国际机场，并拟在南宁停留 4 天，乘坐周日晚上的飞机返程。除了洽谈业务外，还将用一天的时间在南宁考查五象广场、文物苑。公司领导对这次来访十分重视，要求务必做到精心策划，充分准备，做好全程接待工作。

训练目的： 通过训练，使学生了解商务接待的含义和基本要素，以及商务接待的准备工作和商务接待的主要程序。

训练要求： 请根据案例描述拟订接待计划，要求符合礼仪规范。

训练步骤：

1. 指导学生认真阅读案例及实训内容和要求。
2. 分析案例主要内容及本次实训的目的。
3. 讲解商务接待的含义、基本要素，迎送客人的注意事项。
4. 布置实训任务。

训练提示：

1. 接待人员在接受接待任务后拟订的接待工作安排与计划，所有的日程安排和细节都应在商务接待中得以体现。

2. 做到文明待客，来有迎声、问有答声、去有送声，礼貌、热情待客。

第四节 位次礼仪

案例导入

联合国会议上的位次安排

2008 年 3 月在丹麦哥本哈根召开联合国社会发展世界首脑会议，出席会议的有近百位国家元首和政府首脑。3 月 11 日，与会的各国元首与政府首脑合影。照常规，应该按礼宾次序名单安排好每位元首、政府首脑所站的位置。首先，这个名单怎么排，究竟根据什么原则排列？哪位元首、政府首脑排在最前？哪位元首、政府首脑排在最后？这项工作实际上很难做。丹麦和联合国的礼宾官员只好把丹麦首脑（东道国主人）、联合国秘书长、美国总统、法国总统以及中国、英国、德国总理等安排在第一排，而对其他国家领导人，就任其自便了。好事者事后向联合国礼宾官员"请教"，答道："这是丹麦礼宾官员安排的。"向丹麦礼宾官员核对，对方回答说："根据丹麦、联合国双方协议，该项活动由联合国礼宾官员负责。"

国际交际中的礼宾次序非常重要，在国际礼仪活动中，如安排不当或不符合国际惯例，就会招致非议，甚至会引起争议和交涉，影响国与国之间的关系。在礼宾次序安排时，既要做到大体上平等，又要考虑到国家关系，同时也要考虑到活动的性质、内容，参加活动成员的威望、资历、年龄，甚至其宗教信仰、所从事的专业及当地风俗等。礼宾次序不是教条，不能生搬硬套，要灵活运用、见机行事。有时由于时间紧迫，无法从容安排，只能照顾到主要人员。此例就是灵活应用礼宾次序的典型案例。

思考讨论：你对这种灵活应用礼宾次序的方式有何看法？

一、行进中的位次礼仪

行进中的位次排列，指的是人们在步行的时候位次排列的顺序。在陪同、接待来宾或领导时，行进的位次引人关注。

（一）平面行进

陪同客人并排行进和单行行进时，有不同的做法。

并排行进的要求是中央高于两侧，内侧高于外侧。一般情况下，陪同人员应该把内侧（靠墙一侧）让给客人，把方便留给客人。与客人单行行进，即成一条线行进时，标准的做法是前方高于后方，以前方为上，如果没有特殊情况，应该让客人在前面行进。

在客人不认路的情况下，陪同人员应在前面带路做引导。而陪同引导的标准位置是在客人左前方 1 米处。

（二）上下楼

上下楼时宜单行行进，以前方为上，把选择前进方向的权利让给对方。男女同行时，一般女士优先走在前方。但如遇到着裙装（特别是短裙）的女士，上下楼时宜令女士居后，以免短裙“走光”，避免尴尬。

（三）出入电梯

出入有专职人员值守和无人值守的电梯时，需要遵守不同的礼仪规则。

1. 无人控制的电梯

出入无人控制的电梯时，陪同人员应先进后出，并控制好按钮。电梯在楼层停留时间一般设定为 30 秒或者 45 秒。有时客人较多，导致后面的客人来不及进入电梯，所以陪同人员应先进电梯，控制好开关钮，让电梯门保持较长的开启时间，避免给客人造成不便，同时可以更方便帮客人按楼层，如图 4–5 所示。

图 4–5　出入电梯

2. 有人控制升降电梯

出入有人控制的电梯时，陪同人员后进后出，让客人先进先出，把选择方向的权利让给地位高的人或客人。如果客人初次光临，对地形不熟悉，则应为其引导方向。

（四）出入房间

如果没有特殊原因，出入房间时应该是位高者先进或先出。如果有特殊情况，比如需要引导，室内灯光昏暗，男士和女士两人单独出入房间，此时标准的做法应该是陪同人员先进去，为客人开灯、开门，出来的时候也是陪同人员先出去，为客人拉门引导。

知识链接

位次礼仪是指人们在交往过程中彼此之间各自所处位置的尊卑顺序。

在社会交往活动中，位次的安排是否规范，是否合乎礼仪的要求，都可以反映出对交往对象的尊重和友好程度。因此，不论是在日常生活还是在工作中，我们都应该认真对待这一问题。

位次分为行进中的位次、乘坐交通工具中的位次、会客位次、谈判位次、签字仪式位次、会议位次等。

位次礼仪需要遵循的基本原则如下。

1. 以右为上

在各类国际社会交际中，大到政治磋商、商务往来、文化交流，小到私人接触、社交应酬，凡确定礼宾次序必须从其总的原则出发，这一总的原则就是“以右为尊”，即一般以右为大、为长、为尊；以左为小、为次、为卑。

但在政务礼仪中，以左为上是我国传统习俗。

2. 居中为上

当多人并排行进或就座时，讲究“居中为上”，即应以居于中央的位置为尊位。

3. 前排为上

在多排就座时，以前排特别是第一排为上。

4. 以远为上

以远为上即座位离房间正门越远，位置越高；距离房门越近，则位置越低。

5. 面门为上

如果是在室内活动，面对房间正门的位置是上座。

二、乘坐交通工具礼仪

轿车是现代社会交往活动中最为常见的交通工具。有关乘坐轿车的座次排列礼仪根据轿车类型的不同，乘车时座次的排列也大为不同。

（一）小轿车

乘坐双排座位或三排座轿车时，座次的具体排列，因驾驶员的身份不同，具体分为下述两种情况。

情况一：由主人驾驶小轿车时，按照汽车前进的方向来看，礼宾顺序的原则是：司机旁边副驾驶的位置为 1 号；如果有两位客人，则与主人较熟悉、关系密切的一位坐在前面副驾驶座位。其他座位的座次，由尊而卑依次应为：后排右座、后排左座、后排中座。此为双排五座轿车的位次安排。三排七座轿车的位次安排由尊而卑依次则为：副驾驶座、后排右座、后排左座、后排中座、中排右座、中排左座、中排中座，如图 4–6 所示。

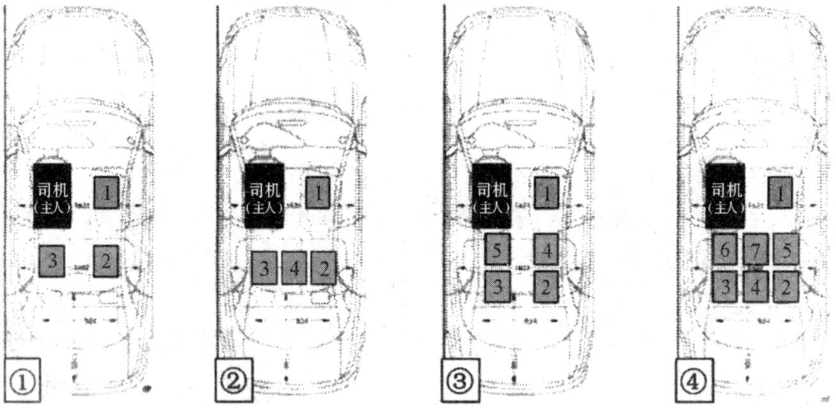

图 4–6　不同轿车的座次（1）

情况二：由专职司机驾驶小轿车时，要考虑乘车者的安全性和下车时是否方便，按照汽车前进的方向来看，双排五座轿车的礼宾顺序原则是：后排右座、后排左座、后排中座、前排副驾驶座。三排七座的礼宾顺序则为：后排右座、后排左座、后排中座、中排右座、中排左座、前排副驾驶座。副驾驶座一般为陪同人员座位，如图 4–7 所示。

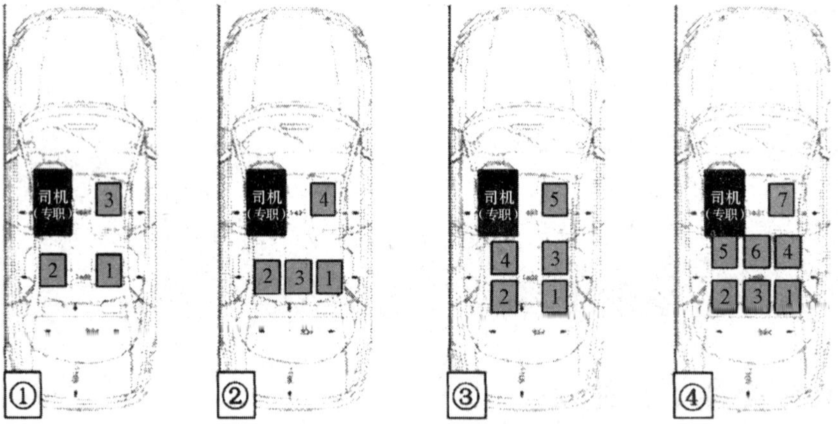

图 4–7　不同轿车的座次（2）

在正式场合乘坐轿车时，应请尊长、女士、来宾就座于上座，这是给予对方的一种礼遇。然而更为重要的是，与此同时，不要忘了尊重嘉宾本人的意愿和选择，即便嘉宾不明白座次，坐错了地方，也不要轻易对其指出或纠正。这时，务必要讲“主随客便”。嘉宾坐在哪里，即应认定哪里是上座。

（二）越野车

乘坐越野车时，前排副驾位置为上座位。因为越野车功率大，底盘高，安全性也较高，但通常后排比较颠簸，而前排副驾驶的视野和舒适性最佳，因此为上座位置。其他位置的顺序依次为后右、后左、后中。

（三）大中型客车

指的是四排及四排以上座位的大中型客车。其不论由何人驾驶，均以前排为上，以后排为下；以右为尊，以左为卑；并以距离前门的远近，来排定其具体座次的尊卑。

三、会客位次礼仪

（一）相对式

座次排列方式为：主宾双方相对而坐，主要用于公事公办，需要拉开彼此距离的情形。根据会客室的布局可分为两种情况。

（1）会客室内的桌椅均面门而设，此时讲究“面门为上”，即客人就座于面对正门之位，主人则背门而坐，如图 4–8（a）所示。

（2）会客室内的桌椅设于正门左右，此时则讲究“以右为上”，即客人就座于进门右侧之位，主人则坐于左侧之位，如图 4–8（b）所示。

（3）如主宾双方人员不止一人时，其他则按礼宾顺序排列于主谈人的左右，如图 4–8（c）所示。

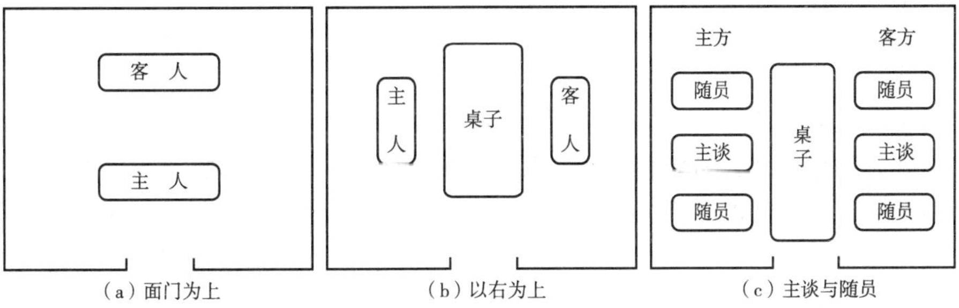

图 4–8 相对式

（二）并列式

座次排列方式为：主宾双方并排就座，以暗示双方“平起平坐”，关系亲密友善，多适用于礼节性会客。此排列方式亦分为以下两种情况。

（1）双方并排面门而坐。此时讲究“以右为上”，即主人应请客人就座于自己的右侧，如图 4-9（a）所示。

（2）双方并排就座于室内的右侧或左侧。此时则讲究“以远为上”，即距门较远处为上座，应安排客人就座；距门近处为下座，应留给主人，如图 4-9（b）所示。

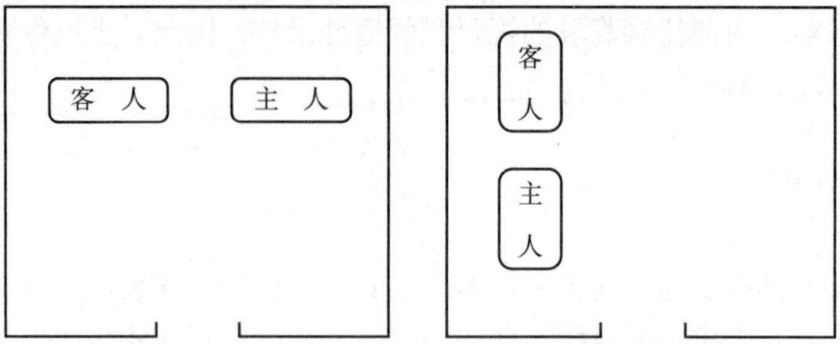

（a）以右为上　　（b）以远为上

图 4-9　并列式

四、谈判位次礼仪

谈判是交往的一种特殊形式。由于谈判往往直接关系到交往双方或双方所在单位的切实利益，因此谈判具有不可避免的严肃性。

举行正式谈判时，有关各方在谈判现场具体就座的位次，要求是非常严格的，礼仪性是很强的。从总体上讲，排列正式谈判的座次，可分为两种基本情况。

（一）双边谈判

双边谈判，指的是由两方人士所举行的谈判。在一般性的谈判中，双边谈判最为多见。双边谈判的座次排列，主要有两种形式可酌情选择。

1. 横桌式

横桌式座次排列，是指谈判桌在谈判室内横放，客方人员面门而坐，主方人员背门而坐。除双方主谈者居中就座外，各方的其他人士则应依其具体身份的高低，各自先右后左、自高而低地分别在己方一侧就座。双方主谈者的右侧之位，在国内谈判中可坐副手，而在涉外谈判中则应由译员就座，如图 4-10（a）所示。

2. 竖桌式

竖桌式座次排列，是指谈判桌在谈判室内竖放。具体排位时以进门时的方向为准，右侧由客方人士就座，左侧由主方人士就座。在其他方面，则与横桌式排座相仿，如图 4-10（b）所示。

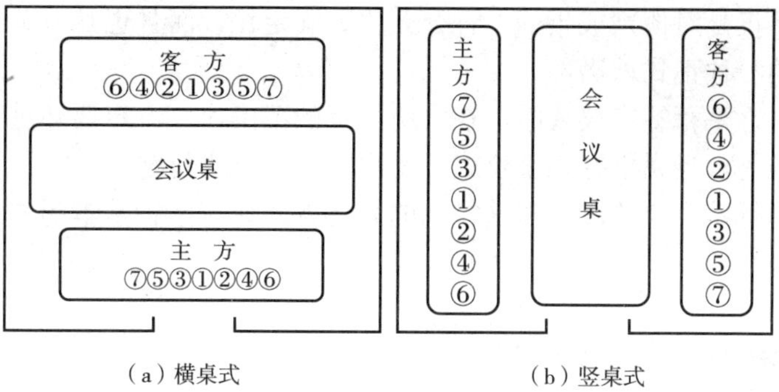

图 4–10 双边谈判

(二) 多边谈判

多边谈判，是指由三方或三方以上人士所举行的谈判。多边谈判的座次排列，主要分为两种形式。

1. 自由式

自由式座次排列，即各方人士在谈判时自由就座，无须事先正式安排座次，如图 4–11 所示。

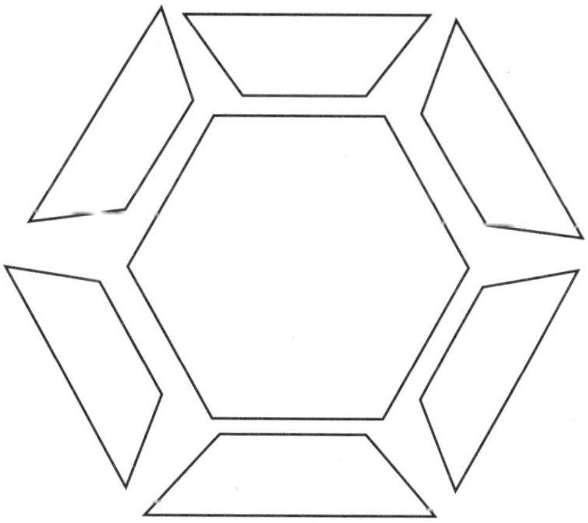

图 4–11 多边谈判

2. 主席式

主席式座次排列，是指在谈判室内面向正门设置一个主席之位，由各方代表发言时使用。其他各方人士，则一律背对正门、面对主席之位分别就座。各方代表发言后，须台下就座。

五、签字仪式位次礼仪

签字仪式，通常是指订立合同、协议的各方在合同、协议正式签署时所正式举行的仪式。

举行签字仪式，不仅是对谈判成果的一种公开化、固定化，而且也是有关各方对自己履行合同、协议所做出的一种正式承诺。

从礼仪上来讲，举行签字仪式时，在力所能及的范围内，一定要郑重其事，认认真真。其中最为引人注目的，当属举行签字仪式时座次的排列方式问题。

一般而言，举行签字仪式时，座次排列的具体方式共有两种基本形式，它们分别适用于不同的情况。

（一）双边签字

1. 并列式

并列式座次，是举行双边签字仪式时最常见的形式。它的基本做法是：签字桌在室内面门横放。双方出席仪式的全体人员在签字桌之后并排排列，双方签字人员居中面门而坐，客方居右；主方居左，如图 4–12（a）所示。

2. 相对式

相对式签字仪式的座次，与并列式签字仪式的座次基本相同。二者之间的主要差别，只是相对式座次将双边签字仪式的随员席移至签字人的对面，如图 4–12（b）所示。

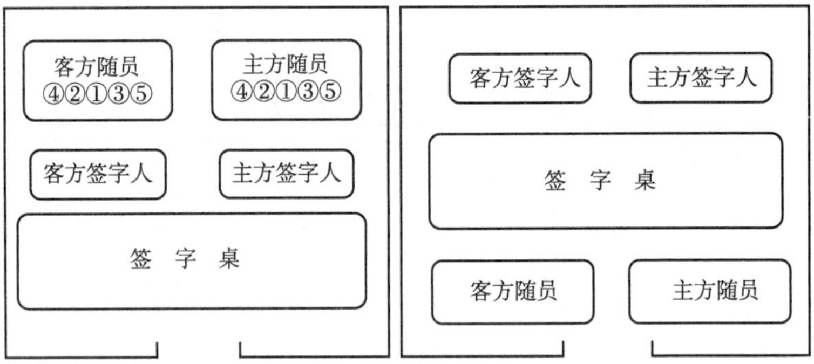

（a）并列式　　（b）相对式

图 4–12　双边签字

（二）多边签字

多边签字操作特点是：签字桌仍须在室内横放，签字者仍须设在桌后面对正门，但只设一个，并且不固定其就座者。举行仪式时，所有各方人员，包括签字人在内，皆应背对正门、面向签字席就座。签字时，各方签字人应以规定的先后顺序依次走上签字席就座签字，然后即应退回原处就座，如图 4–13 所示。

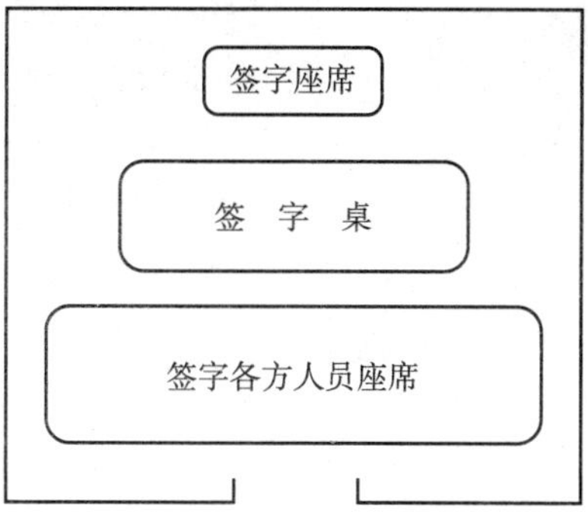

图 4–13 多边签字

课后训练与实践

一、判断题

1. 商务场合，以右为上；政务场合，以左为尊。(   )

2. 小轿车座次礼仪中，上座为副驾驶座。(   )

3. 出入房门时，由位高者先出入房门。(   )

4. 一男一女上楼、下楼，应男先、女后。(   )

5. 一女士陪三四位客人乘电梯，女士先入后出。(   )

6. 一男一女在公司门口迎候客人，一客人至，男女主人将其夹在中间行进；行至较狭之处，则客人先行。(   )

7. 多边签字仪式上，可设多个签字桌。(   )

8. 将主谈人员的翻译安排在主谈人员左侧就座。(   )

9. 宴会的桌子不止一张时，应该坚持以远为上或以右为上。(   )

10. 客人较多时，如果无法安排座位，可以自由择座。(   )

二、选择题

1. 在商务交往中，乘坐轿车已成为一个重要的组成部分，排列由尊到卑的顺序正确的是(   )。

A. 副驾驶座、后排右座、后排左座

B. 后排左座、副驾驶座、后排右座

C. 后排右座、后排左座、副驾驶座

D. 副驾驶座、后排左座、后排右座

2. 双边谈判时，如果签字桌横放，面对正门的一方为(   )

A. 主方　　B. 客方　　C. 前方　　D. 后方

3．乘轿车最安全的座位为（　　）

A．后排左座

B．司机后面的座位

C．司机旁边的副驾驶座

D．后排右座

4．公务接待时，副驾驶座一般坐的是（　　）

A．秘书、翻译、警卫

B．保镖、引导方向者、办公室主任

C．重要客人

D．引导方向者、翻译

5．一般而言，上楼下楼宜（　　）行进。

A．并排　　B．单行　　C．无所谓　　D．以上均可以

6．出入无人值守的升降式电梯，一般应请客人（　　）。

A．先进，后出　　B．后进，先出

C．后进，后出　　D．先进，先出

7．座次的关键之点是（　　）。

A．中外有别　　B．内外有别　　C．遵守成规　　D．都可以

8．在接待客人中（客人第一次来），上下楼梯有时不可避免，下面符合正确商务礼仪的做法是（　　）。

A．上楼时让领导、来宾走在前方，下楼时将相反

B．上楼时让领导、来宾走在后方，下楼时一样

C．上下楼时都让领导、来宾走在前方

D．都可以

9．在带领宾客参观时，你作为一个引导者，在进出电梯时（有专人值守）应做到（　　）

A．放慢脚步，进电梯时让宾客先进入，出电梯则相反

B．加快脚步，进电梯自己先进入，出电梯则相反

C．放慢脚步，进电梯时自己先行，出电梯则也是自己先行

D．保持脚步，谁先进出都无所谓

三、案例分析

案例一：某公司的何先生年轻能干，点子又多，很快引起了总经理的注意，拟提拔为营销部经理。为了慎重起见，决定再进行一次考察。恰巧总经理要去省城参加一个商品交易会，需要带两名助手，总经理选择了公关部杜经理和何先生。何先生也很珍惜这次机会，想好好表现一下。

出发前，由于司机小王乘火车先行到省城安排一些事务，尚未回来，所以他们临时改为搭乘董事长亲自驾驶的轿车一同前往。上车时，何先生很麻利地打开了前车门，坐在驾车的董事长旁边的位置上，董事长看了他一眼，但何先生并没在意。

上路后，董事长驾车很少说话，总经理好像也没有兴致，独自在闭目养神。为活跃气氛，

何先生寻找了一个话题："董事长驾车的技术不错，有机会也教教我们，如果都自己会开车，办事效率肯定会更高。"董事长专注地开车，不置可否，其他人均无反应，何先生感到无趣，便也不再说话。一路上，除董事长向总经理询问了几件事，总经理简单地作回答后，车内再也无人说话。到达省城后，何先生悄悄问杜经理："董事长和总经理好像都不大高兴？"杜经理告诉他原委，他才恍然大悟。

会后从省城返回，车子改由司机小王驾驶，杜经理由于还有些事要处理，需在省城多住一天，同车返回的还是四人。这次不能再犯类似的错误了，何先生想。于是，他打开前车门，请总经理上车，总经理坚持要与董事长一起坐在后排，何先生诚恳地说："总经理您如果不坐前面，就是不肯原谅来时我的失礼之处。"坚持让总经理坐在前排才肯上车。

回到公司，同事们知道何先生这次是同董事长、总经理一道出差，猜他肯定是要得到提拔，都纷纷祝贺。但最终此事竟不了了之。

案例思考：

指出何先生失礼之处。

案例分析提示：

应根据不同的场合和情形注意位次礼仪，从小处体现尊重和涵养。

案例二：某分公司要举办一次重要会议，请来了总公司总经理和董事会部分董事，并邀请当地政府要员和同行业重要的知名人士出席。由于出席的重要人物多，领导决定用长U字形的桌子来布置会议桌，分公司领导坐在位于长U字横头处的下首。其他参加会议者坐在U字的两侧。在会议的当天开会时，贵宾们都进入了会场，按安排好的座签找到了自己的座位就座，当会议正式开始时，坐在横头桌上的分公司领导宣布会议开始，这时发现会议气氛有些不对劲，有些贵宾互相低语后借口有事站起来要走，分公司的领导人不知道发生什么事或出了什么差错，非常尴尬。

案例思考：

请问：你知道发生什么事吗？问题在哪？

案例分析提示：

不同的会议，需要根据参加会议人员的主次和会议场合，进行合理的座次安排，否则直接影响会谈效果。

四、技能训练

训练项目一：行进中的礼仪

训练情景：2人或三人一组演练不同情形下的行进位次。

训练要求：由教师给出不同的身份、年龄背景。

训练项目二：模拟谈判

训练情景：由2组同学进行模拟谈判交易，各组负责礼宾人员进行座次安排。

训练要求：教师预先给出各组人员的职务背景。

训练项目三：模拟签字仪式

训练情景：2组同学模拟双边签字仪式，完成座次、签字过程、合同交换等一系列环节。

训练要求：由教师提前给出各组人员的职务、负责事项，学生进行整个签字仪式的策划并完成执行。

第五节 餐饮礼仪

案例导入

企业餐饮礼仪

“秦山二核”是我国自主建设商用核电站的一个重大跨越，是我国自主建设核电站的里程碑。在这样的企业里，能将礼仪以公司规范的形式予以制度化，是值得我们学习和借鉴的。

《核电秦山联营公司精神文明规范》部分中餐礼仪摘录如下：

不宜吃得响声大作，“电闪雷鸣”；不宜乱吐废物，唾液飞溅；不宜张口剔牙，捅来捅去；不宜宽衣解带，脱鞋脱袜；不宜挑三拣四，挑肥拣瘦；不宜替人布菜时热情过头；不宜以酒灌人，出人洋相……

通过这些内容，反映了“内强个人素质，外塑企业形象”的企业文化和精神文明建设成果，生动展示出现代企业和现代员工的风采。

餐饮礼仪主要指人们在餐饮活动中所必须认真遵守的行为规范。餐饮礼仪的种类主要有中餐礼仪、西餐礼仪、自助餐礼仪和酒水礼仪等。

餐饮礼仪中的基本原则为“6M 原则”，它是在世界各国广泛受到重视的礼仪原则。6M 指的是 6 个以 m 为首字母的单词，即：money（费用）、meeting（会见）、menu（菜单）、manner（举止）、music（音乐）、mood（环境）。因此，在安排或者参加餐饮活动时，必须对费用、会见、菜单、举止、音乐、环境六个方面的问题加以高度重视，力求在这些方面符合礼仪规范。

一、中餐礼仪

（一）中餐就餐形式

1. 宴会

宴会，通常指的是出于一定的目的，由机关、团体、组织或个人出面组织的以用餐为形式的社交聚会，是一种隆重而正规的宴请。它对于到场人数、穿着打扮、席位排列、菜肴数目、音乐演奏、宾主致辞等都有严格的要求。

2. 便宴

便宴，即非正式的宴会，它主要以形式从简，偏重人际交往为特点，不注重宴会的规模、档次及相关程序，对参加人员的衣着、席位安排、服务侍应顺序、菜肴数目等不做严格要求，形式随意，气氛随和，常用于招待熟悉的亲朋好友。

3. 家宴

家宴指的是主人以某种名义在自己家中设便宴招待客人。在礼仪上没有特殊要求，主要是注重制造友好、亲切、自然的气氛，促进宾主双方之间的交流，加深了解。为使来宾感受到主人的重视与友好，家宴大都要由男主人或女主人亲自下厨，家人一起来招待客人，使客人产生宾至如归的感觉。

（二）中餐上菜顺序

不管是什么风味的中餐，它的上菜次序一般都是相同的。通常，首先上桌的是冷盘，接下来是热炒，随后上的是主菜，然后上点心和汤，最后是水果拼盘。如果上咸点心，一般应上咸汤；如果上甜点心，则应上甜汤。

（三）中餐桌次与席位的安排

在中餐宴请活动中，往往采用圆桌。不仅在不同位置摆放的圆桌有尊卑之分，而且每张圆桌上不同的席次也有尊卑之分。记住这些原则，确保不坐错位置，在中餐礼仪中非常重要。

1. 桌次排列

在中餐宴请活动中，往往采用圆桌布置菜肴、酒水。排列圆桌的主次次序，有两种情况。

第一种情况，由两桌组成的小型宴请。这种情况，又可以分为两桌横排和两桌竖排的形式，如图 4-14 所示。当两桌横排时，桌次是以右为尊，以左为卑。这里所说的右和左，是由面对正门的位置来确定的。当两桌竖排时，桌次则讲究以远为上，以近为下。这里所讲的远近，是以距离正门的远近而言。

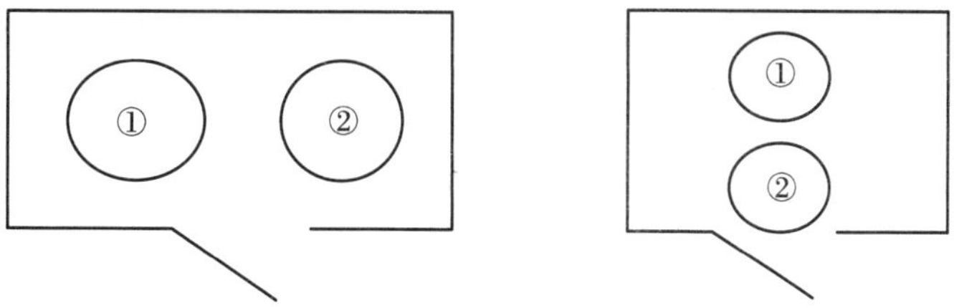

图 4-14 桌次排列

第二种情况，是由三桌或三桌以上的桌数所组成的宴请，如图 4-15 所示。在安排多桌宴请的桌次时，除了要注意第一种情况所提的“面门定位”“以右为尊”“以远为上”等规则外，还应兼顾其他各桌距离主桌的远近。通常，距离主桌越近，桌次越高；距离主桌越远，桌次越低。

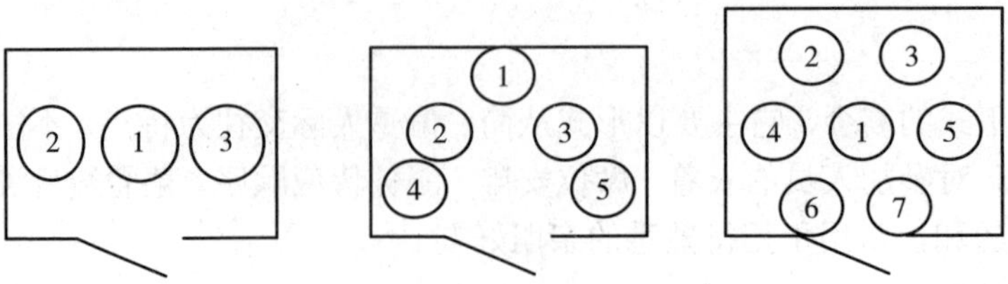

图 4–15　桌次礼仪

在安排桌次时，所用餐桌的大小、形状要基本一致。除主桌可以略大外，其他餐桌一般以十人为宜，不要过大或过小。

为了确保在宴请时赴宴者及时、准确地找到自己所在的桌次，可以在请柬上注明对方所在的桌次、在宴会厅入口悬挂宴会桌次排列示意图、安排引位员引导来宾按桌就座，或者在每张餐桌上摆放用阿拉伯数字书写的桌次牌。

2. 席位排列

宴请时，每张餐桌上的具体位次也有主次尊卑的分别，排列位次的基本方法主要有以下五点，如图 4–16 所示。

（1）主人应面门而坐，并在主桌就座。

（2）举行多桌宴请时，每桌都要有一位主桌主人的代表在座。位置一般和主桌主人同向，有时也可以面向主桌主人。

（3）各桌位次的尊卑，应以与这桌主人的距离远近来定，离主人近的位置比较尊贵。

（4）与本桌主人的距离相同的位次，则以本桌主人面向为准，主人座位右边的位置比较尊贵。

（5）如果主宾身份高于主人，为表示尊重，可以安排在主人位子上坐，主人则坐在主宾的位子上。

排列少于 5 人的便餐席位时，位次的排列，可以遵循以下五个原则。

（1）右高左低原则。两人一同并排就座，通常以右为上座，以左为下座，这是因为中餐上菜时多以顺时针方向为上菜方向，靠右坐的人因此要比靠左坐的人优先受到照顾。

（2）中座为尊原则。三人一起就座用餐，坐在中间的人在位次上高于两侧的人。

（3）面门为上原则。用餐的时候，面对正门者是上座，背对正门者是下座。

（4）观景为佳原则。在一些高档餐厅用餐时，往往有优美的景致或高雅的演出供用餐者欣赏，这时候，观赏角度最好的座位是上座。

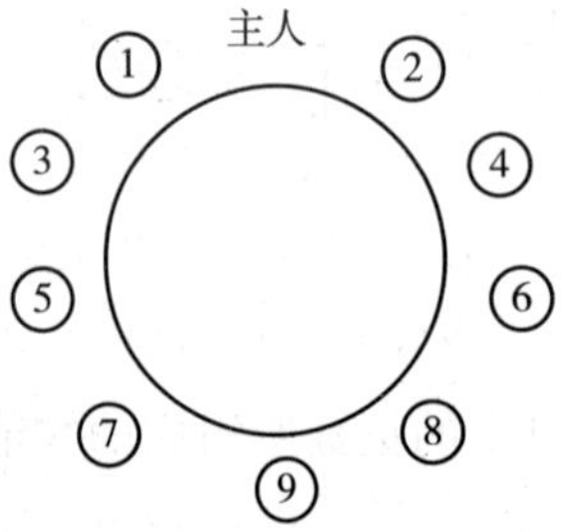

图 4–16　宴请席位

（5）临墙为好原则。在一些中低档餐馆用餐时，为了防止过往侍者和食客的干扰，通常以靠墙的位置为上座，以靠过道的位置为下座。

为了便于来宾准确无误地在自己位次上就座，除招待人员和主人要及时加以引导指示，最好的方法是在每位来宾所属座次正前方的桌面上，事先放置醒目的个人姓名座位卡。举行涉外宴请时，座位卡应以中、英文两种文字书写。中国的惯例是中文在上，英文在下。要注意的是，座位卡的两面都要书写用餐者的姓名，以便同桌人更好地沟通与交流。

（四）中餐就餐礼仪要求

1. 赴宴礼节

（1）应注意仪表修饰，尽可能整齐、干净、美观地赴宴。

（2）遵守时间，既不要过早，给人急于就餐的感觉，又不能迟到，对主人和来客不礼貌。可以比主人约定的时间早到一会儿。

（3）到了以后要在接待桌上签名，向主人打招呼，对其他宾客笑脸相向。

（4）宴会开始前，可与邻近来宾交谈、自我介绍，不要把自己封闭起来，不与他人交流。

（5）入席要遵守主人的安排，不要随便乱坐。如果邻座是女士或年长者，应抽开座椅，主动协助她们先坐下。

（6）宴会开始或结束都要听主人的招呼，没有宣布开始不要动筷子；没有宣布结束，即使吃饱了，也不能擅自离席。散席时，要与主人道别，不要悄无声息地走了。

2. 中餐餐具的使用

中餐的基本餐具主要有：筷子、碗、匙、碟、水杯、湿巾、牙签等。

1）筷子

筷子是中餐的主要餐具，在用餐时用以夹取食物或菜肴。在日常生活中，筷子的使用是非常有讲究的。规范的握筷姿势应以右手持筷，以其拇指、食指、中指三指前部，共同捏住筷子的上部约三分之一处，筷子的两端要对齐，如图 4–17 所示。

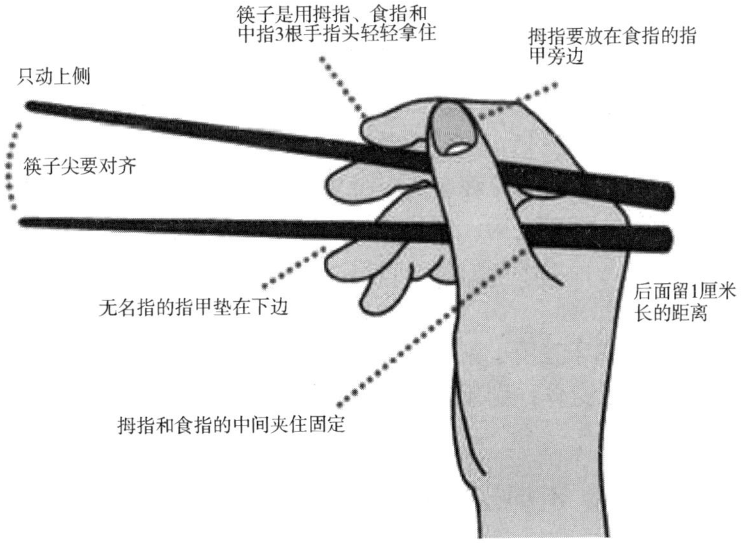

图 4–17　筷具使用

在用餐过程中，不能把筷子的一端含在嘴里，用嘴来回嘬，也不可用筷子敲击碗碟。用筷子取菜时，不能将筷子在各碟菜中来回移动或在菜盘中翻动；夹起的菜肴不能再放回盘中；夹菜时手的动作要利落，不要将菜汤流落到其他菜里或桌面上；不要用筷子叉取食物放进嘴里，或用舌头舔食筷子上的附着物，更不要用筷子去推动碗、碟和杯子。有事暂时离席，不能把筷子竖插在碗里，应把它轻放在筷架上。在席间说话的时候，应把筷子放下，不要把筷子当道具，随意乱舞，或用筷子指点他人。如果不小心把筷子碰掉在地上，可请服务员另换一双。

2）碗

在中餐里，碗主要是用来盛放食物、羹汤的。在正式场合用餐时，要注意不要将碗端起来进食，特别是不要双手端起碗来进食。食用碗内盛放的食物时，应以筷子、汤匙加以辅助，不要用手直接取用或以嘴吸食。碗内若有剩余食物时，不能将食物直接倒入口中，也不能用舌头舔食。不要向暂时不用的碗内乱扔东西，也不要把碗倒扣过来放在餐桌上。

3）匙

匙即汤勺，主要是用来舀取菜肴、食物的。有时，用筷子取食时，也可以用汤勺来辅助。用汤勺舀取食物时，不要过满，以免溢出弄脏餐桌或自己的衣服。在舀取食物后，可在原处暂停片刻，等汤汁不再下流时再移回来享用。暂时不用汤勺时，应放在自己的碟子上，不要把它直接放在餐桌上，或是让它在食物中“立正”。用汤勺舀取食物后，要立即食用或放在自己的碟子里，不能再把食物倒回原处。如果舀取的食物太烫，不能用汤勺舀来舀去，也不能用嘴对着吹，可以先放到自己的碗里等凉了再吃。不要把汤勺塞进嘴里，或者反复吮吸。

4）碟

碟子在中餐中主要用以盛放食物，其使用的讲究与碗略同。碟子在餐桌上一般应保持原位，不要搬动，也不要把多个碟子摞放在一起。

碟子中有一种叫做食碟，主要是用来暂放从公用的菜盘里取来食用的菜肴的。用食碟时，一次不要取放过多的菜肴，注意不要把多种菜肴堆放在一起。不吃的残渣、骨、刺等不要吐在地上、桌子上，应轻轻放在食碟的前端，放的时候不能直接从嘴里吐在食碟上，要用筷子夹放到食碟前端，必要时由侍者取走，换新的食碟。

5）水杯

中餐中所用的水杯，主要是用于盛放清水、果汁等饮料的。需要注意的是不要用水杯去盛酒，也不要将水杯倒扣在餐桌上，喝入口中的东西不能再吐回去。

6）湿巾

在中餐用餐前，如果比较讲究，要会为每位用餐者上一块湿毛巾。它只能用来擦手，不能用以擦脸、擦嘴、擦汗。擦手之后，应将其放回原处，由侍者取回。有时在正式宴会结束前，会再上一块湿毛巾，与前者不同的是，它只能用来擦嘴，而不能揩脸、抹汗。

7）牙签

中餐餐后，一般会提供牙签用于剔牙。一般来说，尽量不要当众剔牙，非剔不可时，应用另一只手掩住口部，侧过身体；剔牙后不要长时间叼着牙签，更不要用来扎取食物。

3. 就餐注意事项

（1）用餐时要注意吃相。不要吃得摇头晃脑，汤汁横流，响声大作；也不要乱挑菜肴，来回翻拣。

（2）布菜有讲究。如果要给客人或长辈布菜，最好用公用筷子，也可以把离客人或长辈远的菜肴送到他们面前。按照我们中华民族的习惯，菜是一个一个上的，如果同桌有领导、老人、客人，每上来一个新菜时，应请他们先动筷子，或者轮流请他们先动筷子，以表示对他们的尊敬和重视。

（3）不做多余的小动作。在用餐期间，不要随意玩弄餐具，也不要敲打餐桌，摇晃坐椅。

（4）不吸香烟。不论用餐地点有无规定，主人有无要求，在用餐时都应自觉做到不吸香烟，以免污染空气，有损他人健康。

（5）不当众作修饰。在用餐之际，尤其是在与初识之人或异性一起用餐时，尽量不要当众进行修饰，例如，不要梳理头发、化妆补妆、宽衣解带等，必要时可去专用的化妆间做这些事。

（6）适度交际。进餐时不要光低着头吃饭，不管别人，更不要狼吞虎咽地大吃一顿或贪杯致醉，要适时地和自己左右两侧就餐的人进行交谈以调和气氛。交谈时应注意选择愉快的话题，使大家在一种轻松、愉快、和谐的气氛下用餐，不要涉及疾病或不幸。

阅读拓展

只因吃饭声音大被人砍一刀

2003年7月3日晚6时左右，从河南来北京打工的宋国洪和另两名河南老乡在某中学附近一家快餐店吃饭。同时，店内的另一张桌子旁也坐着三男一女，其中一位留长发的男青年突然走到宋国洪等身边，对着他们每人就是几拳，理由竟然是"你们吃饭的声音太大，影响我们吃饭"。宋国洪等正欲论理，不料此人转身上楼，拿来一把约40厘米长的刀子，对着宋国洪左胸就是一刀，从其锁骨直至最下一根肋骨的位置，拉了一道19厘米的血口。在旁人的提醒下，宋国洪边按住伤口边跑到了附近派出所报案。派出所民警立即将宋国洪送到了附近的医院抢救。因为没有钱付医药费，宋国洪躺在医院急诊科的病房里一脸愁容。而此前，医院已对其长达19厘米的伤口做了处理，宋国洪暂时脱离了生命危险。

当地派出所已就此刑事案件立案，宋国洪家人表示，将对长发男青年提出刑事诉讼，要求其赔偿医疗费用及相关经济损失等。

案例思考：

如果在餐厅里客人吃饭时抽烟、当众剔牙、跷腿、大声喧哗等，该不该提醒他或她？应该怎样提醒。

二、西餐礼仪

（一）西餐就餐形式

西餐是我国对欧美地区菜肴的统称。西餐实行分餐制，即各自点菜，各持一份，就餐时用刀叉取食。最普遍的盘式服务是将餐食在厨房分装到每一只餐盘中，由服务员从厨房端出，再迅速、礼貌地送给每位客人。西餐形式从表面上看似乎少了些热闹，多了些客气和独立，但实质上最重要的是体现了卫生。西餐礼仪如图 4–18 所示。

图 4–18　西餐礼仪

（二）西餐上菜顺序

西餐的菜序，指的是用餐的先后顺序。西餐有正餐和便餐的菜序之分，二者之间存在很大区别。

1. 正餐的菜序

西餐的正餐尤其是在正式场合所用的正餐，其菜序既复杂多样，又讲究甚多。在大多数情况下，西餐正餐的菜序由下列八道程序构成，而一顿内容完整的正餐一般要吃上一两个小时。

1）开胃菜

开胃菜亦称西餐的头盘，在大多数情况下是由蔬菜、水果、海鲜、肉食所组成的拼盘。它多以各种调味汁凉拌而成，色彩悦目，口味宜人，主要用于激发进餐者的食欲。

2）面包

在西餐正餐里所吃的面包，一般都是切片面包，或是需要当时从整个的大面包上切片而食。在吃面包时可根据个人爱好，涂上各种果酱、黄油或奶酪。

3）汤

西餐中的汤，大都口感芬芳浓郁，具有很好的开胃作用。常见的汤类有白汤、红汤、清汤等。

4）主菜

西餐里的主菜有冷有热，但应以热菜为主角。在比较正规的正餐上，大体上要上一个冷盘，两个热菜。常见的冷盘，主要是各类冻子、泥子；两个热菜之中，讲究一个是鱼菜，另一个是肉菜，有时还会再上一个海味菜。其中的肉菜必不可少，而且往往以此代表着此次用餐的档次和水平。

5）点心

吃过主菜后，一般要上一些诸如蛋糕、饼干、土司、馅饼、三明治之类的小点心，已经吃饱的人可以不吃点心。

6）甜点

吃完点心，接着要上甜品。最常见的甜品有布丁、冰淇淋等。

7）果品

甜点之后为果品，用餐者在力所能及的情况下，酌情享用干果或时令水果。

8）热饮

用餐结束之前，主人要为用餐者提供热饮。最正规的热饮是红茶或黑咖啡，二者只能选择其一，不能同时享用，它们的主要作用是帮助消化。西餐的热饮，可以在餐桌上喝，也可以离开餐桌去客厅或休息厅里喝。

2. 便餐的菜序

在普通情况下，出于经济和时间方面的考虑，人们并不是总是吃西餐正餐。西餐便餐的菜序方便简单，很受欢迎，上菜的程序通常是：①面包、黄油；②冷菜；③汤；④主菜；⑤甜点；⑥咖啡和水果。

上菜时，菜肴从左边上，饮料从右边上。进餐时，冷菜和汤可以同时配着面包吃；冷菜作为第一道菜，一般与开胃酒并用；主菜往往只有一道肉食，而水果则可上可不上。

（三）西餐桌次与席位的安排

1. 桌次排列

西餐宴会时可以用圆桌、长桌或方桌，排法变化很多，排位的方式也不同。圆形的桌次高低以离主桌的距离远近而定，且右高左低。西式的宴会以长桌较为普遍，依据宴会规模及实地限制，可能会布置成丁形桌、马蹄形桌等方式。一桌以上的宴会，要摆上桌次牌，而且还要注意桌子之间的距离要安排适当。

2. 席位排列

排列西餐的位次，一般应遵循以下原则。

1）女士优先

在西餐礼仪里，女士处处备受尊重。在排定用餐位次时，尤其是安排家宴时，主位一般应请女主人就座，而男主人则安排在第二主位。

2）恭敬主宾

在西餐之中，主宾极受尊重。在排定位次时，应请男、女主宾分别紧靠着女主人和男主人就座，以便进一步受到照顾。

3）以右为尊

在排定位次时，应以右为尊。主人右侧。例如，应安排男主宾坐在女主人右侧，安排女主宾坐在男主右侧。

4）距离定位

一般来说，西餐桌上位次的尊卑，往往与其距离主位的远近密切相关。在通常情况下，距主位近的位子高于距主位远的位子。

5）面门为上

面门为上，所指的是面对餐厅正门的位子，通常在序列上要高于背对餐厅正门的位子。

6）交叉排列

正式的西餐宴会一向都被视为交际场合，所以在排列位次时，要遵守交叉排列原则。依照这一原则，男女应当交叉排列，生人与熟人也应交叉排列，这样方便人与人之间的交际，加强沟通，促进了解。

西餐家宴的席位排列如图 4–19 所示。

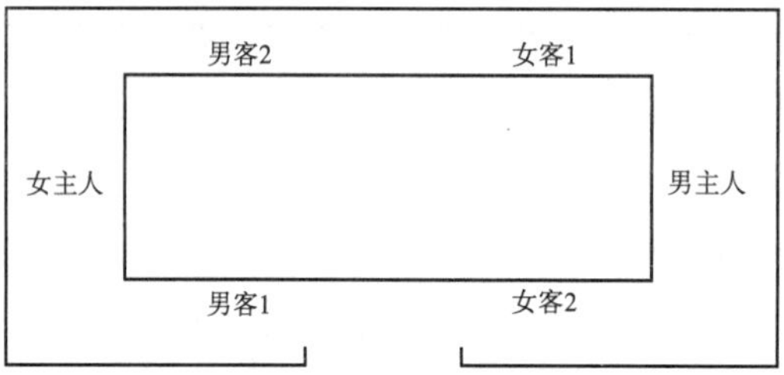

图 4–19　西餐家宴席位

（四）西餐就餐礼仪要求

1. 西餐就餐基本要求

1）衣着有讲究

在西餐中，根据用餐规模、档次的不同，用餐时的衣着也不尽相同。

在隆重的宴会上，往往要求穿着礼服。西式的礼服，男装为黑色燕尾服，扎黑色领结；女装则为拖地低胸长裙，并配长筒薄纱手套。其他国家的人士，可以本民族的盛装代替西式礼服。

在普通的宴会上，通常要求穿正装。在一般情况下，正装指的是深色，特别是黑色或藏蓝色的套装或套裙。要注意的是，男装不要色彩过淡、过艳，女装则不要过短、过小。

在一般性的宴会上，可以穿便装。男士可穿浅色西装或仅穿单件的西装上衣，女士则可以穿时装。

不管穿什么服装，在用餐时都不能当众整理衣饰。

2）女主邀请

在正式场合，应当由女主人邀请大家开始用餐。如果女主人不在场，男主人席位右边的女嘉宾应当是第一个开始进餐的人，其他人看到她开始后就可以进餐了。如果是几个人邀约用餐，在欧洲，第一道菜端上来时，就可以开始吃，在美国，应当等到最后一个人的菜上好了才一起用餐。

3）举止高雅得体

用餐时，举止要高雅得体。在吃东西或喝东西的时候，不要发出声响，也不要让刀叉在盘子里碰得铿锵作响。要正确使用各种餐具，如果不懂可以现场观摩他人，尤其是女主人的做法。注意不要用餐具相互敲击或指点他人。

4）适当交际

参加西餐宴会，除了品尝美食之外，还要进行适当的交际活动。进餐时，要适时地和自己左右两侧就餐的人进行交谈以调和气氛；如果是应邀赴宴，要抽空向主人致意，增进彼此间的感情。

2. 西餐餐具的使用

西餐中常用的餐具有叉、刀、匙、杯、盘等，如图 4–20 所示。对于餐具的使用也有着相应的要求。

1）餐具的摆放

在正规宴会上，餐具的摆放有严格要求，使用时不能随意乱拿。垫盘放在餐席的正中，盘上放折叠整齐的餐巾或餐巾纸。垫盘右边：从里往外是主菜用刀、一把鱼刀、一把汤勺或一把头盘菜用刀。在垫盘的左边：从里往外是一把进主菜的叉、一把鱼叉、一把头盘菜用叉。在垫盘上方：一把甜食叉、一把甜食勺或刀。在垫盘的左上侧：一个面包盘和一把黄油刀，黄油刀要放在盘中，刀锋向着就餐者。在垫盘的右上侧：摆放一只白酒杯、一只红酒杯、一只水杯，排成三角形或一行。

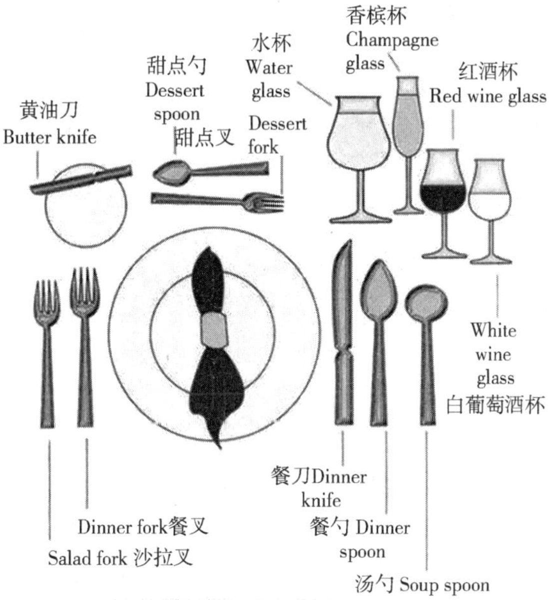

图 4–20 西餐餐具

2）刀叉、汤匙的拿法

用餐时，一般右手拿刀或汤匙，左手拿叉，杯子用右手来握。拿叉的姿势：用左手拇指、食指、中指拿住叉。拿刀的姿势：用右手食指压在刀背上以出力，其余手指拿住刀把。拿匙的方法与拿叉相同，除喝汤外，不要用匙取食其他食物。

3）刀叉的使用

吃西餐时，通常用左手持叉、右手持刀。用叉按住食物，用刀子切割，然后用叉子叉起食物送入口中，切不可用刀送食物入口。如果只使用叉子，也可用右手使用叉子。使用刀叉时应避免发出碰撞声。用餐过程中，若想放下刀叉，应将刀叉呈“八”字形放在盘子上；用餐完毕，则应将刀叉并拢放在盘内。如图 4–21 所示。

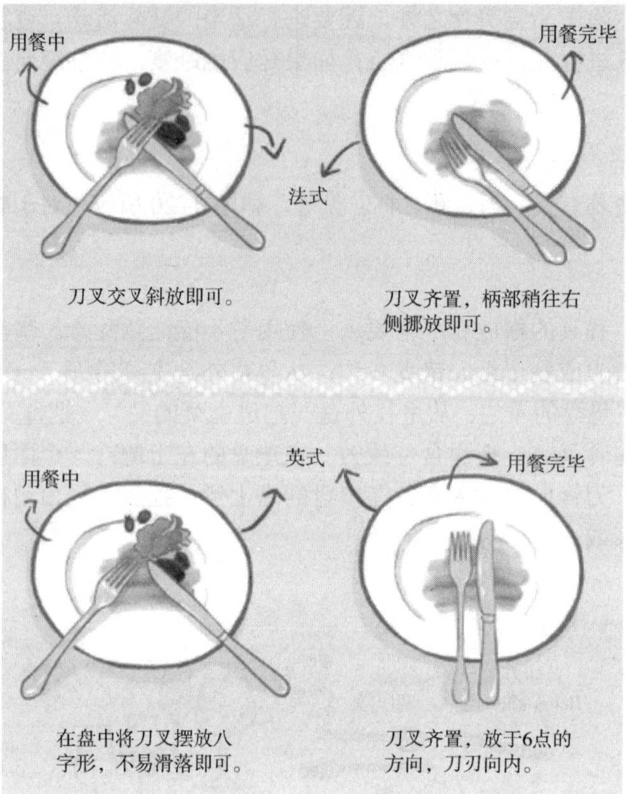

图 4–21　刀叉使用

4）餐巾的摆放与使用

入座后先取下餐巾，打开，铺在双腿上。如果餐巾较大，可折叠一下，放在双腿上，切不可将餐巾别在衣领上或裙腰处。用餐时，可用餐巾的一角擦嘴，但不可用餐巾擦脸擦刀叉等。用餐过程中若想暂时离开座位，可将餐巾放在椅背上，表示你还要回来；若将餐巾放在餐桌上，则表示你已用餐完毕，服务员则不再为你上菜。

3. 就餐注意事项

（1）不管正式宴会还是非正式宴会，入座或离座均应从座椅的左侧进出为宜。

（2）不要用自己的餐具为他人夹菜、舀汤或选取其他食物。

（3）不能将盘里的食物全部切好后再用右手拿叉子吃。

（4）身体不过于接近餐盘，用餐具把食物送到嘴里，不要把盘、碗端起来。

（5）先品尝食物，后加盐和胡椒粉。不要往蔬菜上抹黄油，否则会被认为是对厨师的侮辱。

（6）如果需要远处的食品时，不能站起来或者伸长手臂去拿，而应有礼貌地请坐在靠近那个物品的人递给自己。

（7）面包要用手去取，不可用叉子去取，也不可用刀子去切，应用手掰着吃；吃色拉时只能使用叉子。

三、自助餐礼仪

（一）自助餐就餐形式

自助餐，有时亦称冷餐会，它是目前国际上所通行的一种非正式的西式宴会，在大型的商务活动中尤为多见。它的具体作法是，不预备正餐，而由就餐者在用餐时自行选择食物、饮料，然后或立或坐，自由地与他人在一起或是独自一人用餐。用餐时间没有正式的限定，在整个用餐期间，用餐者可以随到随吃，不用在主人宣布用餐开始之前到场恭候。

（二）自助餐礼仪要求

阅读拓展

周小姐有一次代表公司去出席一家外国商社的周年庆典活动。正式的庆典活动结束后，那家外国商社为全体来宾安排了一顿十分丰盛的自助餐。尽管在此之前周小姐并未用过正规的自助餐，但是她在用餐开始之后发现其他用餐者的表现非常随便，便也就"照瓢画葫芦"，像别人一样放松自己。

让周小姐开心的是，她在餐台上排队取菜时，竟然见到自己平日最爱吃的北极甜虾。于是，她毫不客气地替自己盛上了满满的一大盘。当时她的想法是：这东西虽然好吃，可也不便再三再四地来装，否则旁人就会嘲笑自己没见过什么世面。再说，这么好吃的东西不多盛一些，保不准一会儿就没有了。所以"让我一次爱个够"得了。

然而令周小姐脸红的是，她端着盛满了北极甜虾的盘子从餐台边上离去时，周围的人居然个个都用异样的眼神盯着她。事后经打听，周小姐才知道，自己当时的所作所为，是有违于自助餐礼仪的。在自助餐上自取菜肴时，应当循序渐进，每次只取一点点。吃完之后，允许一而再、再而三地去取用。可是，若为图一劳永逸，大装特装一通，看在明眼人眼里，就如同一个"饿死鬼"打劫一样了。

（资料来源：http：//www.sukim.com）

从以上案例中，我们知道，虽然自助餐形式随意，但对于就餐者而言仍有一定规范需要遵从。通常主要涉及下述八点。

1. 要排队取菜

在就餐取菜时，用餐者应自觉地维护公共秩序，讲究先来后用食物。不能乱挤、乱抢、乱插队。

2. 要循序取菜

在自助餐上，如果想要吃饱、吃好，那么在具体取用菜肴时，首先了解合理的取菜顺序，然后循序渐进。按照常识，参加一般的自助餐时，取菜顺序依次应当是：冷菜、汤、热菜、点心、甜品和水果。因此在取菜时，最好先大概了解一下情况，然后再去敢菜。

3. 要量力而行

参加自助餐时，根据本人的口味选取食物，要量力而行，自觉遵循自助餐就餐时的“少取”原则。

4. 要多次取菜

在自助餐上遵守“少取”原则的同时，还必须遵守“多次”的原则，是“多次取菜”原则的简称。它的具体含义是：用餐者在自助餐上选择的菜肴，允许其再三再四地反复去取。每次应当少取一些，待品尝之后，如果觉得合自己口味，那么还可以再次去取，直至自己感到吃好了为止。自助取餐台如图 4–22 所示。

图 4–22　自助取餐台

5. 要避免外带

所有的自助餐，不论是由主人亲自操办的，还是正式餐馆里所经营的，都有一条不成文的规定，即只许可在用餐现场里自行享用，而不许在用餐完毕之后携带回家。

6. 要送回餐具

一般情况下，自助餐大都要求就餐者在用餐完毕离开用餐现场之前，自行将餐具整理到一起，然后一并将其送回指定的位置。在庭院、花园里用自助餐时，尤其应当这么做。不允许将餐具随手乱丢，甚至任意毁损餐具。在餐厅里就座用餐时可以在离去时将餐具留在餐桌上，由侍者负责收拾。即便如此，也应在离去前对其稍加整理。不要弄得自己的餐桌上杯盘狼藉，不堪入目。自己取用的食物，以吃完为宜，万一有少许食物剩下来，也不要私下里乱丢、乱倒、乱藏，而应将其放在适当之处。

7. 要照顾他人

参加自助餐时，除了对自己用餐时的举止表现严加约束之外，还须与他人和睦相处，相互照顾。对于自己的同伴，特别需要加以关心，若对方不熟悉自助餐，不妨向其扼要地进行介绍。对于其他不相识的用餐者，应当以礼相待。在排队、取菜、寻位及行动期间，对于其他用餐者要主动谦让。

8. 要积极交际

在参加自助餐时，要积极地进行交际活动。在自助餐上，交际的主要形式是几个人聚在一起进行交谈。为了扩大自己的交际面，在此期间不妨多换几个类似的交际圈。只是在每个交际圈，多少要待上一会儿，不能只待一两分钟就走，好似蜻蜓点水一般。

四、酒水礼仪

（一）酒的分类

酒水，是对用来佐餐、助兴的各种酒类的一种统称。简而言之，酒水就是指酒。自古以来，酒水在社交场合，尤其是在宴请、聚餐活动中一直都发挥着重要的作用。下面主要介绍酒水的分类，如图 4–23 所示。

图 4–23　酒品分类

酒水的种类非常多，主要有白酒、啤酒、葡萄酒、香槟酒、白兰地酒、威士忌酒及鸡尾酒等等。

1. 白酒

白酒是用高粱、玉米、甘薯等粮食或某些果品经过发酵、蒸馏制成的一种酒类。它通常没有任何颜色，而且酒精含量大都比较高，是烈性酒。中国最著名的白酒有茅台酒、五粮液酒、剑南春酒等。

在正式场合喝白酒，要用专门的瓷杯或玻璃杯盛酒，讲究“酒满敬人”“一饮而尽”。

2. 啤酒

啤酒又叫麦酒。它是一种用大麦和啤酒花为主要原料发酵制成的酒类，含有大量的泡沫和特殊的香味，味道微苦，酒精含量较低，一般在 4%左右。啤酒以德国的最为著名。

饮用啤酒，一般用专用的倒三角形或带手柄的啤酒杯，饮用的最佳温度在 7℃左右，喝时讲究大口饮用。在国外，啤酒是上不了宴席的，而在国内，啤酒却在社交聚餐中频频露面。

3. 葡萄酒

葡萄酒是以葡萄为主要原料发酵酿制而成的酒类。它的酒精含量在 12℃左右，根据颜色和糖分的含量分为白葡萄酒、红葡萄酒、干葡萄酒等种类。在世界上，最有名的葡萄酒产在法国的波尔多地区。

喝不同的葡萄酒，在温度上有不同的要求。白葡萄酒宜在 13℃左右喝，所以喝时应加冰块；而红葡萄酒在 18℃左右饮用最佳，可以不用加冰块。喝葡萄酒时，要用专门的高脚玻璃杯，喝白葡萄酒时，要捏着杯脚，喝红葡萄酒时，应握住杯身。

4. 香槟酒

香槟酒是以特种工艺制成的，富含二氧化碳、起泡沫的白葡萄酒，常用于庆典、仪式上为人助兴。

香槟酒在 6℃左右饮用最佳，因此在饮用之前必须将酒冷藏于冰桶之内。开瓶时，可稍加摇晃，再起去瓶塞，届时，它就会连泡带酒一起奔涌而出，为人增添欢快的气氛。饮用香槟酒，应用郁金香型的高脚玻璃杯，并以手捏住杯脚。

5. 白兰地酒

白兰地酒是用葡萄汁发酵之后蒸馏精制而成，酒精含量约为 40%，色泽金黄。世界上知名的白兰地酒有马爹利、轩尼诗、人头马、拿破仑等，并以产于法国干邑地区、储藏时间较长者为佳。饮白兰地酒的最佳温度为 18℃以上，饮时将酒盛在专用的大肚、收口的矮脚杯内。先用右手托住杯身观其色彩，并以手掌为其加温，随后再嗅其酒香，最后才慢慢小口品味。

6. 威士忌酒

威士忌酒是一种用谷物发酵酿造而成的烈性酒，口味浓烈、刺激，酒精含量约为 40%。在世界各国生产的威士忌酒中，首推英国苏格兰地区生产的威士忌酒最为著名。

威士忌酒在加入冰块、苏打水或姜汁后，味道更好，喝时用专门的平底小玻璃杯，耐心细致地慢慢加以品尝。

7. 鸡尾酒

鸡尾酒是一种混合型的酒，是用各种不同的酒以及果汁、汽水、蛋清、糖浆等饮料，按照一定的比例，采用专门的技法调配而成。因为它调出来后色彩丰富、层次分明，好似雄鸡之尾，故称之为鸡尾酒。

饮用鸡尾酒，可以去酒吧，也可以在聚餐的时候喝。为了便于观赏其独具特色的丰富色泽，最好用高脚广口的玻璃杯去盛鸡尾酒，不要把数种不同的鸡尾酒混杂在一起喝。

（二）饮酒礼仪

饮酒时应注意以下礼仪。

1. 斟酒

酒水应当在饮用前才斟入酒杯。有时，男主人为了表示对来宾的敬重、友好，还会亲自为其斟酒。在侍者斟酒时，勿忘道谢，但不必拿起酒杯；可是在男主人亲自来斟酒时，则必须端起酒杯致谢，必要时，还须起身站立，或欠身点头致意。斟酒时要注意三点：其一，要面面俱到，一视同仁，切勿有挑有拣，只为个别人斟酒；其二，要注意顺序，可以依顺时针方向，从自己所坐之处开始，也可以先为尊长、嘉宾斟酒；其三，斟酒需要适量，白酒与啤酒均可以斟满，而其他洋酒则无这些讲究。

2. 敬酒

敬酒亦称祝酒，是指在就餐时由男主人向来宾提议，为了某种事由而饮酒，如图 4–24 所示。敬酒往往是宴会上必不可少的一项程序。在敬酒时，通常要讲一些祝愿、祝福的话。在正式的宴会上，主人与主宾还会正式地发表一篇专门的祝酒辞。敬酒可以在饮酒的过程中随时进行，频频举杯祝酒会使现场氛围热烈而欢快。不管是致正式的祝酒辞，还是在普通情况下致祝酒辞，内容应越短越好，不要长篇大论，喋喋不休，让人久等。

在他人敬酒或致辞时，其他在场者应停止用餐或饮酒，坐在自己的座位上，面向敬酒者认真倾听，对其所作所为不要小声讥讽或公开表示反感。

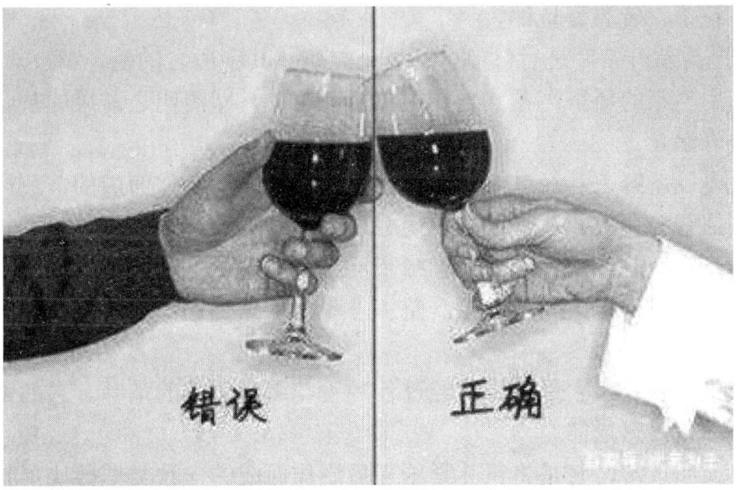

图 4–24　敬酒礼仪

3. 干杯

干杯通常是指在饮酒时特别是在祝酒、敬酒时劝说他人饮酒，或是建议对方与自己同时饮酒，因往往要喝干杯中之酒，故称干杯。有的时候，干杯者相互之间还要碰一下酒杯，所以它又被叫做碰杯。提议干杯时，应起身站立，右手端起酒杯，或者用右手拿起酒杯后，再以左手托扶其杯底，面含笑意，目视祝酒的对象，将酒一饮而尽，或饮去适量。在就餐过程中，当主人亲自向自己敬酒干杯后，一般应当回敬主人一杯，回敬时应右手持杯，左手托底与对方一同将酒饮下。

4. 依礼拒酒

假如因为生活习惯或健康原因不能饮酒，可以使用以下合乎礼仪的方式婉言谢绝他人的劝酒。第一种方式，申明不能饮酒的客观原因；第二种方式，主动以其他软饮料代酒；第三种方式，委托亲友、部下或晚辈代为饮酒。在谢绝饮酒时不能在他人为自己斟酒时又躲又藏、乱推酒杯、敲击杯口、倒扣酒杯，或将自己杯中酒偷偷倒掉或倒入别人杯中，尤其是把自己喝了一点的酒倒入别人杯中更加不礼貌。

（三）其他饮品

1. 茶

在中国，茶的种植与利用至今已有四千多年的历史，由于我国人民饮茶历史源远流长，饮茶已逐渐被提升品位，从而形成了独具中国特色的茶文化，并进而影响到日本、英国及其他许多国家。

1）茶的分类

在我国采用最广的茶的分类方法是根据加工、制作的方法来进行的，可将茶分为绿茶、红茶、乌龙茶、花茶、砖茶等品种。

（1）绿茶，是对新鲜茶叶进行炒制，利用高温破坏其中所含的酶，制止其发酵而制成的。饮用绿茶讲究选用当年的新茶，尤其是要用“明前茶”，即清明之前采的茶叶。在夏天饮用绿茶，可以消暑降温。

（2）红茶，是以新鲜茶叶经过烘制，使之完全发酵之后制作而成的，色泽油润乌黑，有暖胃补气、提神益智的功效，适宜在冬天饮用。

（3）乌龙茶，它的制作加工方法介于绿茶和红茶之间，是一种半发酵的茶叶。其外形粗硕、松散，茶叶边缘发酵，中间不发酵，整体外观上呈黑褐色，它的别名叫青茶，喝后可以化解油腻，健胃提神。

（4）花茶，又叫香片，它是以绿茶经过各种香花熏制而成的茶叶。它的最大优点是冲泡沏水之后芳香扑鼻，口感浓郁。

（5）砖茶，又叫茶砖，它是将茶叶紧压之后制作而成的一种类似砖块形状的茶叶品种。它颇受一些少数民族的喜爱，多用于煮饮，尤其是添加奶、糖之后煮饮。

2）茶具的使用

茶具一般有储茶用具、泡茶用具和饮茶用具，如图 4–25 所示，使用这些茶具时要注意以下几点。

（1）储茶用具，指的是专用于存放茶叶的器皿，要求防潮、避光、隔热、无味。因此应用特制的茶叶罐来存放茶叶，不要用玻璃罐、塑料罐或纸张来存放茶叶。

待客沏茶时，最好不要当着客人的面从茶罐内取茶冲泡，不要用手去抓取茶叶，应以匙去取或直接用茶罐将茶叶倒入茶壶、茶杯中。

（2）泡茶用具。正规的泡茶用具最常见的是茶壶，一般以紫砂陶、陶瓷制成。使用茶壶泡茶之前，应将茶壶洗涮干净，不要使用残破的茶壶去招待客人，也不要用茶壶内剩余的旧茶待客。

图 4–25　茶具

（3）饮茶用具。在大多数情况下，饮茶用具主要是茶杯、茶碗，其中以茶杯最为常见，最好的茶杯应该是紫砂陶茶杯和陶瓷茶杯。

若饮茶时同时使用茶壶，最好是茶杯与茶壶相配套，使之和谐美观。不要用破损、残缺、有裂纹或带有茶锈、污垢的茶杯装茶待客。

3）敬茶

以茶待客时，一般应事先将茶沏好，装入茶杯，然后放在茶盘之内端入客厅。

在上茶时，应向客人表达自己的谦恭与敬意。标准的上茶步骤是：双手端着茶盘进入客厅，首先将茶盘放在临近客人的茶几上，然后右手拿着茶杯的杯托，左手附在杯托附近，从客人的左后侧双手将茶杯递上去，置于客人的左前方。茶杯放置到位后，杯耳应朝向右侧，若使用无杯托的茶杯上茶时，应双手捧上茶杯，尽量不要用一只手上茶。

上茶时，要注意上茶的先后顺序：

先为客人上茶，后为主人上茶；

先为主宾上茶，后为次宾上茶；

先为女士上茶，后为男士上茶；

先为长辈上茶，后为晚辈上茶。

如果来宾甚多，而他们彼此之间差别不大时，可按以下四种方法上茶：

（1）以上茶者为起点，由近及远依次上茶；

（2）以进入客厅之门起为点，按顺时针方向依次上茶；

（3）在上茶时，以客人的先来后到为先后顺序；

（4）由饮用者自己取用。

4）品茶

在饮茶时，要懂得悉心品味，这样做，不仅体现自身的教养，而且也是一种礼貌待人的做法。

（1）在饮茶时，应当一小口、一小口地细心品尝。每饮一口茶后应使其在口中稍作停留，再慢慢地咽下去，不要大口吞咽，一饮而尽。饮茶时，忌连茶汤带茶叶一并吞入口中，更不能自杯中将茶叶取而嚼之。

（2）在端起茶杯时，应以右手手持杯耳。端无杯耳的茶杯，不要双手捧杯，应以右手握茶杯的中部，左手端起杯底或握住茶杯杯口；使用带杯托的茶杯时，可以用右手端起茶杯，不去动杯托。也可以用左手将杯托连茶杯托至左胸高度，然后以右手端起茶杯饮之。

（3）饮盖碗茶时，可以用杯盖轻轻将漂浮于茶水之上的茶叶拂去，不要用口去吹。茶太烫的话，也不要去吹，也不要用另一只茶杯去兑凉茶水，而应待其自然冷却。

（4）饮用红茶或奶茶时，不要用茶匙舀茶，也不要将其插放在茶杯中。不用时，将茶匙放在杯托上即可。

（5）若主人告之所饮的是名茶，则饮用前应仔细观赏一下茶汤，并在饮用后加以赞赏。

2. 咖啡

1）咖啡的分类

咖啡是世界著名的三大饮料之一，按照配料的添加来分，可以分为以下几种咖啡。

（1）黑咖啡，指的是既不加糖也不加牛奶的纯咖啡。

（2）白咖啡，指的是饮用之前加入牛奶、奶油或特制植物粉末的咖啡，也称之为法式咖啡，加糖与否由饮者自定。

（3）浓黑咖啡，也叫意大利式浓黑咖啡。它是以特殊的蒸汽加压的方法制作，极黑浓，不宜多饮。在饮用时，可加入糖或少量的茴香酒，但不宜加入牛奶或奶油。

（4）浓白咖啡，也叫意大利式浓白咖啡。其制作方法基本上与浓黑咖啡类似，只是加入了用牛奶打制出来的奶油或奶皮。在饮用时，不宜再添加牛奶，可加入少许用柠檬皮榨的汁。

（5）爱尔兰咖啡，它的最大特点是，在饮用咖啡之前不加牛奶，而是加入一定量的威士忌酒，味道浓烈，刺激提神。

（6）土耳其咖啡，它大致与白咖啡类似，在咖啡中加入适量的牛奶与糖，但它的咖啡渣并未除去，而是被装入杯中与咖啡一起上桌，供人饮用。

2）咖啡的饮用与礼节

（1）饮用咖啡的正确方法是：用右手拇指和食指捏住杯耳，左手轻托咖啡碟，慢慢地移向嘴边轻啜。不要满把握杯、大口吞咽，也不要俯首去就咖啡杯。喝咖啡时，嘴里不要发出声响。

（2）要注意咖啡匙的使用。咖啡匙是用来搅拌加了配料的咖啡的，不要用咖啡匙去舀起咖啡来饮用，也不要将它放在咖啡杯中，不用时要将其平放在咖啡碟中。用咖啡匙搅拌咖啡时手腕不要动，用手指轻轻搅动咖啡匙。

（3）喝咖啡时可以吃一些点心，但不要一手端着咖啡，一手拿着点心，吃一口喝一口地交替进行。饮咖啡时应放下点心，吃点心时则放下咖啡杯。

（4）在饮用咖啡时，应适时地与交往对象进行交谈。在交谈时，要细语轻声，降低音量，不要大声喧哗。在他人饮咖啡时，不要向其提出问题。自己饮过咖啡要讲话以前，最好先用纸巾揩一下嘴，以保持自己的形象。

咖啡饮用礼仪如图 4–26 所示。

图 4–26 咖啡饮用

课后训练与实践

一、判断题

1．吃西餐时，若餐馆端出来的水果是香蕉，可以用手拿起来剥皮并食用。（　　）

2．喝咖啡时，盘子和咖啡杯应该一起端起来喝。（　　）

3．“十杯”是我国及日本特有的饮酒文化，国际礼仪上并没有所谓的“干杯”。（　　）

4．自助餐取菜时，为了顾及卫生和不让其他排队的人倒胃口，每取一道餐后应该更换新的盘子。（　　）

二、选择题

1．用餐时，若有事需中途离席，餐巾应该如何放置？（　　）

A．放在桌子上　　B．放在椅子上　　C．自己拿着　　D．任何位置皆可

2．吃自助餐时该如何夹菜才是正确的呢？（　　）

A．顺时针方向　　B．逆时针方向

C．插队夹菜　　D．没有特定该从哪一方向夹菜

三、简答题

1．不同的宴请形式有什么特点？适用哪些场合？

2．中西餐中如何安排桌次和座次？

四、案例分析

有一位企业老板到某合资公司洽谈业务，谈了好几次，最后一次拍板前要和最高领导谈，这一次却没有谈成，他的朋友问其原因，他回答："对方很有诚意，进行得也很好，就是跟我吃饭时他们的那个领导坐在我旁边，当他跟我说话时，他不时地抖着双腿，夹菜还挽起袖子……我觉得还没跟他合作，我的财就被他抖掉了。"

案例思考：

为什么这位企业老板放弃了这次合作机会呢？

案例分析提示：

良好的餐饮礼仪展示个人修养，体现对交往对象的尊重和诚意，否则就难以取得社交活动的成功。

五、技能训练

训练项目一：中西餐礼仪训练

训练内容：将学生分为 10 人一组，由部分学生做主人，另一部分学生为客人进行中西餐迎客、座次、就餐的模拟练习。

训练要求：按照课堂讲解和演示要求，掌握不同身份就餐需要注意的礼仪。

训练项目二：西餐餐具摆台训练

训练内容：每 2 人一组，要求学生将全套西餐餐具按规范逐一摆台。

训练要求：学生之间按照课堂演示互相进行纠正。

训练项目三：敬茶训练

训练内容：每 5 人一组，1 人敬茶，其余 4 人作为不同身份的客人，要求学生根据实际情况进行敬茶训练。

训练要求：熟悉敬茶的步骤和上茶的先后顺序。

训练项目四：综合训练

训练内容：新加坡华方公司和中方雅丽公司经过谈判，终于达成合作协议。中方雅丽公司在签字仪式后宴请新加坡华方公司代表全体成员（5 人），除了中方雅丽公司的董事长、总经理、3 名副总经理和 4 名工作人员之外，应邀出席宴会的还有媒体代表（6 人）、合作伙伴代表（6 人）。请为该宴会做出详细安排。

训练要求：完成整个环节的礼仪项目，包括宴请形式；宴请时间、地点及其布置；中英文请柬；座次和桌次的安排；欢迎辞；中方人员具体分工及着装要求等。

第六节 馈赠礼仪

案例导入

中国有句俗话："千里送鹅毛，礼轻情意重。"这是中国人对送礼的重要意义的高度概括。馈赠这种人际交往形式，从古一直延续至今，赠送礼品也是现代商务活动的内容之一。礼物是敲门砖，礼物是润滑剂，礼物能表达送礼者的心意，礼物能沟通人们之间的情谊，同时也蕴含着丰富的文化内涵，人们只有在明确馈赠目的和遵循馈赠基本原则的前提下，才能真正发挥馈赠在商务礼仪中的重要作用。

思考讨论：你毕业之后第一份工作拿到的第一个月工资，想给爸爸妈妈买点礼物，请问送什么礼物合适？

一、常见目的

（一）交际

这是一种为达到交际目的而进行的馈赠，这种馈赠有两个特点。

1. 送礼的目的与交际目的的直接一致

无论是个人还是组织机构，在社交中为达到一定目的，针对交往中的关键人物和部门，通过赠送一定的礼品达到交际目的。

2. 礼品的内容与送礼者的形象一致

选择礼品的原则就是要使礼品能反映送礼者的寓意和思想感情的倾向，并使寓意和思想倾向与送礼者的形象有机地结合起来。

（二）人际关系

这类馈赠即人们常说的"人情礼"。在人际交往过程中，无论是个人间的或是组织机构间的，必然产生各类关系和各种感情，人与生俱来的社会性又要求人们必须重视这些关系和感情。围绕着如何巩固和维系人际关系和感情，人们采取了许多办法，其中之一就是馈赠。这类馈赠强调礼尚往来，以"来而不往非礼也"为基本行为准则。因此，这类馈赠无论从礼品的种类、价值的轻重、档次的高低、包装的精美、蕴含的情义等方面都呈现多样性和复杂性。

（三）酬谢

这类馈赠是为答谢他人的帮助而进行的，因此在礼品的选择上十分强调其物质价值。礼品的贵贱厚薄，首先，取决于他人帮助的性质。帮助的性质分为物质的和精神的两类。一般来说，物质的帮助往往是有形的、能估量的；而精神的帮助则是无形的，难以估量的，然而其作用又是相当大的。其次，取决于帮助的目的，是慷慨无私的，还是另有所图的，还是公私兼顾的。只有那种真正无私的帮助，才是值得真心酬谢的。再次，取决于帮助的时机。一般情况下，危难之中见真情。因此，得到帮助的时机是日后酬谢他人的重要衡量标准。

（四）公关

这种馈赠表面上看来不求回报，而实质上其索取的回报往往更深地隐藏在其后的交往中，或是金钱，或是权势，或是其他功利，是一种为达到某种目的而用礼品的形式进行的活动。多发生在对经济、政治利益的追求和其他利益的追逐活动中。

二、基本原则

馈赠作为社交活动的重要手段之一，为古今中外人士普遍认可。送礼之人都希望自己所送礼品能寄托和表达对受礼者的敬意和祝颂，并使交往锦上添花。然而，有时所赠礼品非但达不到这种目的，反而事与愿违，造成不良后果，“赔了夫人又折兵”。因此，认真研究和把握馈赠的基本原则，是馈赠活动得以顺利进行的重要前提条件。

（一）轻重得当

轻重得当，以轻礼寓重情。通常情况下，礼品的贵贱厚薄往往是衡量交往人的诚意和情感浓烈程度的重要标志。然而，礼品的贵贱厚薄与其物质的价值含量并不总成正比。因为礼物是言情寓意表礼的，它仅仅是人们情感的寄托物，人情无价而物有价，有价物只能寓情于其身，而无法等同于情。也就是说，就礼品的价值含量而言，礼品既有其物质的价值含量，也有其精神的价值含量。“千里送鹅毛”的故事在中国妇孺皆知，被标榜为礼轻情意重的楷模。“折柳相送”也是文人津津乐道的，因为柳的寓意有三：一表示挽“留”；二因柳枝在风中飘动的样子如人惜别的心绪；三祝愿友人如柳，能随遇而安。如果仅就这些礼物本身的物质价值而言，的确是很轻的，对于受礼人来说甚至是微乎其微的，然而它所寄寓的情意则是浓重的。人们提倡“君子之交淡如水”，提倡“礼轻情意重”，但是，当大家因种种原因陷入“人情债务链”时，则不妨既要注意以轻礼寓重情，又要入乡随俗地根据馈赠目的和自己的经济实力，选择不同轻重的礼物。对人情礼轻重的把握尺度，目前国内常以个人收入的 1/3 为上限，下限则视情而定。总之，除非是有特殊目的的馈赠，其他馈赠礼物的贵贱厚薄应以对方能愉快接受为尺度。

（二）时机原则

就馈赠的时机而言，及时、适宜是最重要的。中国人讲究“雨中送伞”“雪中送炭”，即十分注重送礼的时效性，因为只有在最需要时得到的才是最珍贵的，才是最难忘的。因此，要注意把握好馈赠的时机，包括时间的选择和机会的择定。一般来说，时间贵在及时，超前、滞后都达不到馈赠的目的；机会贵在事由和情感及其他需要的程度。“门可罗雀”时和“门庭若市”时，人们对馈赠的感受会有天壤之别。对于处境困难者的馈赠，其所表达的情感更显真挚和高尚。

（三）效用性原则

同一切物品一样，当礼以物的形式出现时，礼物本身也就具有了价值和实用价值。就礼品本身的实用价值而言，人们的经济状况、文化程度、追求不同，对于礼品的实用性要求也就不同。一般来说，物质生活水平的高低决定了人们精神追求的不同：在物质生活较为贫乏时，人们多倾向选择实用性的礼品，如食品、水果、衣料、现金等；在生活水平较高时，人们则倾向于选择艺术欣赏价值较高、趣味性较强和具有思想性、纪念性的物品为礼品。因此，应视受礼者的物质生活水平，有针对性地选择礼品。

阅读拓展

美国作家欧·亨利在其著名的小说《麦琪的礼物》里讲了这样一个故事：一位妻子十分想在圣诞节来临时送给丈夫一份礼物，她盼望能买得起一条表链，以匹配丈夫祖上留下的一块表。因为没有钱，于是她把自己秀丽的长发剪下来卖了。圣诞之夜，妻子对丈夫献了自己的礼物——一条精美的表链。丈夫在惊愕之中也拿出了他献给妻子的礼物，竟是一枚精致的发卡。原来，丈夫为给妻子买礼物把自己的表卖了。这时，他们紧紧地拥抱在一起，彼此的爱成为这圣诞之夜唯一的却是最珍贵的礼物。

分析：这对夫妻献给对方的礼物，在此时似乎已毫无实际效用。然而它们不仅升华了他们之间的爱，使他们得到了最大的精神满足，而且更激发了他们战胜生活困难、追求幸福生活的决心和意志。

（四）投好避忌原则

就礼品本身所引发的直接后果而言，由于民族、生活习惯、生活经历、宗教信仰及性格、爱好的不同，不同的人对于同一礼品的态度是不同的，或喜爱或忌讳或厌恶，因此，我们要把握住投其所好、避其禁忌的原则。

尤其强调要避其忌。禁忌是一种不系统的、非理性的、作用极大的心理和精神倾向，对人的活动影响强烈。当自己的禁忌被冒犯的时候，无论是有意的还是无意的，心中的不快不满甚至愤恨是不言而喻的。当我们冒犯了别人时，就会引起纠纷甚至冲突。所以，馈赠前一定要了解受礼者的喜好和禁忌。例如，中国人普遍有“好事成双”的说法，因而大贺大喜时所送之礼多好双忌单。但广东人则忌讳“4”这个偶数，因为在广东话中“4”听起来就像是“死”，是不吉利的。再如，白色虽有纯洁之意，但中国人比较忌讳，因为在中国白色常是悲哀和贫穷之色；同样，黑色也被视为不吉利，是凶灾之色、哀丧之色；而红色，则是喜庆、祥和、欢庆的象征，受到人们的普遍喜爱。另外，我国人民还常常讲究给老人不能送“钟”，给夫妻或情人不能送“梨”，因为“送钟”与“送终”，“梨”与“离”谐音，是不吉利的。

三、内容方法

馈赠作为社交活动的重要手段之一，受到古今中外人士的普遍肯定。馈赠作为一种非语言的重要交际方式，是以物的形式出现：以物表情，礼载于物，起到寄情言意的“无声胜有声”的作用。得体的馈赠恰似无声的使者，给交际活动锦上添花，给人们之间的感情和友谊注入新的活力。然而送给谁（who），为什么送（why），如何送（how），送什么（what），何时送（when），在什么场合送（where），是一个既老又新的问题。因此，人们只有在明确馈赠目的和遵循馈赠基本原则的前提下，在弄清以上 6W 的基础上，才能真正发挥馈赠在交际中的重要作用。

（一）主要内容

1. 礼品挑选

在礼品的挑选上，要对送礼对象的爱好、兴趣做些简单的调查，投其所好。此外，还要注意对方的风俗习惯、宗教信仰，了解对方的基本忌讳。如信奉伊斯兰教的国家不要送酒、猪皮产品。送花时，西方国家比较忌讳双数，喜欢单数，各国对颜色都有忌讳，很多国家以黑色为葬礼的颜色，如灵车用黑色。比利时人忌蓝色。巴西人以标黄色为凶丧之色，认为人死好比黄叶从树上落下来。因此在选择礼品时，应从以下几个方面入手。

1）按照对方喜好

选择礼品时一定要考虑周全，有的放矢，投其所好。可以通过仔细观察或了解受礼者的兴趣爱好，然后有针对性地精心挑选合适的礼品。尽量让受礼者感觉到馈赠者在礼品选择上是花了一番心思的，是真诚的。

知识链接

一般来说，送礼对家贫者，以实惠为佳；对富裕者，以精巧为佳；对恋人、爱人、情人，以纪念性为佳；对朋友，以趣味性为佳；对老人，以实用为佳；对孩子，以启智、新颖为佳；对外宾，以特色为佳。

2）按照对方习俗

送礼前应了解受礼人的身份、爱好、民族习惯，免得送礼送出麻烦来。例如在上海，去医院看望病人时不能拿苹果，上海话“苹果”跟“病故”两字发音相同。

3）按照礼品类别

实用型：笔、本子、领带、钱包、香水、打火机、各类球拍等此类礼品最常用，客户比较容易接受，可以慢慢建立良好关系。

摆设型：台历、开拓牛、水晶摆设等。此类礼品没有太多实用及经济价值，主要是给客户常能看见。

代币型：手机充值卡、各类超市购物卡。此类礼品好处就是客户可以自己挑选喜欢的商品。

奢侈型：手表、高级礼品等。

2. 赠送礼品禁忌

知识链接

各国赠送礼品的禁忌

◆ 英国

一般送价钱不贵但有纪念意义的礼物，切记不要送百合花，因为这意味着死亡。涉及私生活的服饰、肥皂、香水，带有公司标志与广告的物品，不宜送给英国人。

◆ 美国

不宜送给美国人的礼品主要有香烟、香水、内衣、药品及广告用品。

◆ 法国

送花的时候不要送菊花、杜鹃花及黄色的花，不要送带有仙鹤图案的礼物；也不要送核桃。他们认为仙鹤是蠢汉的标志，而核桃是不吉祥。不宜以刀、剑、剪、餐具或是带有明显的广告标志的物品作为礼品。男士给关系一般的女士赠送香水，也被看作是不合适的。

◆ 德国

不宜选择刀、剑、剪、餐刀和餐叉。以褐色、白色、黑色的包装纸盒彩带包装、捆扎礼品，也是不允许的。

◆ 意大利

切勿将手帕、丝织品和亚麻织品送给意大利人。意大利人认为，手帕主要是擦眼泪的，属于令人悲情之物，故不宜送人。

◆ 俄罗斯

最忌讳送钱给别人，因为这意味着施舍和侮辱。

◆ 日本

忌送梳子、圆珠笔、T 恤衫、火柴、广告帽等，也不要送有狐狸、獾图案的礼物，因为梳子的发音与死相近。在包装礼品时，不要扎蝴蝶结。另外，菊花是王室专用花卉，一般人也不能送菊花。

（二）一般方法

在赠送礼品时，不仅要重视具体品种的选择，而且要注意赠送礼品的方法。根据礼仪惯例，注意商务交往中馈赠的方法，具体是指在礼品的包装、送礼的时机、送礼的途径这 3 个方面必须表现出中规中矩，不乱章法。

1. 重视包装

以前，中国人送礼，只重货色，不重包装。不管多么高档的礼品，大多“赤条条来去无牵挂”，或者顶多用报纸一包、硬纸盒一装了事。这种做法是不符合国际惯例的。在商务交往中，礼品的包装是礼品的有机组成部分之一，被视为礼品的外衣，送礼时不可或缺。否则，会被视为随意应付受礼人，甚至还会导致礼品自身因此而“贬值”。有鉴于此，送给商务伙伴的礼品，一定要事先进行精心包装，包装所用材料尽量择优而用。与此同时，送给商务伙伴的礼品外包装，在其色彩、形状乃至缎带结法等方面，要与尊重受礼人的风俗习惯联系在一起考虑。

2. 把握时机场合

1）时机

（1）传统节假日。

一般来说，选择新春、元旦、端午、中秋、圣诞节赠送礼品是最流行的做法。特别是对港、澳、台同胞和海外华人华侨，在中国的传统佳节里送礼往往有意想不到的效果。

（2）特有纪念日。

主要有以下两个方面：商务相关的纪念日，如对方的晋升、获奖、公司成立纪念日等。家庭相关的纪念日，如对方的生日、结婚、生小孩、重病初愈等。

（3）其他时机。

在会见和会谈时，如果准备向主人赠送礼品，一般选择在起身告别之际。

拜访、赴宴、道喜、道贺、酬谢时，如拟向对方赠送礼品，通常选择在双方见面之初相赠。

① 出席宴会时向主人赠送礼品，可在起身辞行时进行，也可选择在餐后吃水果之时。

② 观看演出时，可酌情为主要演员预备一些礼品，并且在演出结束后登台祝贺时当面赠送。

③ 浏览观光时，如果参观单位向自己赠送礼品，最好在当时向对方回赠一些礼品。

④ 为专门的接待人员、工作人员准备的礼品，一般在抵达当地后尽早赠送给对方。

⑤ 朋友家碰上意外之灾，你及时去看望他们，及时送上一份薄礼，但礼轻情义重，会使你和朋友之间的感情更加深厚。

2）场合

馈赠礼物要考虑场合，不同的场合要选送不同的礼物。这样，既能达到礼仪的要求，又能使得对方心情愉悦。赴宴做客时应给女主人带些小礼品，有孩子的可给孩子送个玩具。参加婚礼可送上一束花或一件艺术品，并致以美好的祝福。逢年过节，可送日历、烟酒、糖茶等礼物。

如果赠送的礼品实用价值不高却具有某种象征意义，不妨在公开场合赠送。如一束鲜花，一枚徽章、一张贺卡等礼品可以直接送到对方办公室。

3. 送礼途径

送礼的途径，此处是指如何将礼品送交受礼人。在商务交往中，送礼的途径主要有：第一，亲自交给受礼人；第二，专程派遣礼宾人员前往转交，礼品可以提前送达受礼人的手中，转送的礼品应附上一张送礼人的名片，它既可以放在礼品盒之内，也可以放在一封写有受礼人姓名的信封里，然后设法将这个信封固定在礼品的外包装上。有可能的话，尽量不要采用邮寄的途径赠送礼品。

四、馈赠接受

接受礼物时，西方国家的朋友喜欢当面打开，而且讲几句赞赏的话。在商务礼仪中，接受友人赠送的礼品大致上有以下 3 个方面的问题需要注意。

（一）接受礼品

1. 欣然接受

当友人向自己赠送礼品时，一般应大大方方、高高兴兴地接受下来，没有必要跟对方推来推去、过分地客套。在接受礼品时，应当起身站立、面含笑容，以双手接过礼品，然后与对方握手，并且郑重其事地向对方道谢。面无任何表情，用左手去接礼品，接受礼品后不向送礼人致意，都是非常失礼的表现。

2. 启封赞赏

在国际社会特别是在西方国家中，受礼人在接受礼品时通常习惯当着送礼人的面立即拆启礼品的包装，然后认真地对礼品进行欣赏，并且对礼品适当地赞赏几句。这种中国人以前难以接受的做法，现在已逐渐演化为受礼人在接受礼品时必须讲究的一种礼节。在许多国家，接受礼品之后若不当场启封或是暂且将礼品放在一旁，会被视为失礼之至。在涉外交往中接受礼品时，对此务必予以注意。

3. 事后再谢

接受友人赠送的礼品后，尤其接受了对方所赠送的较为贵重的礼品后，最好在 1 周之内打电话或发信息给送礼人，向对方正式致谢。若礼品是由他人代为转交的，则上述做法更是必不可缺的。以后有机会与送礼人见面时，不妨在适当之时再次当面向对方表示自己的谢意，或者告诉对方十分喜欢他送给自己的礼品，而且经常使用。这种令对方感到他的礼品物有所值备受重视的做法，会令对方极其开心。

（二）回赠礼品

收到馈赠的礼品后，受礼人一般要回赠，从而加强联系、增进友谊。在回赠礼品时，应该注意以下几个方面。

1. 选择时机

选择回礼的时机与赠送礼品的时机的要求大致是一样的，要长短适度。如果还礼过早，容易被别人认为是“等价交换”。如果拖延太久，等事情完全冷淡了再还礼，效果也不好。但是，一些特殊情况则不受此约束。

在节日庆典时期，可以在客人走时立即回赠。在生日、婚庆、晋级升迁等时接受的礼品，应在对方有类似的情形或适当时候再回赠。

2. 回赠技巧

在还礼的时候就要选择得体的还礼形式。如果还礼的形式不当，“还”不如不“还”。下面还礼的几种形式可以借鉴。

（1）回赠的礼品切忌重复，一般要价值相当，也可以根据自己的情况而定，但也不必每礼必回。

（2）每当接受他人的馈赠，你应留心记住礼物的内容，回赠时以选择类似的物品为宜。比如，你送我书刊，我可以给你影碟。因为一般人在选择礼物时，无意之间会选择自己喜欢的物品。因此，回赠对方时，不妨参考一下对方馈赠的礼物，较易赢得对方的喜悦。

（3）可用某种意在向对方表示尊重的方式来代替，不必非要还礼，一般对方也是非常愿意接受的。比如，受礼后口头或书面向对方致谢，或者见面的时候使用对方的赠礼等。

（三）回绝礼品

一般情况下，不论你怎样看待送你的这件礼物，最好表示谢意并接受它。当然，有时候有必要拒收礼品。这可能是由于礼品的价格超过了公司规定的限度，也可能是由于你不便接受那个礼物。在拒绝对方所赠送的礼物时，应注意以下问题。

1. 及时反应

在确定要拒收礼物时，应该快速高效地将礼品退回，一般情况下应在24小时之内作出反应。

如果送礼人是善意的，向他解释一下将礼品退回的原因（如公司政策）并对他表示感谢。善意的送礼人可能对公司有关礼品的禁令不了解。他们可能诚心实意地想挑选一份你喜欢的礼物，比如坚果，却不知道你对坚果严重过敏。你并不想因为拒收受礼品而让对方难堪，可以有礼貌地收下礼物，比如收下坚果，然后将它谨慎地处理掉。或者你可以为将来埋下伏笔：“你真是太好了，但是我对坚果过敏，不过我的家人会喜欢的。”

如果送礼人不怀好意，则只需告诉他礼品不合适。为了自我保护，把退还礼品时发的信息截图保存，并注明退还礼品的日期及退还方式。

从不怀好意的人手里接受礼品意味着你也接受了其中隐含的意思，你要在拒绝这样的礼品时能婉转地表达出对这种做法的不满。回信可以简明扼要，如“这件礼物确实不合适，请不要再给我送礼了”。如果对方打来电话，要你做出解释，可以重申你的话，或者更具体地做出解释：“这件礼物过于亲昵了，我们之间的关系不允许我接受这样的礼物。”如果对方坚持要你收下礼物，那他就太无礼了。你只需说：“我已经给你解释清楚了。”或者说：“我仍然不想接受任何礼物。”给对方的回信可以这样写：“我只想让你知道，这件礼物超出了我们公司规定的价格标准。”

2. 回绝方法

1）先收后退

如果当着很多人的面拒绝别人的礼物，无疑会让对方觉得很难堪，所以在这个时候先将礼物收下，然后单独将礼物原封不动地退给送礼人。要注意，收下的礼物不能拆封，更不应该使用，争取在 24 小时内送还，否则容易让人误解你已经收下。

2）委婉拒绝

可以在对方准备送礼物时，委婉暗示对方自己可能无法接受礼物。

3）直接说明原因

在涉及公务方面的往来中，如果遇到别人赠送贵重礼物，可以采取直接告知不能收受礼品原因的方法来拒绝对方。

课后训练与实践

一、思考题

1. 馈赠的目的和原则是什么？
2. 作为东道主接待来宾时，如要回赠一些礼品，什么时机送比较合适？为什么？
3. 在选择礼品时，应考虑什么问题？

二、案例分析

A 公司的某客户经理知道他的一个大客户已经被 B 公司看中了，并了解到 B 公司给予的政策特别优惠，非常着急，但一时又想不出好的办法来。在查看客户资料时正好发现这个大客户负责人的女儿明天过生日，他灵机一动为他女儿订了一个蛋糕和一束鲜花，在第二天午餐时准时送到。当时这位大客户负责人感到非常惊讶，因为他太忙了，忘记了自己女儿的生日就是今天，他从心里感谢 A 公司替他为女儿送的这份礼物。在这位大客户经理第二天登门回访这位负责人时，从谈话中了解到 B 公司给予他的诱惑并没有吸引他。可以看到，一份小小的礼物巩固了公司与客户之间的关系，加深了客户与 A 公司之间的感情。

根据本节理论分析：

根据什么来选择礼品？

第七节 通信礼仪

案例导入

重庆一家刚起步的私营文具公司要求员工注意通过电话塑造公司的形象。

一次，一位记者因拨错电话号码，将电话打到该公司。记者竟不知不觉地为接电话人的客气、热忱所感动、吸引。与对方交谈了十来分钟，最后挂上话筒才深感“上当”。但该公司的形象却深深留在了她的心里。

后来这位记者无意中路过该公司，忍不住进去拜访了一下。发现该公司的员工素质果然不俗。这使记者深受感动和启发，回去后写了一篇报道。

发表后，这家店的知名度和美誉度大大提高，生意越做越红火。

思考讨论：该公司为什么生意越做越红火?

通信是“只闻其声，不见其人”的间接交流方式，在日常办公中经常遇到，因此通信交流的时候也应注意礼仪。

一、电话礼仪

电话是人际交往及商务活动中最常用、最经济、最方便的一种通信工具，是利用电流使两地的人互相交流的装置。其交往过程是通过一方打电话、另一方接电话来得以实现的。通过电话礼仪可以对外展现自己良好的形象。

（一）打电话礼仪

商务活动中，通过打电话可以将本公司的业务向外推广出去，并且可以在电话中和客户达成良好的共识，保证生意的成功。因此，掌握打电话的基本礼节是业务成功的基础。打电话者是这一礼节的主动方。在商务活动中，打电话者的礼节主要有以下几个方面。

1. 准备工作

拿起话筒前要考虑清楚，斟酌电话内容。在通话之前，就应该做好充分的准备。最好把对方的姓名、电话号码、通话要点等通话内容整理好，并列出一张清单。这样做可以有效地避免“现说现想、缺少条理、丢三落四”等问题的发生，收到良好的通话效果。接通电话后，若要找的人不在该怎么办？如果接听电话的人正好就是自己要找的人，应怎样问候？怎样开头？如何阐述自己的观点或请求？当要求被拒绝时应怎么办？简单问题要有腹稿，复杂问题要列提纲。

具体来说，打商务电话时，应注意：准备一张在电话中所要提及的要点核对单；仔细想想这次谈话或交易；打电话前想办法取得所有相关的事实；集中精神，避免分心；若有数字内容，应将所有参考资料、计算器放在触手可及的地方。

2. 时间礼仪

在通过电话与人交往时，一般不宜在用餐时间打电话，早晨 7 点以前、中午午休时间、晚上 10 点以后也不宜打电话。给海外人士打电话要了解时间差，在预先约定的时间可以打。打商务电话应该以客为尊，让客户产生宾至如归的亲切感，应该注意在恰当的时段内打电话。上午 10:00、下午 4:00 通常是所有公司的“黄金”时段，打电话的时段应该尽量选择在这些最有绩效的时段。特别要注意不要在上班时间打私人电话。

在电话礼仪中，对通话长度控制的基本要求是：以短为佳，宁短勿长。有些公司的通话系统只有一条外线，如果占线时间太久，可能造成对方所有的对外通信被迫中断，甚至耽误其他重要事情的联络工作。因此，打电话时要遵守“3 分钟原则”，牢记长话短说。打电话的人要注意自觉地、有意识地将每次通话的时间限定在 3 分钟之内，尽量不要超过这一限定。打电话一般以 3～5 分钟为宜，如果一次电话要用 5 分钟以上时间，就应首先说出你要办的事，并问一下“您现在和我谈话方便吗？”不方便则另约时间。

3. 语言礼仪

电话接通后首先应使用礼貌用语说：“您好，我是××公司的××，请帮忙找××先生（小姐）接电话，谢谢！”对方答应找人后应手持话筒静候，不能做别的事或聊天。如果对方说找的人不在，也应致谢，并附带一句“谢谢，打扰了”。电话接通之后，确认通话对象是必不可少的步骤，避免由于通话对象不对而闹出笑话或尴尬。很多家庭成员之间的声音非常相似，如果在电话中冒冒失失地将其他人当作通话对象，对方会觉得打电话者缺少修养。

注意通话内容一定要简明扼要、突出重点。通话时，最忌吞吞吐吐、含糊不清、东拉西扯。经过简短的寒暄之后，应当直奔主题，力戒讲空话、废话，或无话找话和短话长说。一旦要传达的信息已经说完，就应当果断地终止通话。因此，不要话已讲完，依旧再三絮叨；否则，会让人觉得做事拖拖拉拉，缺少素养。

4. 打错电话礼仪

当出现失误情况时，如拨错号码时，应赶紧对接听者致歉。不能说：“真见鬼了，怎么把号码拨错了！”更不能不说话就挂断，让对方摸不着头脑。

5. 结束礼仪

电话结束时的祝福和感谢是电话即将结束时必需的步骤。在通话终止时，用轻柔的声音给予对方简单的祝福，能够给对方留下美好的印象。中国是礼仪之邦，历来注重文明礼貌，因此在电话最后不要忘记祝福和感谢。应说“再见”，并轻轻将话筒放下。

（二）接电话礼仪

1. 尽快拿起话筒、自报家门

电话铃声一响，应马上放下手中的工作去接听电话。一般应在电话铃声响三遍之前接起电话，并用礼貌用语问候：“您好，这里是××公司，请问您找哪一位？”接电话者有时既要报单位名称，还要报姓名。这样一是可以节省发话方的时间，表达对对方的尊重；是让对方明白是否打对了电话，对方是否是自己所要找的人。一些国外公司员工在电话铃声响三次还不接电话，则这名员工接电话的第一时间就要向对方道歉，说：“对不起，让您久等了。”这就是“铃响不过三声”的原则。即使在家里也要注意尽量亲自接听电话，不宜让小孩代接电话。

2. 一般用左手拿话筒

接电话时应左手拿起话筒，右手做记录，用事先准备好的纸笔即可将对方提供的信息记录下来。每天接的电话很多，并且还要处理其他许多事情，不可能凡事过目不忘。记录后应向对方重复一遍。若帮助同事留言时，要注意记录电话内容的重点，包括来电者公司、姓名、职称、电话、区域号码、事由、时间等内容。此外，还应该记录留言者的部门和姓名，以方便问题的了解。若是会议通知、邀请，则应致谢：“谢谢您！能收到贵公司盛情邀请，我十分荣幸。请转达我对你们领导的谢意，我一定准时出席。”

3. 精力集中

在企业接电话时，不论何种缘故，都应聚精会神地接听电话。不允许三心二意，心不在焉，或是把话筒放在一边，任其“自言自语”。也不要在接听他人电话时与别人交谈、看文件，或是看电视、听广播、吃东西。

在接听公司电话的同时常会遇到手机铃响的情况，如果同时拿起两个电话讲话，很容易造成声音互相交错，结果两边都无法听清楚。因此，遇到这种情况，应该选择先接听比较重要的电话，尤其注意在办公室做到“以公为主、以私为辅”，不要同时接听两个电话。在一般情况下，不要让发话人感觉到“电话来的不是时候”。

4. 非受话人礼仪

接电话后如果你不是受话人，应请对方稍等，把话筒轻轻放下，走到受话人身边通知对方。不能话筒尚未放下就大喊“××，你的电话”，闹得人人皆知、四邻不宁。若要找的人在上厕所，则应礼貌地说“对不起，请稍等，他马上就来”，不应该说“他在厕所”。若要找的人与你平日里的关系不好，也要礼貌地帮助接听电话。还要注意，在代接电话时不要充当“包打听”，一味地向发话人询问与所找的人的关系，或打听其他的事情。若发话人需要转达信息，则要记录清楚，并且要及时转达。不到万不得已时，不要把自己代人转达的内容让第三者代转，这样容易使内容走样，难免耽误时间。代接电话的内容不宜外传。

接听打错了的电话，更要耐心地向对方说明。如有可能，应向对方提供帮助，不要为此勃然大怒、恶语相加，甚至出口伤人。

二、手机礼仪

（一）重要原则

手机现在已经成为人们日常交往中不可缺少的通信工具。它是一个低功率的无线发射机和接收机，在使用中接收并发送射频信号。如果在使用时不讲究必要的礼仪，不但影响自己的个人形象，而且还可能殃及公司的对外形象。因此，手机的使用礼仪也很重要，在使用时要注意以下几个方面。

1. 不炫耀

不管你的手机有多么高档，也不要炫耀。

2. 不停机

为方便他人和自己，应尽量不停机，也不要不接听电话。

3. 改换号码应及时通知朋友

手机更换号码，要及时通知朋友，一般以群发短信的方式为佳，也可打电话或通过朋友转告，避免由于更换电话号码而使朋友找不到自己，使已经建立起来的人际关系中断。

4. 不妨碍别人

在狭窄的公共场所（如电梯里、楼梯上、路口、人行道等）不要打电话。在要求“保持肃静”的公共场所（如电影院、美术馆、音乐厅、歌舞厅及餐厅、酒吧等）手机应放静音为佳，通话应压低声音。在聚会时（如开会、上课等）应关机或处于静音状态，而且注意不要接打电话。遇特殊情况必须接听电话，则要在尽量不干扰别人的情况下出去接打电话。

5. 注意安全

在病房、油库等地应以关机为佳，不得使用手机，免得它们所发出的信号有碍治疗或引发火灾、爆炸。手机离起搏器等仪器的距离一般要大于 15 厘米。禁止在飞行期间使用手机，在登机前要把手机关机。

6. 合理放置

在比较正式的场合，手机在未使用时要放置在合乎礼仪常规的位置。一般来说，应放置在随身携带的公文包里，避免将手机放置在西装上衣左胸内侧的兜里。

（二）使用禁忌

手机等移动通信工具的使用，会分散人们对其他事情的注意力。另外，手机本身还产生电磁辐射。因此，在使用手机的过程中必须牢记安全准则。一般来说，在以下场合中应当严格禁止使用手机。

1. 驾驶汽车途中

在驾驶汽车的过程中，驾驶者不应使用手机通话或查看短消息，以免由于注意力不集中而违反交通规则，甚至酿成车祸。

2. 在易燃易爆场所

在加油站、面粉厂、油库及油漆厂等各种易燃场所，应该禁止使用手机等移动通信工具，以免它们所发出的信号引发火灾甚至爆炸。

3. 病房之内

在医院、病房等场所应当禁止使用手机等工具，以免其信号干扰医疗仪器的正常运行而酿成医疗事故或者影响病人的休息。

4. 飞机飞行期间

根据安全规则，在飞机飞行过程中是禁止启动手机或寻呼机的，否则会给航班带来很大的安全隐患。因此，在飞机上必须保证手机处于关闭状态。

三、网络礼仪

人们利用网络实现了信息共享、通信与交流的快捷，提高了办事的效率。在使用网络时必须遵守一定的网络规则，这些网络规则，就是网络礼仪。

（一）确保安全

现代社会，人们在使用网络这种极易广泛、迅速传递消息的交际工具时，必须谨慎言行，切不可掉以轻心、泄露机密。不可把单位机密当成自己炫耀的资本加以传播，尽量避免在网络上谈及与自己所知机密相关的话题，更不可借网络这种高效的传播渠道故意泄密。

要防止“黑客”入侵。“黑客”往往凭借其高超的计算机知识和网络操作技术进入重要机构的服务器，或偷窥机密，或擅改程序，造成网络混乱，并借机牟利，进行高科技犯罪。

（二）收发邮件

收发电子邮件是网络办公最常见的内容，也是最重要的方式。在收发电子邮件的不同阶段，都务必要遵循一定之规。

1. 撰写与发送

邮件用语要礼貌规范，以示对对方的尊重。撰写英文邮件时不可全部采用大写字母，否则就像是发件人对收件人盛气凌人的高声叫喊。在地址栏上准确无误地输入对方的邮箱地址，并应简短地写上邮件主题，以使对方对所收到的信息先有所了解。

2. 接收与回复

接收与回复电子邮件时，通常应注意以下几点。

一是应当定期打开收件箱，查看有无新邮件，以免遗漏或耽误重要邮件的阅读和回复。

二是应当及时回复邮件。一般应在收件当天予以回复，以确保信息的及时交流和工作的顺利开展，若涉及较难处理的问题，则可先电告发件人已收到邮件，再择时另发邮件予以具体回复。

三是若由于因公出差或其他原因而未能及时打开收件箱查阅和回复时，应迅速补办具体事宜，尽快回复，并向对方致歉。

3. 查阅资讯

出于工作需要，往往会上网查阅一些重要的新闻或资料。查阅资讯也有一定之规。在网上经常会有一些虚假的消息广泛传播，甚至有非法的内容大肆其道，要保持清醒的头脑，增强辨识能力，不要轻信他人所言，更不要人云亦云、以讹传讹。

课后训练与实践

一、简答题

1. 简述打电话的礼节。
2. 简述接电话的礼节。
3. 简述使用手机的礼节。
4. 有个电话是你接听的，受话人是同事，而同事刚巧不在。请简要设计电话记录表。

二、案例分析

1. 案例 1

张小姐坐出租车，中间有人给司机打电话。只见司机一手握着方向盘，一手拿着手机，显得非常熟练和满不在乎。张小姐在司机打电话时一直提心吊胆，唯恐警察看见，耽误时间，更怕司机没看见人或车辆，再发生什么事故。

根据本节理论分析：此案例给了你什么启示？

2. 案例 2

邱女士在北京音乐厅听一场由著名大师指挥的交响乐。音乐演奏到高潮处，全场鸦雀无声，凝神谛听。突然手机铃声响起，在宁静的大厅中显得格外刺耳。演奏者、观众的情绪都被打断。大家纷纷回头用眼神责备这位不知礼者。

根据本节理论分析：公共场所的移动电话礼仪要求有什么？

三、实践训练

主方：A 公司总经理及总经理秘书

客方：B 公司总经理及总经理秘书

事项：两公司秘书经总经理授权，通过电话联系两位总经理商讨就双方合作事宜面时间、地点等事项。

学员分别扮演 A 公司经理秘书和 B 公司经理秘书。模拟电话联络的使用情景。

第八节　办公室相处礼仪

案例导入

办公室里同事之间的相处

走进办公室，小刘脱下外套的时候，发现原先挂外套的那个墙头，已经被另一件衣服抢占了。那是件咖啡色呢子男式长大衣，式样似乎已经过时，比较难看，想不起来曾经见过谁穿过，因而也就猜不出是谁的。小刘有些不高兴，以为是哪位同事要抢他的风水宝地，在思量中，还是把外套挂了上去，靠在那件陌生大衣的外面。渐渐才知道，那件大衣属于一位从总公司过来的短期出差的人，大家叫他小王。小王后来也感觉自己已经不小心侵犯了别人的地方，于是，以后的每一次，他总是小心翼翼地把小刘的衣服拿下来，把自己的挂进去，再把小刘的重新挂到上面，然后，还仔细地整理一下小刘的衣领，却不在意自己的衣领被压倒。小刘坐在远处，偷偷地看他做这些事情。慢慢地就对他的看法好了起来。他走的那天，和大家道别，就穿着那件小刘一度认为过时而难看的大衣，大衣居然被他穿得很有形，绝对是下一年的时尚款式。

案例思考：

小王的行为说明了什么问题？

在日常办公工作中，存在两种人际关系，即同事之间的关系和上下级之间的关系。能否协调处理好人际关系，是职场人士工作能力的重要体现。工作中如能做到同事之间协调共事，上下级之间配合默契，对提高工作效率是非常有利的。

（一）与同事相处的礼仪

办公室内部成员之间应建立一种健康的同事之间的关系，体现团队的力量，完成共同的任务。为此，同事交往过程中，应注意以下礼仪。

1. 相互团结、相互关心

同事之间，往往同处一间办公室或一个办公场所，因此，只有同事之间团结共事，相互关心，对同事的喜怒哀乐作出真诚而适当的反应，尤其是主动关心同事的困难，才会共同创造出良好的工作氛围与和谐的人际关系。

2. 相互信任、相互协作

在日常工作中，应本着相互信任的态度，遇事同他人商量，虚心听取或参考他人的意见，主动创造同事间的安全感。在此基础上，清楚地认识到自己是群体中的一员，只有与其他同事密切配合，合作共事，才能实现共同的工作目标。

3. 相互尊重、保持距离

同事关系不同于亲友关系，是以工作为纽带的，一旦失礼，矛盾难以愈合，故应认识到同事关系应在保持一定距离的基础上相互尊重。所谓同事之间的相互尊重，就是尊重他人的立场、观点，尊重他人的人格，尊重他人的隐私。

（二）与上级相处的礼仪

职场人士在实际工作中，都有各自的领导：都须得到领导的认可、信赖，才能更好地开展工作，因此要善于与上级沟通及交往，掌握与上级相处的礼仪。这些礼仪主要有以下几种。

1. 尊重上级、支持上级

上级的身份使其大多有很强的自尊心，故作为其下属应维护上级的自尊，即使上级有错也不要在公开场合挑战其权威，可选择一个私下场合向其说明。

能够正确领会上级的意图，是对上级工作的最大支持，也是一个优秀下属的重要标志，因此要注意体现在文件、批示或指示中的上级意图，充分领会上级精神。

2. 服从领导、尽职尽责

上下级关系是一种领导和被领导的关系，上级对下级有指挥权。在工作中，下属应遵守组织原则，服从分配，积极工作，遇事多向上级请示，不要擅自越权。

虽然应积极向上级展示自己的才华，但要注意不要造成故意卖弄或喧宾夺主的影响，避免结果适得其反。

3. 维护上级威信、体谅上级

作为下属，应学会站在上级的立场看待问题，设身处地为领导分忧，多看其优点，消除对上级的排斥心理，尽力维护上级的威信。

（三）与下级相处的礼仪

正确处理好与下级之间的关系，应注意以下三个方面的问题。

1. 礼贤下士、尊重下级

上下级之间没有高低贵贱之分，只有分工不同，所以上级首先不要以“领导”自居，应以平等友好的态度与下级相处。

上级人员要充分注意下级的表现，及时肯定他们的成绩和能力，尊重他们的权利，给他们平等的机会，与下级保持良好的关系，这将大大提高下级工作的积极性。

2. 体谅下级、注意沟通

首先，上级要了解自己下属的基本情况，甚至能了解其内心世界，做到知人善用。其次，要宽容下级，对他们的错误及时指出并纠正，不要一味批评。最后，要主动加强与下级的沟通。除重视平时的随意交流外，可定期召开座谈会、设立意见箱等，使沟通制度化。

3. 关心下级、提供帮助

上级要主动为下级创造良好的办公环境，注意通过改进物质条件调动下级的工作积极性，要经常了解下级的生活工作情况，尽力帮助其解决各方面遇到的困难。对工作时遇到问题者或刚参加工作的年轻人，要热情而耐心地指导，帮助他们尽快提高。

知识链接

办公室礼仪的禁忌

（1）使用公共设施缺乏公共观念。打电话、传真、复印要注意爱惜公共设施，也要注意别在办公室里打电话聊天，以免影响他人工作。

（2）零食、香烟不离口。女孩子大都爱吃零食，且以互换零食表示友好。工作时不要吃零食，尤其在有旁人和接听电话时，嘴里不可嚼东西。男士不应在办公室吸烟，要注意尊重他人，还要注意别污染环境。

（3）形象不得体。坐在办公室里，浓妆艳抹、环佩叮当、香气逼人、暴露过多，或衣着不整、品位低俗，都属禁忌之列。工作时，语言、举止要尽量保持得体大方，过多的方言土语、粗俗不雅的词汇都应避免。

（4）把办公室当自家居室。中午自带的饭盒用电炉加热一下，再煮点小菜做汤，一顿挺丰盛的午餐有了，可下午上班后，同事们要在这种充满菜味的屋子里工作，感觉实在不妙。

（5）随便挪用他人东西。未经许可随意挪用他人物品，事后又不打招呼的做法，实在显得没有教养。

（6）对同事的客人表现冷漠。无论是谁的朋友踏进办公室的门，就是你们的客人，而你就是当然的主人。做主人的，一言两语把客人推掉，或不认识就不加理睬，都有失主人的风度。而客客气气招待同事的客人，客客气气地记录电话，改日你外出办事，你的朋友也同样不会遭受冷落。

课后训练与实践

一、思考题

1. 与上级相处有哪些礼仪？
2. 与下级相处有哪些礼仪？
3. 办公室礼仪有哪些禁忌？

下篇

交流

第五章 交流概述

◆ **学习目标**

1. 掌握交流的表达要求。
2. 学会在交流中运用幽默艺术。
3. 注意交流中的禁忌，保持和谐的人际关系。

案例导入

扁鹊见蔡恒公

扁鹊见蔡桓公，立有间，扁鹊曰："君有疾在腠理，不治将恐深。"桓侯曰："寡人无疾。"扁鹊出，桓侯曰："医之好治不病以为功。"居十日，扁鹊复见曰："君之病在肌肤，不治将益深。"桓侯不应。扁鹊出，桓侯又不悦。居十日，扁鹊复见曰："君之病在肠胃，不治将益深。"桓侯又不应。扁鹊出，桓侯又不悦。居十日，扁鹊望桓侯而还走。桓侯故使人问之，扁鹊曰："疾在腠理，汤熨之所及也；在肌肤，针石之所及也；在肠胃，火齐之所及也；在骨髓，司命之所属，无奈何也。今在骨髓，臣是以无请矣。"居五日，桓公体痛，使人索扁鹊，已逃秦矣，桓侯遂死。(《韩非子·喻老》)

思考讨论：假如你是扁鹊，如何与蔡恒公进行交流?

第一节 交流的表达要求

一、语言运用要得体

职场中，我们每天和领导、同事之间难免有话要说。但是什么话能说，什么话不能说，又怎样说出艺术呢？的确，说话大有学问。

一个人有没有社交能力，主要表现在能否把握说话尺度和分寸上。语言运用是否得体不仅反映了一个人的知识水平和应用能力，还直接影响到一个人的生活和事业。

那么，要做到交际中语言得体，我们应该注意哪些因素呢？

一是注意对象。交际双方常常要根据自身的身份地位、学识教养、生活阅历等特点来进行说话，同时还要结合对方的社会背景、文化知识、语言习惯、心理喜恶等特点来考虑。对象不同，我们的措词用语也应有所改变。

有一次，魏征在上朝的时候，跟唐太宗争得面红耳赤。唐太宗实在听不下去，想要发作，又怕在大臣面前丢了自己接受意见的好名声，只好勉强忍住。退朝以后，他憋了一肚子气回到内宫，长孙皇后却穿着朝服前来祝贺。（插视频）长孙皇后这一番话就像一盆清凉的水，把太宗满腔怒火浇熄了。后来，他不但不记恨魏征，反而夸奖魏征说："人家都说魏征举止粗鲁，我看这正是他妩媚可爱的地方呢！"长孙皇后就是通过得体的语言化解了君臣之间的矛盾，实在是高明。所以我们在交际时，首先应该明确对象的心理特征，然后有的放矢，这样才能顺利地实现交际目的，使语言在交流与沟通中起到作用。

二是注意场合。俗话说："到什么山上唱什么歌。"可见，特定的场合往往需要特定的说话方式。我们的生活场合一般可分为正式场合和非正式场合。正式场合说话一般庄重规范，用书面语、常用术语等较多，非正式场合说话自然风趣，一般多用口语。同是"请对方到来"之意，在不同场合表达却会不同。如在酒店等场所是"欢迎光临"；在单位开会时是"务必参加，不得缺席"；在给同事朋友的口头通知里又是"到时一定要来啊"。这就告诉我们说话场所对言语交际起着制约作用。

语言得体是一门博大精深的学问，除了必备的语言基础外，它更需要世事洞明、人情练达及我们长期的生活积累。只有做生活中的有心人，我们才能更灵活地运用好社交中的语言。

二、语言表达要诚信

周敦颐在《通书》中写道："诚，五常之本，百行之源也。"孟子说："诚者，天之道也，思诚者，人之道也。"千百年来，诚信是中华民族的传统美德，也是我们一直所推崇的珍贵品质。但由于商品经济的冲击，有些人的诚信正在渐渐丧失。加强诚信教育，已成当务之急。

在我国历史上，因讲诚信而成大事的人不计其数。秦末就有个叫季布的人，一向说话算数，信誉非常高，许多人都同他建立起了浓厚的友情。当时甚至流传着这样的谚语："得黄金百斤，不如得季布一诺。"后来，他得罪了汉高祖刘邦，被悬赏捉拿。结果他的旧日的朋友不仅不被重金所惑，而且冒着灭九族的危险来保护他，使他免遭祸殃。可见，一个人诚实有信，自然能获得大家的尊重和友谊。反之，如果贪图一时之利而失信朋友，只会自毁声誉，这就好比捡了芝麻丢了西瓜，得不偿失。

因此，口才交际中我们应注意以下几个方面。

一要诚。说话的态度一定要认真诚恳。只有认真诚恳，才能取信于人。有些商人为了使人相信，往往采取发誓、赌咒的方式以示自己的诚信可靠，这是不可取的。

二要慎。要言而有信，就要慎重许诺。我们如果答应朋友帮助他做某一件事情，就应该认真履行自己的诺言，如果做不到就不能轻易许诺。一个人要是言而无信，到头来不仅得不到真正的友谊，还会众叛亲离，使自己成为孤家寡人。

今天我们讲了口才的表达要求要得体，要诚信。综观激烈竞争的职场，很多应聘者都会坚定地对招聘人士说，“我一定能做好交到我手上的工作”，尽管说话时他也许还根本不知道那将是怎样的工作。但是，结果往往如何呢？“一言既出，驷马难追”，我们一定要注意说话的对象和场合，记得兑现自己许下的诺言。

第二节　交流的幽默艺术

一、幽默的含义

“幽默”一词最早出自《楚辞》“眴兮杳杳，孔静幽默”一句。但这个“幽默”只是静默、寂静无声的意思。而具有现代意义的幽默是由西方传来，后由幽默大师林语堂从汉语当中挑了“幽默”一词来充当的音译词，认为社交中的幽默语言是以口语为媒介，根据特定的语境，运用轻快而诙谐的表达形式，通过比喻、夸张、双关、反语等表达方式来展示和揭露现实生活中的各种现象，达到轻松愉快、情趣盎然艺术效果的一种喜剧性语言。

在交谈时，应注意语言的幽默感。幽默感是一个人内在涵养的表现，是个人良好修养、丰富学识的折射；是智慧和灵感在语言运用上的结晶；是一种“能抓住可笑或诙谐想象的能力”。

俄国文学家契诃夫说过：不懂得开玩笑的人，是没有希望的人。要使交谈轻松愉快，需要参与的人善于使用幽默、风趣的语言，创造愉快的交流气氛。幽默，实际上充满着敏锐、机智、友善和诙谐，在说说笑笑中讲明道理。因此善于幽默是一种能力的表现。幽默的语言还可运用于自我解嘲化解尴尬的气氛，而且能为聊天增添新意。如幽默家兼钢琴家波奇，一次在美国密执安州福林特城演出，发现全场位置空着的能有一半。他当然很失望，于是他走到台前，对听众讲了一句话：本市的人一定很有钱，我看你们每人都买了两三张票。大厅顿时充满笑声，激发了听众的兴趣。

二、幽默的技巧

生活需要幽默。可是幽默语言的技巧如何把握呢？

（一）把握好过程

说幽默不要急于求成。太早泄露“天机”和惊奇，往往会使结果失去幽默感。所以，为了幽默的效果更好更准确，我们可以把这过程分为四步：第一步，制造悬念；第二步，渲染气氛；第三步，反接；第四步，突变。唐伯虎给《祝寿图》的题词就是一个很好的例子。一位老太太做寿，她的子孙请来唐伯虎为她题诗。全家大小及亲朋好友争着来看。唐伯虎挥笔写下：“这个婆娘不是人！”引得在座者个个目瞪口呆。于是，他趁势口锋一转：“九天仙女下凡尘。”主客们顿时化忧为喜。不待情绪安定，唐伯虎又爆出第三句：“儿孙个个都是贼！”儿孙和祝寿者们无不惊讶、怒目而视。不料，诗人妙语回天，“偷得蟠桃寿至亲”，顿时，众人开怀大笑掌声轰然。这个故事就告诉我们，在制造幽默时，一定要把握好火候，这样才会引人发笑。

（二）把握好修辞

幽默的艺术可以用多种修辞来表现，比如比喻、夸张、双关、反语、仿拟等。

1. 比喻

比喻是幽默艺术中常用的修辞格式之一，它是根据类似联想，选取别的事物作喻体来描绘所要表达的事物（本体）的一种修辞手法。不过，幽默所采用的比喻手法和一般修辞意义上的比喻有一些不同。一般的比喻以贴切、神似为原则，但幽默则追求事物之间的不协调处，这是比喻的一种特殊用法。用比喻会使幽默活泼生动。

2. 夸张

夸张就是言过其实，即运用丰富的想象，扩大或缩小某种事物的特征、作用等，使之形象生动，从而增强表达效果。

3. 双关

双关可分为“谐音双关”和“语义双关”两种类型。谐音双关是以语音为纽带，将两个毫不相干的词义联系在一起，使别人通过联想领悟其中的幽默感。宋代宰相石中立和蔼可亲，幽默至极，颇为另类，堪称史上最幽默的宰相。他任员外郎的时候，曾跟几个朋友到御花园里去看狮子，其中一人慨叹说：“这只狮子，朝廷每天喂它肉吃，我们这些做官的，还不如狮子呢！”石中立说：“当然，我们的官衔是员外郎（谐音“园外狼”），怎么能跟御花园里的狮子比呢？”“员外郎”同“园外狼”谐音，既说的是员外郎，又说的是园外狼，与园中狮形成对比，幽默、戏谑、饶有趣味。

4. 反语

反语是用相反的词语表达本意，使反语和本意之间形成反差。

5. 仿拟

仿拟是指有意模仿、套用语言中现成的、为大众所熟悉的语言形式，对现成的词语、句章经改动个别成分后，临时仿造出一种新的词语、句章的修辞格式。

三、幽默的注意事项

口语交际中的幽默方法还有很多，但是，不要以为幽默是万能的。在使用幽默时，应当特别注意对象、场合、内容等因素，不要为幽默而幽默，使之流于油腔滑调、低级庸俗。只有恰如其分地运用幽默方法，才能获得良好的交际效果。

1. 注意场合

很多人都在想方设法使自己成为一个幽默的人、一个有情趣的人。但是，幽默一定要注意场合，把握好应有的尺度。

《红楼梦》第三十一回，林黛玉来到怡红院，正赶上怡红院中闹矛盾。贾宝玉、晴雯和袭人，三个人闹得不可开交，气氛极其尴尬。

林黛玉笑道：“大节下，怎么好好地哭起来了？难道是为争粽子吃，争恼了不成？”林黛玉的反应机敏和幽默语气，立刻就化解了怡红院的尴尬。

2. 注意对象

生活中每个人的身份性格、年龄心情不同，对玩笑的承受能力也不一样。一般晚辈对长辈，下级对上级，男性对女性要注意幽默语言的分寸。同辈之间要掌握好对方的性格和当时的情绪。

3. 积累材料

丰富多彩的生活提供了许多有趣的素材，例如，谚语、格言、笑话等。我们如果懂得不断积累，厚积薄发，在语言的表达上就一定会产生无穷的魅力。

4. 注意隐私

每个人都有自己的秘密，都有一些压在心里不愿为人知的事情。在同事之间的闲聊调侃中，千万不要把别人的隐私公之于众，更不能拿来当笑料。

5. 注意品位

高明的风趣和幽默，可以折射出一个人的美好心灵，它是以不损害别人为前提的。

今天我们学习了幽默的技巧和注意事项，幽默要把握好过程，把握比喻、夸张、双关、反语、仿拟等修辞，要注意场合、对象、素材、隐私和品位。幽默语言是一门艺术，它体现了一个人的智慧和情趣。

第三节 交流的禁忌

古人云：“舌为利害本，口是祸福门。”“良言一句三冬暖，冷语伤人六月寒。”这几句话是说，言谈既能促进事业成功，生活如意，也能伤害别人，招来灾祸。口语交流失败的表现很多，那么，口语交流的禁忌有哪些呢？

一、忌假话

在我们的生活中，诚实是一种难能可贵的品质，它给人可靠安全的感觉。说假话比不说话可怕。不说话还不伤人害己，而说假话一旦落地生根，驷马难追，受到伤害的不仅是对方，也可能包括自己，甚至后果难以预计。学界泰斗、国宝季羡林老先生在总结自己的人生时说“假话全不说，真话不全说”。“假话全不说”，是一个人的道德品质问题，表现了一个人优良的人格魅力。“真话不全说”，是一个人做人的技巧问题，表现了一个人的智慧和能力。

诚实的人才会赢得真正的友谊、信任、钦佩和尊重。我们青少年朋友，更应养成讲真话、不欺骗人的优秀品质，将来进入社会才能立稳脚跟，受到别人的欢迎。当然，与他人交往时，善意的假话另当别论。但原则问题说假话，就是人格和人品的问题。

二、忌揭短

俗语说，“打人不打脸，揭人不揭短”，“语言切勿刺入骨髓，戏谑切勿中人心病”，“当着矮人，别说矮话”。这些俗语告诉我们，在与他人的交谈中，尽量多谈及对方的长处，极力避免对方的短处，这样容易与他人建立感情，形成融洽交谈的氛围；好谈他人短处的人，最易刺伤他人的自尊心，打击他人某些方面的积极性，甚至引起别人的厌恶。当然，有时难免会无意中涉及别人的短处，这时，应适时地向对方表示诚恳的歉意，并在今后更谨慎地说话。

另外，若是别人在我们面前谈起某人的短处时，我们又该如何应对呢？如果我们此时没法离开，最好的办法是只听不说，只听不记，只听不传，而且尽可能地提醒对方是否对所谈的事情确定属实。

总之，尽量避免舌头惹麻烦，不搬弄是非，不说人之短，不谈人隐私。我们应真正地意识到：树怕剥皮，人怕伤心，做人还得口下留情。说过头的话、刻薄话、挖苦或讽刺的话，伤害感情的话都会给别人的心灵留下创伤。

三、忌炫耀

据史料记载，有一次曹操与诸葛亮作战，驻军斜谷界口，进退两难：进兵吧，怕马超拒守；退兵呢，又怕蜀兵耻笑。正在边喝鸡汤边犹豫不决时，夏侯惇前来问夜间口令，于是，曹操随口答道：“鸡肋。”而曹操手下有个叫杨修的主簿官，聪明过人。他接到口令后，即让战士打点行装，准备归程。夏侯惇问他原因，杨修回答说：“鸡肋者，食之无味，弃之可惜。今进不能胜，退恐人笑，不如早归。明日魏王就要班师了。”结果在全营忙着打点行装时，正巧曹操亲自查夜，叫来夏侯惇一问，才知是杨修的主意。曹操因对杨修早有妒恨，于是就借口杨修涣散了军心而把他杀了。事实上，杨修关于退兵的判断正是曹操的真实想法，可是就在于他不懂得曹操的心理，恃才自傲，在别人面前炫耀了自己的小聪明，却没想到搭上了自己的宝贵的性命，实在不值。

日常生活中，恐怕最不受人们欢迎的，也要数那些喜欢在别人面前大肆炫耀的人吧。爱自我炫耀的人，常自以为是，鄙视一切，结果却往往使自己成为可怜的孤立者。要记住，如果一个人总是对自己的成绩自吹自擂，夸大其辞，其实是很让人难以忍受的。凡是有素养的人，是不会随便对自己进行评价，更不会肆意夸耀自己。因为他们懂得，一个人的成绩和价值，在别人心里都是雪亮的，与其不知天高地厚地夸耀自己，不如表现得谦逊点，因为“山外有山，天外有天，人外有人”啊！

阅读拓展

一位教授精心准备参加一个重要会议上的演讲。会议的规格之高、规模之大都是他平生第一次遇到的。全家都为教授的这一次露脸而激动，为此，老婆专门为他选购了一身西装。

晚饭时，老婆问西装合不合身，教授说上身很好，裤腿长了那么两公分。倒是能穿，影响不大。

晚上，教授早早就睡了。老妈却睡不着，琢磨着儿子参加这么隆重的会议演讲，西裤长了怎么能行。反正人老了也没瞌睡，就翻身下床，把西装的裤腿剪掉两公分，缝好烫平，然后安心地入睡了。

早上五点半，老婆睡醒了。因为家里有大事，所以起来比往常早些，想起老公西裤的事，心想时间还来得及，便拿来西裤又剪掉两公分，缝好烫平，惬意地去做早餐了。

过了一会儿，女儿也早早起床了。看到妈妈的早餐还没有做好，就想起爸爸西裤的事情，寻思着自己也能为爸爸做点事情了，便拿来西裤，再剪短两公分，缝好烫平……

教授的这个裤子还能不能穿？

根据本阅读分析：

教授家为什么会发生这样的事情？

课后训练与实践

一、思考题

1. 交流时有哪些表达要求？请举例说明。
2. 在人际交往中，口语交流的禁忌有哪些呢？

第六章 交　谈

◆ 学习目标

1. 了解交谈的含义、特点及原则。
2. 能灵活运用交谈的基本技巧。
3. 掌握并运用好交谈的礼仪。

案例导入

某人请五个人吃饭，还有一个左等右等也没到。见此情景，主人说道：“该来的怎么还没来？”

客人甲听了，心想：这不是说我们不该来的倒来了吗？真气人！于是说：“对不起，我有点儿事，得先走了！”

主人见他走了，很着急，就说道：“不该走的怎么走了呢？”

客人乙心想：这分明是暗示我该走却赖着不走。于是说：“我有点儿事，失陪了。”主人更着急了，脱口而出：“唉，他俩真多心，我说的又不是他们！”

客人丙、丁大怒，心想：那你说的肯定是我们俩了！于是他们铁青着脸一言不发，拂袖而去。

一场宴席就这样还没有开始就不欢而散。也许，这只是一个笑话，但却告诉了我们表达的重要性。

思考讨论：为什么会发生这样的事情？

第一节　认 识 交 谈

一、交谈的含义和特点

交谈是人际交往的主要手段，是两个人或几个人为实现多种不同目的而进行的口语表达的方式。

交谈以对话为基本形态，根据谈话者在交谈活动中相对的地位及说话的分量多少可以把交谈者分为主动方和被动方。而成功的交谈是双向式交流而不是单向式的交流，单向式的谈话会给对方产生居高临下的压抑感，主动方和被动方共同积极参与的交谈才能让彼此感到愉快和成功。

交谈又是个动态的过程，交谈“双方”有时是对等的，有时有主动与被动之分，谈话方式和内容等情况也在随时变化，谈话者要善于调整自己言谈的内容与态势。所以，提高口语表达水平，学习、掌握并运用好交谈的礼仪，是至关重要的。

二、交谈的原则

1. 真诚坦率

真诚坦率是衡量一个人是否具有美德的标准之一，尤其体现在一个人的言谈中。交谈过程中彼此要坦诚相见，要做到“三不讲”，即不讲假话、不讲违心话、不讲过头话。谈话者要明明白白地表达各自的观点和看法，切忌满口客套，假意应酬。欧美人这方面做得很好，他们习惯在交谈中很直率地表达自己的意见，这样反而让双方都易理解，让谈话变得更轻松。坦诚的交流是能体现出谈话者的自信及对对方的信任，这样容易激起对方的情感共鸣，“出自肺腑的语言才能触动别人的心弦”，才能顺利达到交谈的目的。

2. 平等和谐

首先人际交往要做到平等和谐，平等是沟通交谈双方心灵的桥梁。平等、和谐的交谈语言有助于合作的成功。交谈必须顾及对方的心理需求，不能盛气凌人、唯我独尊、自以为是。交谈的双方在身份、地位上可能有所不同，但在人格上是平等的。因此，交谈中首先要有平等的谈话态度。交流时还要建立和谐的人际关系，谈话时的语言应使人感到亲切友好、轻松愉快，这意味着平等、和谐、坦率。

平等要求谦恭适度，谈话要心平气和，不要态度傲慢、自以为是、趾高气扬地与人交谈，对一些问题如有不同看法，即便发生分歧，不得已争执起来，也不要大声斥责对方，可以转移话题避开话锋，先谈其他的问题。同时交谈中也不应过分谦卑，曲意逢迎，吹牛拍马。

交谈中还要做到礼让对方。交谈是双边或者多边的活动，要注意多给别人说话的机会，不要常常插嘴打断对方，不应旁若无人地只顾自己高谈阔论，侃侃而谈，而应学会“抛砖引玉”，让对方畅所欲言。特别是与一些学识水平不如自己的人交谈时更应多听多想。先听慎讲，想好了再讲，减少交谈中的失误。这样不仅是对对方的尊重，同时也给自己留出思考的余地。

3. 精神专注

表情方面，要专注认真，专心致志、聚精会神，正视对方，目光柔和，保持微笑。要善于倾听，倾听意味着坦诚、理解、宽容，在倾听过程中，针对对方谈话的内容要常点头表示理解，因为谁都不愿意同一段木头打交道。做到正确站坐立行的姿势，不要心不在焉地左顾右盼或者摆弄其他物品，更不要用手指着对方讲。双方交谈的距离远近要适宜，不能离对方太远，使对方听不清你说些什么，但也不要离得太近，防止唾沫四溅。

4. 语言得体

（1）语音准确清晰。发音要标准，切忌说错字音，口齿含糊不清，听起来让人费劲，这样有失自己的身份。

（2）控制好声音。声音要抑扬顿挫、生动，能感染对方，切忌平淡、乏味，也不要有气无力地讲话，让人昏昏欲睡。不要高声说话，与其他一些国家相比中国人在说话时不大注意控制音调，尤其当众讲话时声音尖而响，而一个低沉的声音更能吸引人们的注意力并博得信任和尊敬。语速也不要过快或过慢，过快让人听不清楚、听不明白，过慢则让人失去耐心。声音在口语交际场合是很重要的因素，也是口才培训的一项重要内容，深厚、宽音域的声音让人觉得舒服，而尖锐刺耳的声音会让人觉得难以忍受。因此要注意控制好我们口语表达的声音。

（3）语言简洁明了。用语准确，要说明的意思需明白无误地表达出来，不要含糊其辞，要言简意赅，不要啰里啰嗦，不得要领。

（4）礼貌用语。这既是一种习惯，更是一种修养。多用“您”“请”“谢谢”“对不起”“不用客气”等礼貌语言，切忌语言粗俗，这样才能在交谈活动中获得对方的好感。交谈的语言应注意分寸，力求委婉，含蓄地表达出来，不要讲过头的话，不要讲引起对方不愉快的话。

亚里士多德说：“交谈由谈话者、听话者、主题等三个要素组成的，要达到施加影响的目的，就必须关注此三要素。”语言作为人类的主要交际工具，是沟通不同个体心理的桥梁。在社交中，因为不注意交谈的语言艺术，或用错了一个词，或多说了一句话，或不注意词语的色彩，或选错话题等而导致交往失败或影响人际关系的事时有发生。

因此，在交谈中必须遵从一定的规范，才能达到双方交流信息、沟通思想的目的。从广泛意义上来讲，交谈是人们交流思想、沟通感情、建立联系、消除隔阂、协调关系、促进合作的一个重要渠道。

第二节　交谈的基本技巧

一、有效选择话题

所谓话题，是指人们在交谈中所涉及的题目范围和谈话内容。话题是一些由相对集中的同类知识、表述语汇和语气风格、信息构成的谈话资料及其相应的语体方式的总和。在任何一次交谈中，要注意营造一个良好的、融洽的谈话气氛，关键技巧就是如何选择话题。选择一个大家都感兴趣的话题，才能使交谈过程生动活泼、轻松愉快。在公众场合中探讨什么样的话题，最能迅速反映出一个人的性格和生活品位，往往被视为个人品位、志趣、教养和阅历的集中体现。

话题选择适当就可以使交谈顺利展开，选择不恰当就会产生“话不投机半句多”的无聊感，让双方的谈话出现冷场，从而影响交流的目的，话题选择要注意这样几点。

第一，寻找大家都感兴趣的话题。只有大家都对某一话题关心、感兴趣，才容易产生亲近感，才能热烈交谈，甚至让双方产生相见恨晚的感觉，从而建立友谊。与人初次见面，为使彼此融洽相处，敞开交谈，可以问对方出生地，曾就读的学校，生活上的兴趣、爱好等。同行可以谈业务上的问题，同事则可以聊聊单位的情况，老同学可以回忆同窗共读的情景等等。

第二，就地取材，寻找话题。有人认为那些最不平凡的惊天动地的事情才值得谈，才能让对方感兴趣；或者以为谈些深奥高雅、很有学问的话题，才能使人肃然起敬。其实针对不熟悉的人，彼此都不知道对方的兴趣爱好与性格，就不宜谈一些深入的、特别的话题。人际关系是慢慢建立慢慢深化的。大家初次见面可以从身边的环境中寻找话题，从平常的小事入手，让它成为谈话的开端。如见一位陌生人手里拿着某件东西，可问：“这是什么？……看来你在这方面一定是个行家。正巧我有个问题想向你请教。”对别人的一切显出浓厚兴趣，通过媒介物引发表露自我，交谈也会顺利进行。又如当时的天气情况，房间的装修布置、桌上的摆设、一盆花等周围的事物都可以成为交谈的话题。一切交谈都可以从日常生活的琐事开始，慢慢可以延伸到爱情和婚姻、球类运动、衣食起居、奇闻逸事等，谈天说地，海阔天空，什么材料都可以成为谈话的内容。

（一）如何选择话题

在社会交往中，学会如何选择话题，就能使谈话有个良好的开端。

1. 宜选的话题

1）选择既定的话题

即交谈双方业已约定，或者一方先期准备好的话题，如征求意见、传递信息或研究工作等。

2）选择内容文明、格调高雅的话题

文学、哲学、艺术、地理、历史和建筑等话题，因其内容文明、格调高雅，故适合作为各类交谈的话题，但忌不懂装懂。

3）选择轻松的话题

这类话题令人比较放松，适用于非正式交谈，允许各抒己见，任意发挥。主要包括文艺演出、流行时装、美容美发、体育比赛、电影电视、休闲娱乐、旅游观光、风土人情、名胜古迹、烹饪小吃、名人轶事和天气状况等。

4）选择时尚的话题

即以此时此刻正在流行的事物作为谈论的中心，但这类话题变化较快，不太好把握。

5）选择擅长的话题

尤其是交谈对象有研究、有兴趣的话题。比如，青年人对于体育运动、流行歌曲、影视明星的话题较多关注；老年人对于健身运动、饮食文化之类的话题较为熟悉；普通市民关注家庭生活、个人收入等；公职人员关注的多是时事政治、国家大事；男人多关心事业、个人的专业；妇女对家庭、孩子、物价、化妆和服饰等更容易津津乐道。

在交谈时还要注意对某些话题的忌讳。在交谈中，若双方是初次交往，则有关对方年龄、收入、家庭、婚恋、经历和健康这一类涉及个人隐私的话题，不宜加以谈论。

2. 扩大话题储备

由于人们的经历、兴趣、职业、学习状况存在差异，每个人所熟悉的话题也各不相同，都会有一定的局限性，因此必须尽量扩大话题储备。对于掌握话题广度影响最大的是自身的学习状况和进取精神。一个人如果有理想、有追求，思想境界高，而且刻苦学习，事事关心，有较多的朋友，把看到、听到的东西有意识地加以记忆和积累，就会变得学识渊博，时事政策、政治外交、天文地理、花鸟鱼虫、文艺体育和音乐美术几乎无所不知，由于视野开阔，知识面自然会比别人广得多。

3. 忌选话题

在交谈时还要注意对某些话题的忌讳：

（1）不要打探讨论对方的隐私，包括收入状况、年龄、婚姻、健康、经历、私生活等；

（2）不要在众目睽睽之下，大谈特谈自己或是自己的家人；

（3）话题不要太专业化或总是以和自己有关的事情为题；

（4）不要在别人不幸的时候讨论自己的好运气；

（5）不要选择让对方感到沉闷、压抑、悲哀、难过的话题；

（6）不要选择另一方一无所知的话题；

（7）不能嘲笑其他人的糗事；

（8）不要谈论朋友的身体特征；

（9）不要在社交场合讲“黄色”故事；

（10）不要谈论格调不高的话题；

（11）回避不利于宗教、民族团结的话题；

（12）不要非议国家和政府；

（13）不要涉及国家、行业和单位秘密。

（二）转换话题的技巧

当交谈出现冷场；或是出现了庸俗、乏味的倾向；或对方的问题太敏感，不便回答；或遇到一些不便或不愿意谈论的话题时，就要及时转换话题，这也叫岔题。这是一种难以驾驭的沟通技巧，古人有言：“酒逢知己千杯少，话不投机半句多。”要将不投机的场面扭转过来，让场面重新热烈起来，在这些情况下，最好的方法是在不知不觉中巧妙地把话题岔开，这样既不会伤害到对方，又可以将自己从困窘中解脱出来。转换话题可根据当时的情景、身边的事物等去转变，可通过相近概念、反问、同音字、好奇心岔开话题。但必须转得“巧妙”，否则就会弄巧成拙。

在与熟人、朋友交谈时，几乎所有的话题都可以作为谈资。在陌生人或是不太熟悉的人之间应选择比较简单却基本上永远适宜的话题较安全，这样不容易引起误会。正是这些简单的话题可能引出非常有意义的甚至是精彩的谈话。

二、灵活运用问答艺术

（一）巧妙的问话艺术

要善于提问，有效的提问对保持良性沟通具有诸多好处，但是如果在提问过程中不讲究方式和方法，那不仅达不到预期的目的，恐怕还会引起对方的反感，甚至造成与对方关系的破裂。

提问技巧包括以下几个方面。

1. 封闭式提问

适用于收集简明的事实性资料。所提出的问题比较具体，对方用“好/不好”“是/不是”“30岁”“8年”等简短、确切的语言即可作答。

2. 开放式提问

适用于了解对方真实的情况。开放性提问的问题比较笼统，旨在诱发对方说出自己的感觉、认识、态度和想法。

3. 探索式提问

适用于对某一问题深入了解。问话的目的是探索究竟、追究原因，如“为什么”等。

4. 偏向式提问

适用于提示对方注意某事的场合。所提出的问题中包含提问者的观点，以暗示对方做出提问者想要得到的答案，如“你今天感觉好多了吧”。这种提问又称诱导式提问。

5. 复合式提问

即两种或两种以上类型结合在一起的问题，此种提向易使回答者感到困惑，不知如何回答，不可轻易使用。

（二）灵活的答问技巧

答问是交际中感情沟通的重要环节。一个失败的回答不但会让你魅力减分，甚至还会使朋友失和，感情疏远。下面介绍几种常用的答话方法。

1. 答非所问法

当对方提出敏感的问题而正面回答不便时，在答话时巧妙地改变对方问话的重点或加以否定，这是一种回避对方提问的战术。表面看回答没脱离提问的范围，使对方无法得到想要的答案。

如“听说你前一段时间住院了，什么病呀？”对方是出于关心，而你却觉得这很隐私，如果直接说“别哪壶不开提哪壶”，对方定会十分尴尬。最好的做法是打擦边球。你可以笑着说：“我这辆跑车很久没有年检了，该保养了，哈……”类似的问题还有“你现在每月挣多少”，这样的好奇者随处可见。你可以说“没多少，不过这里环境不错”。

2. 以问代答法

当别人提出的问题，自己不便回答时，可反过来向对方提出问题引导对方做出回答来转换话题。如对方问你年终奖是多少，这可能是想要炫耀自己的，你只需要反问一句：“您年底发了不少吧？”

3. 以虚制实法

有时对方的提问，回答起来内涵较深，短短几句不容易说清楚，这时就不必实言相答，而是以虚言应对。例如：美国总统罗斯福就任总统前在海军任职，一次他朋友问关于他工作计划的问题，而罗斯福的工作计划都是带有保密性的，罗斯福问对方：“你能保密吗？”对方回答：“能。”罗斯福说：“我也能。”

4. 移花接木法

以通俗易懂的答案去回答某些不便直说又难以说清的问题。如某人生性淡泊名利，因此工作几十年仍是一般干部。有人问他：“你干了这么多年也没捞上个一官半职，不觉得遗憾吗？”此君笑道：“可不是吗？糯米到底酿不出高粱酒来，也没啥值得大惊小怪的嘛！”

总之，谈话的本质是一种交流与合作，在选择交谈话题时，应当多为谈话对象着想，根据对方的性别、年龄、性格、民族、阅历、职业、地位而选择适宜的话题。正是由于交谈各方往往有着不同的性别、年龄、阅历和职业等主观条件，交谈中经常会发现彼此有不同的兴趣爱好、关注话题等。遇到此种情况，应当本着求同存异的原则，选择大家都感兴趣的话题作为谈话内容，使各方在交谈过程中有来有往、彼此呼应、热情参与、皆大欢喜。交谈必须“存异”。如果交谈各方在交谈中对某一问题产生了不同的意见或观点的分歧，遇到这种情况，不妨与对方心平气和地摆明自己的观点，进行适度的辩论，但一定要注意风度，如果谁也不能说服谁，就应当克制自己的情绪，保留歧见。

三、恰当运用表情、举止、声音

（一）交谈表情

表情是仅次于语言的一种交际手段。交谈时表情应自然，目光应专注，或注视对方，或凝神思考，从而和谐地与交谈进程相配合，与说话的内容相配合。与人们谈话，应当亲切而温和；与上级领导谈话，应当恭敬而大方；在秉公执法时说话，应当严肃而认真。俗话说：“眼睛是心灵的窗户。”眼睛的表现力是极强的，眼神能够明显、自然、准确地展示人的心理活动。在人的千变万化的面部表情中，微笑与眼神是最具有礼仪功能的。

1. 微笑

微笑是一种情绪语言，它在人际交往中发挥着重要的作用。面对不同的场合、不同的情况，如果用微笑来接纳对方可以反映出一个人高超的修养，待人的至诚，是处理好人际关系的一种重要手段。微笑的要求：发自内心，自然大方，和蔼亲切。

2. 眼神

在交谈中，人们都期盼别人看着自己的眼睛，目光接触可以帮助人们更好地了解对方要表达的意思和情感。当一个人用诚恳、坦然、友好的眼神看着对方的眼睛的时候，表示他在诚恳、认真地听，这样会让人产生亲近、信任、受尊敬的感觉。在工作中，热情、友好、轻松、自然、自信与认真的眼神、真诚的微笑，会让人觉得和蔼可亲，值得信赖；而游离、茫然、轻蔑的眼神，则会让人产生被轻视、不被重视的感觉。所以不但要观察别人的眼神，也要把握好自己的眼神。应采用恰当的目光反馈，使整个交谈融洽而和谐。

当然，由于场合的不同、交往对象的不同，目光所及之处和注视区间是有差别的。见面时，不论是熟悉的人，还是初次见面的人，不论是偶然见面，还是约定见面，首先要睁大眼睛，目光正视对方片刻，面带微笑，显示出喜悦、热情的心情。对初次见面的人，还应微微点头，行一个注目礼，表示出尊敬和礼貌。

在进行业务洽谈、商务谈判时，目光要有神、坚定、诚恳。目光局限于两眼底部，前额上部为顶点所连成的三角区。由于注视这一部位能造成居高临下、压住对方的氛围，所以多为商人、外交人员所采用。

在做商业服务时，目光要平视，并且要表现出自然、稳重、亲切。应使目光局限于上至对方额头、下至对方上身第二个纽扣以上，注视这一区域最容易使对方感到受到尊重，能创造良好的服务气氛。

（二）交谈举止

人们在交谈时往往会伴随着做出一些有意无意的动作举止。这些肢体语言通常是自身对谈话内容和谈话对象的真实态度的反应。因此，必须要对自己的举止予以规范和控制。

1. 交谈距离

每个人都会下意识地为自己划定一个私人的空间距离，如果他人无意识地闯进自己的私人领域，一般人都会感到紧张和不安。因此，交谈时，要注意使双方都处在私人的空间领域之外。私人的空间距离随着双方关系密切程度的不同而不一样。原则是：双方关系越密切，私人的空间距离就越小；双方关系越疏远，私人的空间距离就越大。一般来说，私人的空间距离的半径在 0.5～1 米，只有双方关系特别密切才可以在 15 厘米以内，而情人或恋人的空间距离可以是 0。

2. 交谈手势

手势可以使谈话更富有生气，有助于表情达意。但并非所有的手势都会使自己的谈话增色，有时会起反效果。

恰当的手势应该是：自然大方，任何做作的手势都是让人讨厌的；手势应该适可而止，不可幅度过大，不可太频繁；手势与谈话内容应该一致。注意手势的使用要正确，不同地区和国家，手势的使用是有差别的。

适度的举止既可表达敬人之意，又有利于双方的沟通和交流。例如，发言者可用适度的举止来补充说明其所阐述的具体事由，倾听者则可以点头、微笑来反馈“我正在注意听”“我很感兴趣”等信息。这样，既可表达敬人之意，又有利于双方的沟通和交流。要避免过分、多余的动作。与人交谈时可以有动作，但动作幅度不可过大，更不要摇头晃脑、手舞足蹈、拍拍打打，切勿在谈话时心不在焉、东张西望，歪着脑袋左顾右盼，两手紧握弄得关节嘎嘎作响或是双手置于脑后，转动手中的笔等，甚至看手表、剪指甲、掏耳朵等。交谈时应尽量避免打哈欠、伸懒腰、身体后仰、抱着胳膊、跷着“二郎腿”、不停地抖腿，更不要在交谈时以手指指人。

（三）交谈声音

语言变化主要是声调、语音、语速和音量，如果这些要素变化运用的好，会使语言增加光彩，产生迷人的魅力。

1. 控制声调、语音

一个人的声音在交谈中也是表现个人魅力的重要元素。在与人交谈时，深厚、宽音域的声音能够让人觉得舒服，过于尖利或者刺耳的声音则会让人难以忍受。避免将讲话的力气都集中在嗓子眼。

2. 控制音量

谈话以让对方听见和听清为准，音量不要过高过大，过高过大的声音容易使自己成为交谈中气势逼人的角色，让人反感；如果在与人交谈时，试着把自己的声音降低，会收到意想不到的效果。当然，音量太小，声音过于低沉、单调平板、有气无力地说话也会让人听起来很累，感觉平淡乏味，有昏昏欲睡的感觉。所以，在讲话时保持适中的抑扬顿挫的音调，会让人觉得自己对正在交谈的话题很有兴趣。

3. 语速适中

讲话过快会让人听不清楚，没有停顿的机关枪似的快嘴让人听得吃力；而慢条斯理的讲话则会让人着急，失去耐心。最好在讲话的过程中留一些停顿，以便让人有一个反应的过程。

第三节　交谈的礼仪规范

交谈是交流思想和表达感情最直接、最快捷的方式。在人际交往中，因为不注意交谈的礼仪规范，或多说了一句话，或用错了一个词，或不注意词语的色彩，或选错话题等而导致影响人际关系或交往失败的事情，时有发生。所以，在交谈中必须遵从一定的礼仪规范，才能达到双方交流信息、沟通思想的目的。

一、讲究语言艺术

语言作为人类的主要交际工具，是沟通人与人之间心理的桥梁。交谈的语言艺术包括以下几个方面。

（一）语言要准确流畅

在交谈时如果词不达意，很容易被人误解，达不到交际的目的。因此，在表达思想感情时，应做到吐字清晰、口音标准，说出的语句应符合规范，避免使用似是而非的语言；语句停顿要准确，思路要清晰，谈话要缓急有度，从而使交流活动畅通无阻；应去掉过多的口头语，以免语句隔断。

语言准确流畅还表现在能让人听懂，因此言谈时尽量不用书面语或专业术语，因为这样的谈吐让人感到受拘束或是理解困难。古时有一笑话说的是一位书生，突然被蝎子蛰了，便对妻子喊道："贤妻，速燃银烛，你夫为虫所袭！"他的妻子没有听明白，书生更着急了："身如琵琶，尾似钢锥，叫声贤妻，打个亮来，看看是什么东西！"其妻仍然没有领会他的意思，书生疼痛难熬，不得不大声吼道："还不快点灯，我被蝎子蜇了！"

（二）语言要委婉表达

交谈是一种复杂的心理交往，人的自尊心和微妙心理往往在里面起着重要的控制作用，触及它，就有可能产生不愉快。因此，对一些只可意会而不可言传的事情、可能引起对方不愉快的事情、人们回避忌讳的事情，不能直接陈述，只能用委婉、含蓄的方法去说。因此，要避免使用主观武断、口气强硬的词语，如"只有""唯一""一定""就要"等，而应尽量采用与人商量的口气。要学会先肯定后否定，把批评的话语放在表扬之后，就显得委婉一些。

（三）语言要掌握分寸

与他人交谈要注意有放、有抑、有收，把握好"度"。谈话是双方共同参与的事情，故不可唱夸夸其谈的"独角戏"，不给别人说话的机会。说话时还要察言观色，注意对方情绪，对方不爱听的话少讲，一时接受不了的话不急于讲。谈话时开玩笑则要看对象、性格、心情和场合，一般来讲，不与性格内向、多疑、敏感的人开玩笑；不随便开女性、长辈、领导的玩笑；当对方情绪低落、不高兴时不开玩笑；在严肃、正式的场合用餐时不开玩笑。

（四）语言要幽默风趣

交谈本身就是一个寻求一致的过程，在这个过程中经常会出现不和谐的地方而引发争论或分歧，这就需要交谈者随机应变，凭借机智抛开或消除障碍。运用幽默通常可以增强语言的感染力或化解尴尬局面，它建立在说话者高尚的情趣、乐观的心境、较深的涵养、丰富的想象、对自我智慧和能力自信的基础上。有一次，梁实秋的幼女文蔷探望父亲，他们便邀请了几位亲友，到某地“鱼家庄”饭店欢宴。酒菜齐全，唯独白米饭久等不来，经一催二催之后，仍不见白米饭踪影。梁实秋无奈，待服务小姐入室上菜之际，戏问：“怎么饭还不来，是不是稻子还没收割？”服务小姐眼都没眨一下，答道：“还没插秧呢！”本是一个不愉快的场面，经服务小姐这一妙答，举座大乐。

阅读拓展

敬语缘何招致不悦

一天中午，一位住在某饭店的客人到饭店餐厅去吃饭，走出电梯时，站在电梯口的一位女服务员很有礼貌地向客人点点头，并且说“您好，先生!”客人微笑地回道：“你好，小姐。”当客人走进餐厅后，引位员发出同样的一句话：“您好，先生!”那位客人微笑着点了一下头，没有开口。客人吃好午饭后，顺便到饭店的庭院中去溜达，当走出内大门时，一位男服务员又是同样的一句话：“您好，先生!”

这时客人下意识地只是点了一下头了事。等到客人重新走进内大门时，碰见的仍然是那位服务员，“您好，先生”的声音又传入客人的耳中，此时这位客人已经感到不耐烦了，默默无语地径直去乘电梯准备回房间休息。恰好在电梯口又碰见那位女服务员，自然又是一成不变的套话：“您好，先生!”客人实在不高兴了，装作没有听见的样子，皱起了眉头，而这位女服务员却丈二和尚摸不着头脑!

这位客人在离店时，写给饭店总经理的一封投诉信中写道：“……我真不明白你们饭店是怎样培训员工的？在短短的中午时间内，我遇到的几位服务员竟千篇一律地简单重复一句话‘您好，先生’，难道不会使用其他的语句吗？”

二、使用礼貌用语

礼貌用语，是人类文明的标志。在我国，政府有关部门向市民普及文明礼貌用语，基本内容为十个字：“请”“谢谢”“对不起”“您好”“再见”。在实际的社会交往中，日常礼貌用语远远不止这十个字。归结起来，主要可划分为如下几个大类。

（一）问候语

人们在社会交际中，根据交际对象、时间等的不同，常采用不同的问候语。比如在中国，以往人们见面的问候语通常是：“您吃了吗？”即使在现在中国的部分地区，这句问候语仍然比较普遍，而经济比较发达的城镇，这句问候语已经很少听到了。人们见面时用得比较多的问候语是“您好”“您早”等。

（二）欢迎语

交际双方一般在问候之后会向对方表示欢迎。世界各国的欢迎语大都相同，如“再次见到您很愉快”“欢迎您”“见到您很高兴”。

（三）回敬语

在社会交往中，人们常常在接受对方的鼓励、祝贺或问候、欢迎之后，使用回敬语以表示感谢。因此，回敬语又可称为致谢语。回敬语的使用频率较高，使用范围较广。俗话说礼多人不怪，受到了对方的热情帮助、赏识、鼓励、关心、服务等都可使用回敬语。在我国使用频率最高的回敬语是“谢谢”“非常感谢”“多谢”“麻烦您了”“让您费心了”等。

（四）致歉语

在社会交往过程中，常常会出现由于组织的原因或是个人的失误，给交际对象带来麻烦、损失，或是未能满足对方的要求和需求的情况，此时应使用致歉语。常用的致歉语有“抱歉”“对不起”“真抱歉，让您久等了”“请原谅”“打扰您了，先生”等。

真诚的道歉不仅能使交际双方彼此谅解、信任，而且有时还能化干戈为玉帛。同时，道歉也讲求艺术，有些人放不下架子或碍于面子，不愿直接道歉，可使用较为委婉的方式。比如，今天的交际对象是以前曾经有过误解的人，那么你可以说：“真是不打不相识，俗话说得好，不是冤家不聚头，让我们从头开始吧！”及时得体的道歉也充分反映出你的宽广胸襟、真诚情感和敢于承担责任的勇气。

（五）祝贺语

在社会交际过程中，如果想与交际对象建立友好的关系，就应该时刻关注着交际对象，并与他们保持经常性的联系。比如，当交际对象过生日、晋升、加薪、结婚、生子、寿诞，或是你的客户开业庆典、周年纪念、获得大奖时，你可以通过各种方式表示祝贺，共同分享快乐。

祝贺用语很多，可根据实际情况需要进行选择。常用的祝贺语还有“祝您成功”“祝您健康”“祝您好运”“祝您万事如意”“祝您福如东海，寿比南山”“祝你们新婚幸福、白头偕老”等。

（六）道别语

交际双方交谈过后，在分手时，常常使用道别语。中国人道别时的用语很多，如“走好”“再来”“慢走”“保重”“您慢点忙”等。欧美等国家的道别语比较委婉，有祝贺的性质，如“祝您做个好梦”“晚安”等。

（七）请托语

在日常用语中，人们出于礼貌，还会用到请托语，以示对交际对象的尊重。最常用的请托语是“请”。另外，人们还常常使用“拜托”“借光”“劳驾”等。

阅读拓展

多说几句“客套话”

问候要得体、恰当。对中国人可说“一路辛苦了”“路上愉快吗”等，对外国人则应当说“见到你真高兴”“欢迎你到来”等，问候寒暄之后，应主动帮助客人提取装卸行李。取行李时，最好不要主动去拿客人的公文包或手提包，因为里面一般是贵重物品或隐私物件。回程途中，应主动向客人介绍当地风俗、民情、气候、特产、物价等方面的情况，并可询问客人在此逗留期间有无私人活动需要待为安排。将客人送往住宿处后，不宜久留，以便让客人尽快洗漱、休息；但别忘记了告诉客人与你联系的方式及下次见面的时间。

如果是长者、贵宾家访，应让全家人到门口微笑迎接。在家里接待客人时，不得赤脚或只穿内衣、裤衩或睡衣。如事先来不及更换，则应向客人致歉，并请客人稍候，以便及时更衣再开门迎接。迎接客人时应说一些“欢迎，欢迎”“稀客，稀客”“一路辛苦了”“请进”“这么热的天，难为您了”“自从上次分别后，我们一直期待您再次光临”等欢迎语和问候语，使客人受到礼遇，获得尊重。如果客人有随身携带物品，应帮助其接下，放到适当的地方。

课后训练与实践

一、思考题

1. 选择交谈的话题十分重要，试述哪几类话题是宜选择的？

2. 与你的任课老师交谈时，选择什么话题比较恰当？

3. 工作之后，领导长期要求你加班且不支付应得的加班费用。你如何用交谈的方式向领导表达不满之情？

4. 如果你是某职业学校的应届毕业生，在一次人才招聘会现场，不经意地听到旁边两个闲谈的经理人的谈话。其中一个经理人的公司需要几名毕业生，而刚好你所学的专业正好符合要求。

（1）面对如此情况，请问你准备如何加入他们的谈话？

（2）加入谈话后你会如何设计你的谈话内容？

二、案例分析

王先生之所以不受人欢迎，是因为每当他和人聊天时，常常说“我刚刚讲到哪里了？”与人交谈时，只要有一个短暂的电话插入，哪怕只有几秒钟，挂掉电话时，他一定会问：“打电话之前，我们说到哪里？”在餐厅吃饭时，侍者中途上菜，话题一经打断，他也要问：“我刚才说些什么了？”听到这句话的朋友多半不怎么愉快，只得耐着性子重复一次刚才的谈话，心里却厌烦到极点。然而并非每个人都有好修养。曾有一回，王先生对一位年轻女伴问道：“我刚刚说到哪里？”那名小姐尖酸地回答：“我也忘了，大概没有什么重要的事吧！”这令王先生当场下不了台，但又能怪谁呢？

案例思考：为什么王先生听了这位年轻女伴的话会下不了台呢？

案例分析提示：王先生的遭遇并不值得同情，肯定迟早要自取其辱。为什么呢？错误的原因一是不够用心，二是自曝其短，既然忘得一干二净了，何不自然而然地跳过这件事另起一个话题呢？三是他询问别人“我刚刚说些什么”是对对方不尊重的行为。

第七章

倾　　听

◆ 学习目标

1. 了解倾听的含义和重要性。
2. 理解倾听的五个层次。
3. 掌握有效倾听的六个基本技巧。
4. 增强倾听意识，养成良好的倾听习惯。

案例导入

第一次世界大战期间，法国的亚德里安将军到医院看望伤员，听到几个伤员在闲谈中问一个人："炮弹爆炸时，你的头部怎么保护得好好的，一点没受伤？"那个人回答说："当时我急了，赶紧把一个铁锅扣到了头上。"亚德里安将军心里一动，何不让战士都戴上金属制作的帽子！于是，钢盔问世了。

思考讨论： 钢盔的发明者是怎样获得灵感的？

第一节　倾听概述

一、倾听的含义

倾听是在任何时间内我们都要做的事情：听收音机、听电话，听孩子们、父母、同事们所说的话，我们一生都在倾听，因而一生都在思考。说到倾听，人们想到最多的器官就是耳朵，有个成语就叫做"洗耳恭听"。倾听是指通过感官（视觉、听觉、触觉等）媒介，接受、吸收并理解对方思想、信息和情感的过程。通俗地讲，就是指听话者以积极的态度，专注地听取讲话者的陈述，观察讲话者的表达方式及行为举止，及时给予信息反馈，以促使讲话者积极地阐述并从中获得有益信息的一种行为过程。

对于多数人而言，倾听就是“听见了”，其实这是一种错误的想法。这种想法让我们误以为有效的倾听就是人类的本能。倾听不是人们平常所说的听或者听见。就像人们参加一个自己不太感兴趣的会议，虽然可能听到了所有的内容，但这不是倾听。虽然我们说“听”很重要，但是绝不是“听而不闻”，而是踏踏实实地“倾”，认认真真地“听”，即是“倾听”。严格地讲，听见是一个生理过程，取决于耳朵如何对声波的振动做出反应，是一种被动的行为。人们可能当时听说了某件事情的经过，但是事后却不能回忆起来；或者是人们生理上可能听说了某件事情，但是却因为注意力不集中而没有意识到。倾听则是一个将注意力集中于当前声音的有意识行动，具有个体主观努力的特征，与个体的主观感受有关，是一种主动的行为。倾听属于有效沟通的必要部分，以求思想达成一致和感情的通畅。倾听是一种艺术，也是一种技术和能力，不仅仅是要用耳朵来听，还需要一个人全身心地去感受堆放在谈话过程中表达的言语信息和非言语信息，是主动参与思考、接受、理解并作出反应的过程。

二、倾听的重要性

1. 倾听可获取重要的信息

通过倾听我们可以了解对方要传达的消息，感受到对方的感情、交流的背景和真实意图等，还可据此推断对方的性格、目的和诚恳程度。通过倾听中的提问，我们可以搞清不明之处，或是启发对方提供更完整的资料。倾听可以激发创造的灵感，世界上有不少发明创造就是听出来的。

2. 善听才能善言

在别人说话的时候，你是否迟滞发呆、冷漠烦闷？你是否坐立不安、急于打断别人的谈话？人们常常会用一种消极、抵触的情绪听别人说话，甚至在对方还未说完的时候，心里早在盘算自己下一步该如何反驳。不知道别人说什么，就急于表达自己的观点，这样的发言也会毫无针对性和感染力，交谈的结局可想而知。能言善道、善言巧说，可以顺利地交流信息，沟通感情，增进了解。你仔细听人说话，轮到自己说话时，才能充分切题。仔细听人说话，是表示尊敬与关心，善言能赢得听众，善听才能赢得朋友。倾听能让说话者觉得自己的话有价值，从而愿意说出更多更有用的信息，他们也能够因为感到受尊重而获得满足感。称职的倾听者还会促使对方敏捷思维，启迪对方进一步交谈的欲望，双方皆会受益匪浅，从而实现有效的沟通。

3. 倾听能发现说服对方的关键

一个善于倾听的人正是最容易获取有价值信息的人。资讯即力量，掌握了倾听的技巧无疑等于获得了力量的源泉。如果沟通的目的是说服别人，那么多听对方的意见会更加有效。因为，通过倾听能从中发现对方的出发点和弱点，可以提高判断力，为说服对方提供契机。同时，又向对方传递了一种信息，即你的意见已充分考虑了他的需要和见解，这样，他们会更愿意接受你的意见。

4. 倾听可掩盖自身弱点

沉默可以帮助我们掩盖若干自身的弱点，少发表意见可以减少自己受别人攻击的机会。如果对别人所谈的问题一无所知或未曾考虑，保持沉默便可不表示自己的观点和立场。

5. 倾听能激发对方谈话欲望

人们大都喜欢发表自己的意见，如果你愿意给他们一个机会，他们会立即觉得你和蔼可亲、值得信赖。当人们认为他们对你是重要的时候，就会尊重你，并与你合作。耐心倾听，可以减少对方的防范意识，得到对方的认同，甚至产生同感、知音的感觉，从而促进彼此的沟通了解。倾听可以训练我们推己及人的心态，锻炼思考力、想象力和客观分析能力。倾听有助于了解清楚事情的来龙去脉，提出建设性意见，提高专业技能和管理技能，从而增强解决问题的能力。

6. 倾听能获得友谊和信任

在倾听之前就说话，往往会导致对方不满。人有两只耳朵和一张嘴，其实就暗示要多听少说。一个聚精会神的听众往往比一个慷慨激昂的演说家更受欢迎，他会使说话者感觉到自己很重要，善于倾听别人的发言是对他人的一种尊重。倾听能够帮助自己理解别人，也有利于让别人更快地接纳自己，这将有助于人际关系的改善。倾听能够使他人感受到被尊重和被欣赏。卡耐基曾说：专心听别人讲话的态度，是我们所能给予别人的最大赞美。倾听能让交际对象感受到你的真诚，更易于获取友谊和信任。称职的倾听者还会促使对方思维更加灵活敏捷，启迪对方产生更深入的见解，双方皆受益匪浅，达到双赢。

三、倾听的层次

据国际倾听协会的统计发现，Fortune 500 强企业中，有 70%的公司开始设立倾听的训练课程，70%的经理人都只是“勉强合格”的倾听者。《哈佛商业评论》因此下了批注：听，其实是我们“未使用的潜能”，亟待开发。那么，听的内涵何在？在卡内基训练的架构中，听的层次，由低到高有五层，分别是“完全漠视地听”“假装地听”“有选择地听”“全神贯注地听”与“同理心地听”五种。

第一层次是完全漠视地听，是最糟的听，连耳朵都没打开，犹如小孩子漠视妈妈的唠叨一样。这种人总是一边听别人讲话，一边在考虑其他不相干的事。我们不妨回忆一下，在平时工作中，什么时候会发生听而不闻？如何处理听而不闻？听而不闻的表现是不做任何努力，你可以从他的肢体语言看出，他的眼神没有和你交流，他可能会左顾右盼，他的身体也可能会倒向一边。听而不闻，意味着不可能有一个好的结果，当然更不可能达成共识。

第二层次是假装地听，则是耳朵开了，却没有打开心、脑的耳朵，犹如俗话说的从左耳进、右耳出。例如：某人在与客户交谈的时候，客户有其他的想法与建议，但出于礼貌没有打断谈话，处于假装聆听状态，其实他根本没有听进去；上下级在沟通的过程中，下级惧怕上级的权力，所以做出聆听的样子，实际上没有在听。假装聆听的人会努力做出聆听的样子，他的身体大幅度前倾，甚至用手托着下巴，实际上是没有听。即对方怎么说，自己就怎么听，也不问其内在的隐含意义是什么，始终处于被动地位。

第三层次是有选择地听，先入为主，只听自己想听的部分。换言之，这种人对于他人之言有“偏食”的习惯，他认可的对象或话题，他才会全身心投入地去听。这种类型的人，从一般人到企业家都有可能，而且越高位者，听的层次越有可能局限于此。因为根据成功的经验，认为自己足以判断何人、何事可听，何者不可听。上述三种层次的听，都不及格，不是倾听，但现实生活中约有 70%的人属于这三种类型。

第四层次是全神贯注地听，就是倾听，在对方讲话的时候，眼神看着对方，专注地听，并且撇开成见，站在对方立场想。这种倾听就是打开身上所有的接收细胞，去感受、去观察，让自己“感同身受”。这种倾听不但可以听到事实，还可以听到对方的心理，这类听者不仅用耳朵去听，去获得正确的理解，而且其全部身心都进入对方的话语境界，这种心理层面等非语言透露出来的信息，远比话语更重要，既听懂了对方的“话内音”，又明确了对方的“话外音”，对说话的人会有更深的认识。

第五层次同理心地听，即最高层次地听或叫设身处地地听，目的是为了理解对方，多从对方的角度着想：他为什么要这么说？他这么说是为了表达什么样的信息、思想和情感？如果你的上级在和你说话的过程中，他的身体却向后仰过去，那就证明他没有认真地与你沟通，不愿意与你沟通。所以要设身处地地聆听。在对方和你沟通的过程中，频繁地看表也说明他现在想赶快结束这次沟通，你必须去理解对方：是否对方有急事？可以约好时间下次再谈，对方会非常感激你的通情达理，这样做将为你们的合作建立基础。

倾听层次如图 7–1 所示。

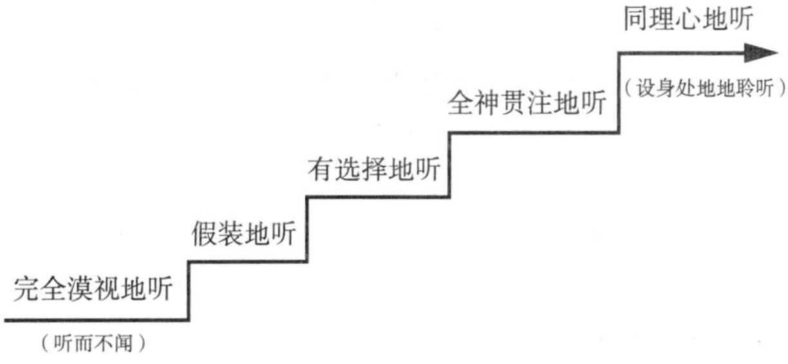

图 7–1 倾听层次

阅读拓展

甲：请问是×××公司吗？

乙：是的，您好，我是×××公司的售后客服，请问有什么事可以帮到您？

甲：你们公司×××型号产品有一台出现了故障，不能运行，请您马上解决。

乙：很抱歉，好的，我们马上会安排这边的维修人员进行跟进。

甲：你们什么时候安排人过来，我们还急着出售。

乙：下午，我就会打电话过去安排，行吗？

甲：好。等你们的消息。

（下午，据维修人员检查所知，故障原因主要是客户这边使用操作不正当而造成的，客户方面要求立即处理好。因为之前公司承诺三年免费包保修，所以答应了客户要求，但恰好，配件刚刚用完，要重新发配件，快递到了才能进行维修。）

甲：你们公司怎么搞的，维修一台机器需要大半天，还没有修好。还要寄配件过来才可以修好。

乙：对不起，这是我们安排得不妥，请您谅解，我承诺配件一到，马上给您修好。

甲：……

本案客服人员没有跟客户具体说明故障情况就果断地答应承诺，让客户期望过高，最终达不到客户所期望的满意度。没有做到及时地沟通商量。在倾听客户抱怨时，没有听清楚客户迫切要解决的问题，没有听到重点的问题，只按照规定来办事，机械性地应答客户。在整个沟通过程中，客户一直处于主动的状态，而客服则处在被动的状态。客服在倾听过程中找不到切入点，跟客户聊开话题，让他情绪稳定下来，而不是针对公司产品。

四、倾听的过程

倾听有四个基本的步骤，分别是准备倾听；发出准备倾听的信息；沟通中采取积极的行动；理解对方全部的信息。

（一）准备倾听

首先，就是要给讲话者一个信号，说我做好准备了，给讲话者以充分的注意。其次，准备倾听与你不同的意见，从对方的角度想问题。

（二）发出准备倾听的信息

通常在听之前会和讲话者有一个眼神上的交流，显示你对发出信息者的充分注意，这就告诉对方：我准备好了，你可以说了。要经常用眼神交流，不要东张西望，应该看着对方。

（三）沟通中采取积极的行动

积极的行为包括我们刚才说的频繁地点头，鼓励对方去说。那么，在听的过程中，也可以身体略微地前倾而不是后仰，这样是一种积极的姿态，这种积极的姿态表示着：你愿意去听，努力在听。同时，对方也会有更多的信息传送给你。

（四）理解对方全部的信息

倾听的目的是理解对方全部的信息。在沟通的过程中若你没有听清楚、没有理解时，应该及时告诉对方，请对方重复或者是解释。这一点是我们在沟通过程中常被忽略的。所以在沟通时，如果发生这样的情况要及时通知对方。

五、倾听的障碍

倾听障碍主要包括客观因素和主观因素，其中客观因素包括倾听对象信息的质量、倾听的环境，主观因素则包括倾听者的个人偏见、先入为主的印象及自我中心的思维特征。

倾听的障碍主要有以下几个方面。

（一）环境障碍

环境干扰是影响倾听效果最重要的因素之一。交谈时所处的环境千差万别，时常转移人们的注意力，如聊天、打电话、汽车喇叭声等噪声。环境从客观上和主观上都影响着倾听的效果：一是干扰信息的传递过程，削减或歪曲信息；二是影响沟通者的心境。这正是为什么人们很注重挑选谈话环境的原因。

1. 空间环境

环境中的声音、气味、光线及色彩、布局、沟通双方座位的设置、朝向，以及空间是否具备封闭性、有无其他人的打扰等干扰因素，都会影响人的注意力与感知。布局杂乱、声音嘈杂的环境将会导致信息接收的缺损。

2. 时间环境

时间安排会影响沟通双方的态度和投入程度，如上班时间的谈话往往偏向正式、严肃，而在咖啡厅的谈话则会显得更加轻松。

3. 氛围环境

氛围也即沟通双方对于沟通所持的态度和期望，它将影响沟通双方的心境。

4. 对应关系

说话者与倾听者在人数对应关系上的差异，会导致不用过多考虑两者之间的心理角色定位、心理压力和注意力集中程度。

（二）语言障碍

语言的含义不在语言里，而在说话者的心里。由于每个人成长的背景不同，知识、经验及价值观的差异，任何两个人对同一个文字的解释绝不会完全相同。如专业术语、信息的超载等，都会使听者在短时间内无法有效接收信息。此外，口头语言与身体语言不相符也会导致接收者产生疑问。比如，当你与别人谈话时，你说的是“3”，而此时却伸出 5 个手指，如果听者注意到你的动作，必然会迷惑。

另外，语言速度与思维速度的差异也是重要的障碍因素。每个人的思维速度总是快于他的讲话速度，一般人平均每分钟说 125 个字词，一些俚语的速度会更快。而一般人的思维每分钟则能加工 600～800 个字词。

（三）信息质量障碍

双方在试图说服、影响对方时，并不一定总能发出有效信息，有时会有一些过激的言辞、过度的抱怨，甚至出现对抗性的态度。现实中我们经常遇到满怀抱怨的顾客，心怀不满的员工，剑拔弩张的争论者。在这种场合，信息发出者受自身情绪的影响，很难发出有效的信息，导致信息准确性下降，从而影响了倾听的效率。

（四）倾听者自身障碍

倾听者的观念或文化差异、假设、预期、认定，没有兴趣，说话速度与思维速度的差异都会造成倾听障碍。

倾听者个人在整个交流过程中具有举足轻重的作用，倾听者理解信息的能力和态度都直接影响倾听的效果。所以，在尽量创造适宜沟通的环境条件之后，还要以最好的态度和精神状态面对发言者。来自倾听者本身的障碍主要可归纳为用心不专、急于发言、选择倾向、心理定势等几类。

此外，个人的生理差异也容易造成倾听障碍。人们的精力在一天当中会呈波状浮动，通常来说，早晨刚起床之后，人们可能精力充沛，兴致勃勃；午饭之后，人们可能会觉得疲惫而昏昏欲睡，很显然，在这两种不同的阶段，倾听的效果会有很大差异。

下面我们将具体探讨一下倾听者的自身障碍的表现：①急于表现，老想着表达自己的观点，打断对方讲话；②自我中心，不喜欢听他人说自己不愿听的话，只喜欢听自己想听的；③个人偏见，武断作出自己的判断，心里早早就定位别人是怎么想的，或者认为别人的讲话没有价值；④第一印象，在听别人说话时先入为主，凭第一印象和个人喜好；⑤注意力偏离，在与别人交流的过程中，对讲话者的内容不感兴趣，因此自己的注意力转移到了其他地方。

（五）过程障碍

沟通过程本身也是引起倾听障碍的主要原因之一。如会议常常有一个发言议程，与会者的个人议程可能会成为其倾听能力的障碍。注意，要将注意力放在发言者身上，而不是放在自己的个人议程上。若你告诉自己“他讲得太枯燥了”，这时你不可表露出不满的异样，只需要从心理上提醒自己即可。

六、如何克服倾听的障碍

（一）避免粗心大意导致的沟通失误

（1）尽早先列出你要解决的问题。

（2）在会谈接近尾声时，与对方核实一下你的理解是否正确，尤其是关于下一步该怎么做的安排。

（3）对话结束后，记下关键要点，尤其是与最后期限或工作评价有关的内容。

（二）克服误解障碍的方法

（1）不要自作主张地将认为不重要的信息忽略，最好与信息发出者核对一下，看看指令有无道理。

（2）消除成见，克服思维定式的影响，客观地理解信息。

（3）考虑对方的背景和经历。

（4）简要复述一下他的内容，让对方有机会更正你理解错误之处。

第二节 倾听的基本技巧

一、重要原则

（一）三心原则

1. *要耐心*

在对方阐述自己的观点时，应该认真地听完，并真正领会其意图。有人在听的过程中，听到与自己意见不一致的观点或自己不感兴趣的话题，或者因为产生了强烈的共鸣就禁不住打断对方或做出其他举动，致使他人思路中断，这是不礼貌的表现。当别人正在讲时，不宜插话，如必须打断，应适时示意并致歉后插话，插话结束时，还要立即告诉对方“请您继续讲下去”。聆听中还应注意自己的仪表，不应该从自己的举止或姿态中流露出不耐烦、心不在焉的表情或是疲劳，因为这样会伤害对方的自尊。

2. *要专心*

在听对方说话时，应该目视对方，以示专心。语言只传达了部分信息，要真正了解对方，还应注意说话者的神态、姿势、表情及声调、语气等肢体语言的变化，以便全面、准确地了解对方的思想感情。同时，以有礼而专注的目光表示认真聆听，对说话者来说也是一种尊重和鼓励，可以使其感到自己谈话的重要性和必要性。

3. *要热心*

在交谈中，强调在对方谈话时目视对方、认真专心地去听，并不是说聆听者要完全被动地、安静地听。在说话时，如果聆听者面无表情、目不转睛地盯着对方看，便会使谈话者怀疑自己的仪表或者讲话有什么不妥之处而深感不安。因此，聆听者在听取别人的信息后，可以根据情景，或微笑，或点头，或发出同意的应答声，甚至可以适时地插入一两点提问，例如：“真的吗？”“哦，原来是这样，那后来呢？”等。这样就能够实现谈话者与聆听者之间的不断交流，形成心理上的某种默契，使谈话更为投机。

（二）五到原则

五到原则也叫“五位一体”原则，即：耳到，用耳听；眼到，用眼看；嘴到，用嘴问；手到，用手记录；脑到，用脑思考；心到，用心灵感受。正如前文所描述的，要把倾听当作一个通过感官（视觉、听觉、触觉等）媒介，接受、吸收并理解对方思想、信息和情感的过程，必须经历感知、选择、组织、理解、反应等一系列过程。

1. 倾听（多听）——耳到

所谓倾听，指集中精力认真地听，要潜意识地命令自己的耳朵去听。多听是一种修养；多听是对他人的尊重；多听是善言的基础；多听是商务谈判成功的积淀。停止说话——如果你说话，就无法倾听。波萝尼斯（哈姆雷特剧中物）曾说过：“多给别人耳朵，少给声音。”为了能够做到多听、倾听，一定要设法让说话者轻松，为对方营造一种想说的氛围。在与人交谈的时候，先听听对方的声音，不要鲁莽地提问。当一个人愿意把内心的烦恼全部“倾倒”给你的时候，他的痛苦也会随之减少几分。很多时候，他向你倾诉的过程其实就是他在整理情绪的过程，所以不要打断他。如果你没有耐心，打断了他的倾诉，那么他可能顿时就会失去向你倾诉的意愿。

2. 恭听——眼到

恭听，即视线要和对方配合。视线的配合也是一种倾听艺术。视线配合并不是说，听别人讲话时，你要目不转睛地看着对方，而是要注视着他的脸部与身体的上半部分，而且忌讳一动不动地盯着对方，而是将视线投在他额头与下巴之间的范围中，缓慢地上下移动，或是远远地望着他上身的某个部位就够了，男士对女士沟通的时候不宜把目光长期投射到对方的敏感部位，避免让对方产生紧迫感、压迫感。

在倾听的过程中，不要忘了尽可能时刻保持微笑。每个人都会有心情不好的时候，虽然这时的你不想与任何人交谈，但是其他人不可能完全了解你的情绪，所以倾听的时候应告诫自己时刻保持一张笑脸。在倾听过程中，随声附和、赞许和点头等都能够成为对话的润滑剂。

3. 提问——嘴到

恰到好处地提问也是一种倾听的艺术。虽然说倾听是交流的基础，但是我们也不能盲目地听。一方面要兴致勃勃地耐心听对方讲话；另一方面如果你在谈话中有不明白的地方，也应该礼貌地及时发问。这样做的好处一是对说话者的尊重，同时也可以吸引对方注意，还可以起到引导对方提供信息的作用。倾听过程的提问，要注意：不要质问，而是要委婉地询问，遇到你不理解的话题，你可以提出具体的问题，如“对不起，我要打断一下您，刚刚的部分……”，“的确如您所说，那现阶段的难点是？”，我们也可以通过提问的方式提出自己的意见，比如“那么我们可以就此下某某结论是吗？”或者说“这个问题通常有 A 和 B 两种解决办法，大家认为哪种方法比较好呢？”

表 7–1 为应和常用语介绍。

表 7-1 应和常用语介绍

简单式应和	"是的""不错""这样啊""确实""对啊""啊？"……
总结式应和	"也就是说……""总之……""那还有另一层意思是……"……
同感式应和	"是啊！""知道了。""真是这样。""你真不容易！""太好了""你太厉害了！""太棒了！"……

要注意这种附和不能是心不在焉的敷衍，否则会起到适得其反的作用。

4. 记录——手到

为了能达到好的倾听效果，在倾听过程中，建议最好通过记录来帮助记忆，俗话说"好记性不如烂笔头"，同时边记录的过程中也有助于我们及时提问，帮助我们分析讲话者所表述的内容及其内涵。一个饶有兴致的讲话者肯定会因为我们的重视及我们认真的记录而变得更加有倾诉、表达的意愿。记住，在记录的过程中，别忘了不时地附和对方，你不能一味地记录而忽略了对方的感受。你要时而记录；时而停笔；时而注视着对方，静静地倾听；时而附和一下。

5. 复述——脑到

倾听的过程中，不要轻易打断对方的谈话但要养成复述对方表述内容的习惯，复述能强制自己倾听不走神，可使说话者知道你在听，同时还可以检验自己理解的准确性，帮助判断信息真伪。

6. 全听——心到

所谓全听，就是指要用心地聆听，要以心换心有涵养地听、聚精会神地听，并且在听的过程中不反驳、不打岔，要学会换位思考，站在对方的角度和立场思考问题。

一是耐心地听。耐心是倾听的基础。只有耐心地倾听，你才能真正理解别人的痛苦。若要耐心地听对方讲话，你首先必须示意对方，你与他有过相同的遭遇，即便你心中无法真正体会，你也要做出相应的努力，并告诉对方，说"我理解你的感受"，并通过这样来引起你和他的共鸣。在愿意倾听自己的人面前，每个人都会不知不觉地吐露心声，从而与之产生良好的交流。

阅读拓展

有一天，一位妇女开着车去城里，突然，有一只轮胎漏气了。她停下来，焦急地想办法怎么换轮胎，因为她身穿漂亮的衣服赶赴宴会，不想自己换轮胎。此时，一名年轻的小伙子停下车来，寒暄地问道："车胎漏气了吗？"这时这位妇女因为很焦急，觉得这年轻人的问话没头没脑的，马上回了一句话："笨蛋！任何人都知道是车胎漏气了！"于是那名小伙生气地扬长而去。我们可以试想，那名小伙停下来的目的应该是想帮助那位妇女拆换轮胎。正因为这位妇女没有耐心地倾听，导致没有得到那位小伙的帮助，只好自己拆换轮胎。

二是听弦外之音。庸者喜欢随大流，智者喜爱动脑筋。会听弦外之音，善听言外之意，需要敏感与悟性。有些话领导或同事或朋友或亲人不便直说。这就要求人要有悟性和智慧，善于从别人的话中听出隐含的真义。要学会从对方的话中听出情绪，或听出信息，或听出利弊，或听出祸福，或听出进退，或听出隐衷，或听出火候，或听出门道，或听出成功的机遇，或听出失败的原因，等等。耐心地听对方讲并不打断对方的话，是需要有涵养的，但也不是低头不语，应面向对方，或点头示意，或交流眼神。

二、重要建议

（一）停

为了选择和关注他人的信息，人们必须调整内部对话，停止大量自我中心化的评判话题。剔除外部噪声，关注此时此刻，这是一项习得性技能。

（二）看

当非言语信息与言语信息相矛盾时，不仅要注意言辞，而且要关注非言语信息。就像用耳朵倾听一样，人们也要用眼睛来倾听面部表情、噪声线索、目光接触、体态、呼吸运用和运动等能够显著地修饰信息的含义。

“看”的另一个原因是，保持目光接触标志着对他人谈话表现出关注和兴趣。当目光越过谈伴的头顶，或是经常瞥手表时，谈伴可能会捕捉到你心不在焉的信息。

（三）问

在倾听过程中，恰当地提出问题，与对方交流思想、意见，往往有助于相互沟通。沟通的目的是为获得信息，为了知道彼此在想什么，要做什么。通过提问的方式可获得信息，同时也可以从对方谈话的内容、方式、态度、情绪等其他方面获得信息。

发问是交谈的一项重要内容，在交谈中要注意发问的方式，问到所需，问得其所。

1. 认清对象，问得适宜

俗话说，“到什么山上唱什么歌”，提问同样也得注意这一点。年龄、婚姻关系、收入、家庭背景往往是交谈中应避免的话题。如果问到这类问题，尽管提问者并无恶意，但却在客观上给对方造成不愉快，甚至恼怒。不同的人有不同的阅历、学识，作为提问者应先了解对方的这些背景，适当地发问，不可问明显是对方不懂的问题，使其感到难堪。万一遇上这种情况，提问者切不可露出鄙夷、嘲笑的神态，而应当尽快使对方解脱困境。总之，提问要有选择性，要针对不同对象采用不同的对策进行提问，让对方轻松自如地说出你想获得的信息。

2. 抓住关键，讲究技巧

发问还要注意问题不要过于笼统，缺乏逻辑性，以免对方难以开口或一开口就无法讲下去。对敏感性较强的问题，正面提问往往效果不佳，若能转化成具体的、侧面的问题，常有利于对方坦率地说出自己的想法。提问的措词也有讲究，必须注意提问的方式。例如，有一个教士问主教："我在祈祷时可以抽烟吗？"这个请求遭到主教的断然拒绝；另一名教士也去问他的主教："我在抽烟时能祈祷吗？"他的抽烟请求得到了允许。可见，提问的技巧也很有讲究，它是社会交往的敲门砖。

（四）听

认真倾听必须做到：①精心准备，倾听者在谈话前应列出自己要解决的问题，在谈话过程中，注意听取对方对这些问题的回答；②摘录要点，对于谈话中涉及的一些关键问题，尤其是与最后期限或工作评价有关的内容要一一记录下来，这有利于在行动时通盘考虑、重点突出；③会后确认，在会谈接近尾声时，与对方核实自己的理解是否正确，尤其是对下一步该怎么做的相关安排予以确认，这有利于自己能按照对方的要求，正确地采取下一步行动。

（五）反应

沟通是双向的，倾听也一样。沟通时必须善于对讲话者的语言进行反应。可以运用以下方式：①反馈意思，即简要概括讲话者所言的内容与事实；②反射感觉，即向讲话者表达对他感受的认同；③综合处理，即将讲话者的几种想法综合为一种想法；④大胆假设，即按照对方的需要、从其角度大胆假设。

知识链接

◆ 反馈意思

讲者：你不在时发生了许多事情。李撞了车，需要几天才能治好；王患了流感；张扭伤了脚踝。此外，我们必须有一份临时计划，不知谁故意把我们的主要文件弄丢了。你回来了我真高兴。

听者：听起来你做了大量的工作，而且一直忙到现在，是吗？

◆ 反射感觉

讲者：我真是厌烦极了。这项预算非常不精确，他们希望我严格管理。我花费了大量的时间熟悉它们，发现错误，却耽误了我的工作。

听者：是的，真是够烦的。

◆ 综合处理

讲者：第一件事主要是政策改变，没有人能够预言；第二件事是我们最好的一名技术员辞职了；第三件事是这个项目的最后期限到了，我建议检查一下，看看我们应该做些什么？

听者：你的意思是，有一系列的障碍使得我们这个项目的完成更加困难了。

◆ 大胆假设

讲者：我真不知道该如何选择，每项活动都有赞成和反对两种意见，而且反应都相当激烈。

听者：如果我处在你的位置上，我想我宁愿慢些做出决定，以免得罪某一方。

（六）心态

一方面，要消除成见，克服思维定式的影响，客观地理解信息。人们有时候会被自己的好恶感左右：喜欢某个人，只要那个人讲句话，不管对与错，在自己耳朵里全都是正确的；讨厌某个人，即使见一面都觉得难受，更别说坐下来耐心听他讲话了。其实，心态的良好与否会对双方的沟通造成很大影响，只要静心倾听他人讲话，就会在讲话者的话语中提炼出对自己有价值的东西。

另一方面，要有良好的精神状态。在许多情况下，之所以不能认真倾听对方的讲话，往往是由于肌体和精神准备得不够，在情绪低落和烦躁不安时，倾听效果绝不会太好。因此，倾听要精神集中，这就代表着接受、容纳、尊重与信任。并及时地用动作和表情给予呼应，表示自己的理解。如微笑、皱眉、摇头等，给讲话人提供准确的反馈信息，以利其及时调整。

（七）环境

热恋中的恋人喜欢“花前月下”，是因为美好的场景可以带给人们倾诉或者倾听的欲望。同一句话在不同的场合传到听者耳朵里的效果是不同的。因此，在谈论不同的事情时，就应该根据交谈的内容选择不同的时间、地点、场合。讨论重要的事情时，应该选择一个相对严肃的、封闭的环境；谈论比较轻松的话题，就应该选择一个欢快、明朗的环境，这样才能保证倾听的效果。

三、适时插话

在倾听时要想提高自己的影响力，就必须能以适当的方式参与到他人谈论的话题中去，发表自己的观点。要想自己的插话被人接受而不被人讨厌，就要善于抓住时机，掌控交谈倾听节拍。插话不是争话，压住别人的话头硬发表自己的意见，会令人反感。因此要等别人把话说完，在交谈的间歇处及时发话。

插话时可以从前面的谈话中抓住一点作为源头，将别人的话作一小结，然后发表己见，把话题推向实质性阶段。同时要注意，当交谈进入自己最熟悉最有真知灼见的内容时，千万不要失去机会，说就要说得别人心服口服，无关紧要的话不说也罢。这样的插话就显得协调、合拍，就等于驾驭了交谈局面。

插话应以交换意见的语气进行，谈自己的认识，应该多用些“我以为”“我觉得”等，这样可以增加交谈的探讨气氛。别人谈话时，用“听我说”“你知不知道”一类的话打断对方的谈话，是粗暴的。

插话应根据交谈的特定语境，选择独特角度，发表独到见解，力求给人耳目一新的感觉。此言一出，大家听得入迷，能激起大家的兴趣，并把话题引向纵深，才能给人以深刻的印象。老调重弹、人云亦云很难吸引别人。

恰当的插话会引起对方的注意，停止自己的言谈，让你先说。另外，交谈是多边的交流活动，作为谈话中的一员，谈话内容应服从于统一话题。如果插话违背对方原意，未听明白就下结论，或抓得不着边际，转移话题，或抢过话头，显示自己更高明等，就会有不尊重别人的意思，可能会引起争执，不欢而散。

四、空间距离

（一）基本概念

1. 核心概念

空间距离也叫空间语言、界域语。每一个生命都有自己的领地范围，人们叫它“生物圈”。一旦有异物侵入这个范围，就会使其感到不安并处于防备状态。人人都具有一个把自己圈住的心理上的个体空间，它像生物的“安全圈”一样，是属于个人的空间。一般情况下每个人都不想侵犯他人空间，但也不愿意他人侵犯自己的空间。双方关系越亲密，人际距离就越短。

2. 主要类型

1）一般空间

一般空间即人际交往的空间，主要有亲密空间、个人空间、社交空间、公共空间等类型。其中，亲密空间的语意为“亲切、热烈”，只有关系亲密的人才可能进入这一空间。如夫妻、父母、子女、恋人、亲友等。个人空间的语义为“亲切、友好”，其语言特点是语气和语调亲切、温和，谈话内容常为无拘束的、坦诚的。社交空间的语义为“严肃、庄重”，是一种理解性的社交关系距离。如社交活动和办公环境中处理业务、谈判、会见客人等。公共空间是人们在较大的公共场所保持的距离，其语义为“自由、开放”。它适用于大型报告会、演讲会、迎接旅客等场合。

知识链接

一般空间的类型简介如表 7–2 所示。

表 7-2　一般空间类型简表

基本类型	空间距离	空间含义	适合情形
亲密空间	私密距离 0～0.15 米	亲切而热烈	夫妻、亲人、情人
	亲密距离 0.15～0.5 米		
个人空间	友好距离 0.5～1 米	亲切而友好	朋友、熟人
	近距离 1～1.5 米		非私人交往
社交空间	中距离 1.5～2 米	严肃而庄重	社交、办公业务
	远距离 2～3 米		谈判、会面、展示
公共空间	超远距离 3 米以上	自有而开放	报告会、演说、演出

2）特殊距离

这是指除了以上常规空间之外的，在商务活动中十分重要的空间距离。主要有引导距离、待命距离等。其中，引导距离主要适用于带领、引导对方进入某个空间，如，酒店服务员带领顾客进入包间。此时，服务员一般应位于顾客的左前方 1 米左右，不远不近，便于随时指导沟通对象并与之交流。待命距离主要适用于等待沟通对象自主行动，当其有疑惑、麻烦时，能及时出现，随叫随到。如，商场内销售员的位置，通常应位于顾客的侧后方 3 米左右。

（二）沟通建议

1. 重要原则

1）保持距离，零度干扰

距离产生美感，在与人交谈的时候，要注重远近适当，太远了使人感到傲慢、架子大；太近了，又显得不够重视。如，顾客去商场购物，一下子围上来几个销售员，每个人距离客户不到 1 米，会使顾客倍感压力和紧张，也干扰了对方自由行动的权力。

2）利用距离，合理沟通

掌握空间语言，了解距离信息代表的含义是现代人一项必修的课程。某些空间距离运用的得当，可以事半功倍地实现沟通效果。如，把对方带入自己占有的空间交谈，你就会占优势，自己的桌子能形成容易说“不”的心理墙壁。诸如此类的人际空间在社会交往中都会收到预期的效果。

2. 沟通建议

1）尊重他人空间权

首先，要恪守不同的空间距离，不越位，包括他人空间内的物品，未经许可不要乱动。在社会交际时，如果你侵犯了对方的空间，如：你坐在对方坐惯了的椅子上；饭桌上，有意无意地占据了他人的地盘；把一件无关紧要的物件放到了他人的办公桌上等等，这种对他人空间的侵犯，是对他人不尊敬的一种暗示，这往往会驱使对方用类似的手段或更厉害的手段（包括言语手段），来捍卫他的空间权。其次，不随意进入他人私有空间。在进入他人私有空间之前，一定要经过允许。在远距离的密切空间中，人们的交谈一般不碰及对方。如，在一辆满载的公共汽车中，如果男性靠女性身上时，可能会受到她的言语的或非言语的警告，如果这位男士在该空间内有意识地享受这种接触带来的快感或对方身体的热量，她可能会给你一记耳光作为报偿。

此外，目光侵入也属于侵犯空间。如，在地铁上看旁边人的报纸。主人看正面，他看反面，主人翻报纸时，他甚至干涉说先别翻，我还没看完呢。空气、噪声污染也在一定程度上侵犯了别人的空间。

2）尊重性别差异

男女在空间距离上的差异，主要体现在两个方面：一是同性之间的交往距离上的男女差异。在同性之间的交往中，一般说来，男性的“个人圈”较大，而女性则“戒心”不强，喜欢手拉手地结伴而行。心理学家做过这样的实验，让相同数量的男性或女性同处在一个小房间内一段时间，结果发现，男性时间稍长则会焦虑不安，脾气暴躁，而同等数量的女性在一起却能融洽相处，亲密无间。二是异性之间的交往距离差异。男性在和异性交往时则倾向于向异性靠近。

3）尊重文化语义差别

文化背景的不同、社会地位的差别、人际亲密程度等都会影响空间语言的表达。社会交际是在一定的空间内进行的，空间的大小影响到交际双方态度的亲疏和交际效果的好坏。比如他和她在六英尺远的地方而过，他对她说：“看见你非常愉快。”如果他和她在距离六英寸时说这番话，尽管他说话的语调和神态都没有变，而空间的大小也会造成不同的感觉：在第一种场合下，他的问候是正常的或带有“例行公事”的性质，正规的问候中含有冷峻；而在第二种场合下，他的问候是亲热的，甚至含有狎昵的意味。在相同的语言环境中，人际空间直接影响了言语交际的效果。

在不同的国度、不同的种族中，人际交往的距离往往不同，这与人们对“自我”的理解不同有关。如北美人理解的“自我”包括了皮肤、衣服及体外几十厘米的空间。而阿拉伯人的“自我”则仅仅局限于心灵，以至于他们把皮肤都当成身外之物。因此，近距离密切空间中两个男子的接触及两个男子手拉手地走路，往往无损“自我”。

课后训练与实践

一、思考题

1. 倾听的重要性有哪些？
2. 你善于倾听吗？如果不善于，经常出现哪些倾听障碍？应该如何克服这些障碍？
3. 如何保持合适的空间距离？
4. 倾听的基本技巧有哪些？

二、技能训练

事先从报刊或杂志上摘录一则2～3段长的故事，不要进行任何介绍，在课堂上很不经心地向学员提起：“也许你们中很多人几天前已经看到了这则报道。”然后大声朗读这篇文章。结束后，你会看到学员们毫无兴趣，露出十分厌倦的面孔。

回答针对刚才的故事提出8～10个问题（比如故事中涉及的名字、日期、地点，等等）。

第八章 赞美与批评

◆ 学习目标

1. 了解赞美与批评的含义。
2. 能灵活运用赞美与批评的技巧。
3. 领会并运用赞美与批评的艺术。

案例导入

一次，女教师在课堂上问一个小女生："假定有一个小朋友非常聪明，那么，我们该用什么语言来表达对他的喜爱呢？"小女生怯怯地站起来，红着脸，好半天才支支吾吾地说了一句："就是，就是……"然后怯怯地低下了头，等待着女教师的批评或责怪。可是女教师并没有批评她，女教师一边示意她坐下，一边笑眯眯地夸奖着："好，回答得很好！老师听懂了，你的意思是说这位聪明的小朋友太可爱了，可爱得简直无法用语言表达。"于是，小女生笑了，心里甜丝丝的，从此爱上了语文课。后来，她毫不犹豫地上了师范，最终成了一名优秀的语文老师。

思考讨论：女教师的夸奖给我们什么启示？

第一节 赞　美

一、赞美的含义

赞美是发自内心的对于美好事物表示肯定的一种表达。恰如其分的赞美能使我们更好地与朋友、同学交往，从而增进与朋友和同学之间的友情和友谊。

1. 赞美的含义

赞美即称赞、称誉、颂扬，也作“赞美”。

2. 赞美的例文

唐玄奘《谢皇太子圣教序述启》：“伏维皇太子殿下，发挥睿藻，再述天文，赞美大乘，庄严实相，珠回玉转，霞烂锦舒。”

《西游记》第九十一回：“那塔上层层有佛，处处开窗，扫一层，赏玩赞美一层。”

二、赞美的作用

赞美在生活中有很重要的作用。

第一，满足人的本能需要。真心的赞美没有人会拒绝，更没有人会抱怨，这是人一种本能的需要，也是一种自我价值的体现。人们就是在别人的赞美声中认识到自己的存在价值，从而获得社会满足感。在婴儿期，孩子就从父母的点头、微笑、拍手、抚摸等赞美性动作中获得满足。成人以后，更多的是在别人、社会舆论的赞许声中获得强烈的成就感。在社会心理学上，这被称为“社会赞美动机”。每个人都有优点和长处，这就是个人存在价值的生动体现。人们都希望他人能看到和肯定自己的优点和长处，从而肯定自己的价值，因此，诚恳的赞美总能够赢得对方的欢心，同时为自己打开局面创造良好的契机。

第二，促使对方克服缺点。在人际交往中，适当的赞美能束缚对方的缺点，引其向善，努力朝你赞许的方向奋斗，因为他的自尊心受到了你赞扬的激励。正如一位名人所说的：“你想要他人有怎样的优点，那你就怎样去赞美他吧。”

第三，促进双方进一步沟通。根据行为科学的理论，别人对待你的方式，大部分取决于你对待他们的态度。有的人总是抱怨别人不热情、不友好，其实应该反省一下自己。一个热情友好的赞许才能换取对方同样的态度，为相互沟通找到一个良好的契机。

第四，增进双方的友谊。我们在生活中不乏这样的体验，哪怕是一个陌生的路人，只要我们不吝啬自己的赞美，马上就可拉近双方的关系，瞬时如故旧相见。

三、赞美的技巧

当然，赞美他人并不意味着可以毫无顾忌，我们要注意以下技巧。

（1）要具体明确，切忌含糊笼统。赞扬别人时如果使用的词语不具体、不明确，只是含糊笼统地恭维对方“很出色”“很优秀”，根本不涉及赞扬的原因，就很容易引起对方反感，以为这是别有用意的敷衍与恭维，甚至会引起对方的误解而盲目自满。

（2）要实事求是，切忌信口开河。在交际中有的人不愿意赞美别人，重要原因之一是分不清真诚赞美与阿谀奉承的区别，怕有巴结讨好之嫌。其实赞美是发自内心的对对方的某种长处的肯定，而拍马屁则是出于一己之私，投人所好，不顾事实唱赞歌，是一种言不由衷的投机行为。

（3）要审时度势，把握有利时机。如果我们能把握有利的时机赞美别人往往会事半功倍。有利时机一般有三个阶段：

一是开始阶段，优点显露之时，应及时赞美，使对方坚定信心，发扬优点；

二是中间阶段，对方成绩展现时，也应及时赞美，有利于对方再接再厉；

三是结尾阶段，大功告成之时，更应充分赞美，有利于对方荣誉感满足的同时增强上进心。

（4）要因人制宜，切忌百部一腔。不同的人也许对赞美的需求心理不一样，有的人希望公开赞扬，有的人希望单独鼓励等等，所以我们要因人制宜，各得其所。另外，赞美的内容都应针对对方特色之处。称赞中年妇女身材苗条，赞扬老年人身体硬朗便很容易引起良好反应，而赞美儿童年轻、青年人牙齿坚硬等却很难有积极效果。

职场生活中，我们身边每一个人的生活和工作当中都有他们最为得意的地方，只要我们及时发现它们，并加以诚恳的赞美，一定能大大加深我们之间的“知心度”，使双方的关系迅速亲近、融洽起来。

四、赞美的艺术

赞美是一种生活艺术，言为心声，语言是思维的外壳，只有学会发现美，体味美，才能发自内心表达出由衷的赞美，并在赞美中获得一份好心情，赢得好人缘。

有这样一则关于清朝重臣曾国藩的历史轶事。在一次宴会上，曾国藩听到了手下幕僚在谈论当朝几位大帅的个人特点。有一个人说：“左帅（左宗棠）严，人不敢欺。”也有人说：“李帅（李鸿章）明，人不能欺。”“那我呢？”曾国藩突然问道。因为问题来得突然，又是当面评价上司，大家面面相觑。正在尴尬之际，一个小官应声而答：“曾公仁，人不忍欺。”顿时，满座皆称其妙，曾国藩忙说不敢当，内心却很高兴，因为仁厚正是曾国藩最看重的品质。这位小官的赞美还有一个特点，没有超出对左宗棠和李鸿章的“夸赞的上限度”，因为他们三人在当时都是地位权势不相上下的清朝重臣，倘若这位小官脱口来上一句“你比他们两位都强”等诸如此类的话，即使得到了曾国藩的欢心，只怕日后也会有麻烦。

王熙凤也是这方面的高手，她恭维贾母，从来都是“迂回”战术。她恭维贾母福寿双全，偏偏要拿贾母头上的伤疤说事儿，看似调笑，却不失分寸，说的贾母心花怒放；她说贾母会调教丫头，却偏偏要说，“我不派老太太的不是，老太太倒寻上我了”，然后才抛出贾母“会调理人，调理的人水葱儿似得”之结论。

而她在贾府第一次见到林黛玉的时候，更是有一段出色的口才交际表达。

这熙凤携着黛玉的手，上下细细地打量了一回，仍送至贾母身边坐下，因笑道：“天下真有这样标致的人物，我今儿才算见了！况且这通身的气派，竟不像老祖宗的外孙女儿，竟是个嫡亲的孙女，怨不得老祖宗天天口头心头一时不忘。……”

王熙凤表面上是在夸赞林黛玉，其实更是在夸老祖宗，同时也夸了所有的孙女们，顾及了在场的每一位听者的感受，让每个人听了都高兴，这才是真正的赞美艺术。

由此，我们总结如下赞美的艺术：

（1）赞美对方最看重的地方；

（2）善于从对方身上发觉闪光点；

（3）寓赞美于事实之中；

（4）借他人之口间接赞美；

（5）使用反语，明贬实褒；

（6）以面带点，侧面赞美。

阅读拓展

乔·吉拉德被誉为“有史以来最伟大的销售员”，16 年中，他保持着平均每天销售 1 辆汽车的世界吉尼斯纪录，而且都是以零售的形式卖出。他最大的秘诀之一就是赞美自己的客户。

某次，客户开着一辆旧车前来挑选新车。在购买之前，客户先请吉拉德看看他的旧车。事实上，这辆车开了几十万公里，已经很破旧了。按照一般销售员的观点，一定会列举它的种种不堪。可是，吉拉德只是说了这么一句：“您的驾驶技术真的很厉害！要知道，我从没见过开了几十万公里的车，还能被保养得这么好的！如果是新车，一定会被您用得更出色！”客户高高兴兴地接受了吉拉德的销售建议，买走了新车。

第二节　批　　评

一、批评的含义

批评有好几层意思。

（1）评论；评判。对事物加以分析比较，评定其是非优劣。

鲁迅《而已集·读书杂谈》：“说几句关于批评的事。现在因为出版物太多了，——其实有什么呢，而读者因为不胜其纷纭，便渴望批评，于是批评家也便应运而起。”

（2）对书籍、文章加以批点评注。

孔尚任《桃花扇·逮社》：“俺小店乃坊间首领，只得聘请几家名手，另选新篇。今日正在里边删改批评，待俺早些贴起封面来。”

（3）指出所认为的缺点和错误。

柳青《铜墙铁壁》第十三章：“可是他批评她们不该脱离群众跑来。”

（4）对缺点和错误所提出的意见。

张恨水《啼笑因缘》第二十回：“而且我那样的批评，都能诚意接受，这人未尝不可取。”

我们这里所讲的批评是专指对缺点错误提出一般的否定性意见。

二、批评的技巧

“人非圣贤，孰能无过？”有了过错，难免就要遭遇批评。

批评是口头的教育，是对一个人有利的促进。适当的批评可以帮助一个人更好地成长。批评可以说是职场交际中最难掌握分寸的，要考虑各种复杂因素，最主要的还是要照顾对方的自尊心。

生活中，我们常会遇到这种情况：如果我们在公众场合，总是不讲究方式，居高临下地指责、批评对方，试图把自己的观点强加给对方，这样，即使对方感到自己有错误，要么强词夺理，要么拂袖而去，最后只会不欢而散。俗话说："良药苦口利于病，忠言逆耳利于行"，然而，"良药"一定"苦口"，"忠言"一定会"逆耳"吗？如果我们在批评他人时，运用一些技巧，结果或许就完全不同。

1. 实事求是

批评只是针对事情，不是要整垮某人，也不是借机讽刺侮辱某人，而是要让对方找准缺点、认清错误，进而完善缺点、改正错误。可以说，批评是一种帮助，是善意的提醒，所以要实事求是。

2. 先扬后抑

在批评对方缺点和错误时，先尽量表扬对方的优点和长处。有人做过有关批评方式的实验。用三种不同方式去批评三组大学生：第一组采用简单批评的方式；第二组采用先批评后表扬的方式；第三组采用先表扬后批评的方式。然后检验不同批评方式所带来的情绪体验。结果表明：愉快接受或愿意接受批评的人数分别是：第一组 15. 3%；第二组 34. 2%；第三组 60. 5%。可见，先扬后抑的批评方式效果最好。

3. 心平气和

首先是不要发怒。有些人所犯的过失对我们可能是直接的伤害，作为批评者往往容易发怒。但是，发怒和批评不是一回事，发怒会严重伤害对方的自尊心，增加对方的抗拒心理，不利于问题的解决。另外，在批评的语气上也可以表现得含蓄一些。比如别人要你改正错误，你更愿意接受哪种说法呢？

（1）请你做一些修改，好吗？（请求）

（2）你马上给我改正过来！（命令）

显然，第一种请求的语气更让人容易接受。

4. 注意场合

批评不应在公众场合进行，尤其是不要当着他所熟悉的人批评。否则，会使对方感到"面子"受到了伤害，增加他的心理负担，影响批评的效果。比如，你在客人面前批评你的职员，不论你说的是否在理，他都会感到在客人面前大大地丢了面子，甚至认为你是在羞辱他而对你怀恨在心。

另外，批评别人时，自己首先要承担一定责任。一个人要是犯了某种错误，他一定感到痛心，但如果批评全都落在一个人身上，他就往往产生一种误解，为什么不批评别人，专门批评我？在这种心理背景下，他就容易把批评理解为别人的吹毛求疵，蓄意报复。批评者在批评别人时若能自己承担在这一问题上的责任，被批评者可能就会打消顾虑，肯定对方批评的良好动机。

批评不但要有好的动机，还要有好的方法。批评要用事实教育人，用道理开导人，用后果提醒人，从而达到对方心悦诚服地改正错误的目的。

三、批评的艺术

卡耐基在《人性的弱点》中就曾讲过一个耐人寻味的故事：太阳要和风比试谁的力量大，正好看到路上走着一个穿棉袄的老头，他们约定谁能把老头的衣服脱下来，谁就算赢。风首先出场，它猛烈的向老头刮去，结果它越使劲地刮，老头把棉袄就裹得越紧，风无可奈何地败下阵来。而太阳出面后，却用温暖的阳光照在老头的身上，使老头感到风和日暖，不一会儿便解开纽扣脱掉棉袄。太阳成功的经验对我们很有启发，它告诉我们批评艺术的重要性。

1. 委婉引导

如果对方犯的不是原则性错误，或者不是正在犯错误的现场，我们就没有必要真枪实弹的批评。可以不指名道姓，用较温和的语言，只点明问题，或者是用某些事物对比、影射，也就是平常所说的点到为止，起到一个警告作用。高明的批评者，总是逐渐地引导对方，使他达到对自己犯错的一种自我觉悟。这种批评一般都采用间接引导的方法，让对方有一个反思的过程。其特点是含蓄委婉，不伤到被批评者的自尊心。

下面我们讲讲《张大千说胡子》的故事。张大千出席一个宴会。酒酣耳热之余，一位朋友想开张大千的玩笑，于是发起每人说一则关于胡子的笑话助兴。大家上下古今胡扯一阵，把留胡子的讥讽一番。张大千听着，不动声色，态度安详地也说了一个关于胡子的故事。三国时候，关羽之子关兴，张飞之子张苞，二人随刘备兴师伐吴。二人为父复仇心切，都想争做先锋。刘备左右为难。刘备对二人说："你们试说生父战功，说得好者为先锋。"张苞道："我父张飞当年喝断当阳桥、夜战马超、义释严颜。"关兴口吃，越急越说不出话来，最后大声疾呼道："我父亲须长数尺，人称美髯公，所以先锋一席应由我任才是。"关公立于云端大骂："你这不肖子。你父过五关、斩六将、水淹七军、单刀赴会，皆是千秋功业，你全不记得，怎单记得你老子这一口胡子？"张大千就是通过这样一则故事委婉地批评了那些拿他胡子开玩笑的朋友。

2. 直接警告

当然，如果遇到自我意识浅薄、依赖性大、不点不破、不明说不行的人，也可以用严肃的态度、较尖刻的语言或者用不良后果直接警告对方，这样也可以刺激被批评者自我反省，达到停止犯错并改正错误的目的。

3. 幽默启发

在批评过程中，使用富有哲理的故事、双关语、形象的比喻等，可缓解批评时的紧张情绪，启发被批评者的思考，增进相互间的感情交流，使批评不但达到教育的目的，同时也能营造一个轻松愉快的气氛。但是，不要牵强附会，生拉硬扯，否则，将适得其反，给人画蛇添足之感。

四、批评的礼仪

批评是对他人的缺点提出意见，往往容易使对方产生一种对立情绪，如果批评的方式不得当的话，就很容易给双方的关系和工作带来消极的影响。因此，当你要对别人发表看法，对他人的错误进行批评时，一定要掌握批评的礼仪。

批评他人，可以从自身做起。在批评他人之前先谈一谈自己从前做过的类似的错事，一方面可以为对方提供活生生的例证，让他从例证中认识到犯错的严重后果，另一方面也可以带给对方一定程度的认同感，拉近彼此的心理距离，营造出心胸开阔、坦诚相见的良好的批评氛围，从而使对方更容易接受。有时候，碍于所处的场合或评价对象的面子，批评者不便以过于直露的方式进行表白。这时候，批评者可以不明确表明自己的态度，只把自己的表白作为个人感受的抒发，而将批评之意蕴藏在貌似中性的表白之中，既不破坏特定场合的气氛，又能够使批评对象领会其批评的意图，并引起所有在场者的思考。

有时候批评也需要营造适宜的氛围，在冷冰冰的气氛里很难收到良好的批评效果。如果在批评之前先表示对对方某一长处的赞赏，肯定对方的价值，满足其某种心理需要，那么就能够营造出较好的气氛，这样既削弱了批评本身让人难以接受的程度，又使被批评者不致产生逆反心理。

在批评中引入幽默是调节气氛最好的方式，可以达到意想不到的效果。但如果把握不好往往会使批评掺杂上讽刺的意味，就会招人反感。

另外，在批评他人时，要善于运用词汇，例如，“意见”和“建议”两词，相比之下，人们更容易接受建议而不是意见。建议性的批评可以削弱批评中的否定因素，营造出良好的解决问题、改进工作的气氛。在这样的气氛中，被批评者既没有从批评中感受到太多不快，又自然地放弃了原先不正确的做法。

值得注意的是，当事人犯了错误，最忌讳别人津津乐道他的短处。批评者过多地纠缠于错误本身及其后果只会让他厌烦痛苦，丧失信心，甚至于怀着破罐子破摔的心态进行顶撞。既然错误已经发生，倒不如既往不咎，引导犯错者着眼未来，为做好明天的事情而吸取教训，细心准备。许多人之所以做出错误的行为，并不是因为他不懂得行为本身的违法、违规和不道德性，而是因为一时被不良的念头所驱使，导致自己做出了在理性状态下不太可能做出的错事。遇到这种情况时，批评者往往没有必要再去重申那人人皆知的大道理，只需采用含蓄的方式，暗示对方正在忽略最为基本的道德尺度和法律法规，使之从贪婪的念头中惊醒过来，从而自觉地放弃错误的行为。

课后训练与实践

一、思考题

1. 批评有哪些注意事项？请举例说明。

2. 赞美的技巧有哪些？

二、技能训练

1. 小游戏：猜猜他（她）是谁

操作方法：

请每名学生任选班内的一名同学，写下他的三个优点，教师随机点名让学生讲出自己写下的优点，然后全班猜测，并请被猜中的同学谈谈感受。

2. 赞美你的组员

操作方法：

（1）以组为单位对本组同学进行赞美演练；

（2）各组派代表在线赞美本组一名同学；

（3）其他同学进行在线点评；

（4）教师小结，针对学生演练的优缺点给予指导。

第九章

化解与求助

◆ **学习目标**

1. 了解化解与求助的含义。
2. 能灵活运用化解与求助的技巧。
3. 领悟并运用化解与求助的艺术。

案例导入

三国时期，荆州牧刘表有两个儿子，大儿子刘琦、小儿子刘琮。刘琦的母亲亡故比较早，所以刘表娶了一个年轻的老婆蔡氏。蔡氏把侄女嫁给了刘琮，亲上加亲，因而二人形成利益链，对刘琦不断排挤。而刘表又喜欢蔡氏与刘琮，渐渐对刘琦疏远。而且蔡瑁、张允等人，也更亲近刘琮，形势对刘琦很不利。

这个时候刘琦找到了诸葛亮，想问他对策。三番五次诸葛亮都因为刘备、刘表是宗亲，不宜插手人家家事而拒绝。刘琦急了，便邀请诸葛亮去阁楼，然后把梯子撤了。诸葛亮这才暗示刘琦，申生、重耳的故事（春秋时期晋国的故事，当时有人想害申生与重耳，申生留在国内死了，而重耳逃之在外最终回来成为国君。），刘琦马上会意，便向刘表申请去江夏当太守（当时黄祖被东吴杀死），最终刘琦逃脱了后母的魔掌，获得了安全。

思考讨论：你对刘琦用上屋抽梯的方法求助诸葛亮有什么看法？

第一节 化　解

一、化解的含义

人们在口才交际过程中，难免要面对与他人之间因观点、立场、情感、利害关系等方面的原因而引发矛盾，以及因此而引发的冲突，如何通过口才交际，淡化矛盾，消解冲突，化解由此而生。

化解通常是针对矛盾冲突的双方同时进行的，说话人往往多为与矛盾双方无直接关系的第三方，这就使得化解人在口才交际中处于一种类似调解人的地位。

二、化解的技巧

化解的技巧主要有以下两种。

1. 由表及里

在口才交际过程中，面对他人之间随时可能爆发的矛盾冲突，说话人可能对其前因后果一时缺乏全面的了解，却又不能袖手旁观，这时应当姑且不论孰是孰非，首先平息眼前的冲突，以免矛盾冲突的升级。

在中国近代史上，章太炎先生是一位出了名的心高气傲的饱学之士。1914 年，当时章太炎被袁世凯囚禁在龙泉寺已达五个多月，愤而用绝食抗议，此事震动了社会各界。第二天，他的几个著名的弟子钱玄同、朱逊光、吴承仕前去探望并规劝，但无论他们怎么苦口婆心地说，他都不为所动。正当大家无可奈何之际，吴承仕突然拿出杀手锏，说："先生比祢衡如何？"祢衡是三国时的清白名士，也是出了名的狂傲之人。因孔融的推荐，得以面见曹操。不料第一次见面，祢衡就一一数落曹操手下人物，并称无一不是"衣架、饭囊、酒桶、肉袋"，气得曹操罚他当了"鼓吏"。后来，在一次宴会上，祢衡本应当穿上新的衣服为客人敲鼓表演，但他却借机在宴席上脱光身上的旧衣服，击鼓痛骂曹操。曹操因为不愿承担"杀士"罪名，就将他派往刘表处劝降，想借刘表之手杀掉祢衡。章太炎一瞪眼，说道："祢衡怎么能比我？"吴承仕心中暗喜，老师上套了，连忙说："刘表要杀祢衡，自己不愿意戴杀士之罪，而使黄祖下手。现在，袁世凯比刘表高明多了，他不用借黄祖这样的角色，他叫先生自己杀自己。"听闻此言，章太炎赶紧翻身下床斥道："这是什么话！"众弟子趁此机会拿出他爱吃的食物，终于让他结束了这一次绝食。

在化解矛盾冲突时，如果由于来龙去脉比较复杂，双方又各执一词，各有其理，化解方一时难以明确判断，或者由于与当事人的亲密程度不够，有些深层的，甚至带有隐私性质的原因，当事人不愿和盘托出，此时可以将一时难以准确把握或全面了解的部分"冷冻旁置"，只对已知的或已明确的部分进行化解。

2. 转移趋同

在口才交际中出现语言冲突现象时，适度淡化双方的分歧点，同时，以双方的认识趋同为出发点，努力化解双方的分歧矛盾，最终求得双方的握手言和。还可以从事态发展的趋势与后果预期分析利害得失，力求免害，如难以达到，则退而求其次，设法诱导当事人将自己不愿改变的观点、态度、立场、做法中对对方有所伤害的成分主动予以减少，或者即使不愿减少，也同意以对对方无害的成分取而代之，同时，尽可能地保留对对方有利的成分，以逐步化解双方的矛盾冲突。

在生活中，我们可以运用化解的技巧来消除矛盾，让生活更和谐美满！

三、化解的艺术

当矛盾双方冲突公开化，甚至接近冲突爆发时，双方的情绪极度对立，就需要从事态发展的趋势与后果预期分析利害得失，化解双方的分歧矛盾，形成统一的认识。

1936 年，震惊中外的西安事变发生了，杨虎城部中的一部分军官强烈要求杀掉蒋介石，吵吵嚷嚷。当时，周恩来同志为了实现我党和平解决西安事变的政治主张，达到逼蒋抗日的目的，只身到这些军官中间来化解矛盾分歧。面对群情激愤的场面，怎么办呢？周恩来同志运用了委婉技巧。他平静地说："杀他还不容易，一句话就行了。"一句话说得全场安静下来了。这时，周恩来同志抓住了时机，提出了一连串的问题："可是杀了他又怎么样呢？局势会怎么样呢？南京会怎么样呢？日本人会怎么样呢？国家和民族的前途会怎么样呢？各位想过吗？"处于杀蒋冲动和激愤之中的军官们无人作声了。周恩来同志见大家冷静下来，便开始缓缓地谈出共产党的主张："两位将军都知道，这次抓住蒋介石，既不同于十月革命抓住尼古拉，也不同于滑铁卢擒住拿破仑，前者是革命胜利的果实，后者是革命失利的必然。这次是靠两位将军的抗日热情和牺牲精神，以武力要求的方式来捉住蒋介石的，他本人被捉了，但他的军事实力并没有受到任何损失……问题的严重性就在这里，何应钦是亲日派，如果把蒋介石杀了，何应钦的阴谋正好得逞，那我们的国家会是什么样子呢？"听了周恩来一番话，有一位开始曾极力主张杀蒋介石的军官说："要讲仇恨，共产党最恨蒋介石，十年内战，他杀了多少共产党员？但共产党顾全大局，以国家民族利益为重，大公无私，以德报怨，真令兄弟佩服。"周恩来同志通过深刻透彻的分析，终于说服了这些军官，化解了当时的矛盾。

第二节 求 助

一、求助的含义

在社会生活中，每一个人都会向他人求助，也难免被他人求助。

求助是人类极为普遍的行为，当一个人遇到自己难以解决的问题和困难时，会通过某一种或者某几种方式发出求助信息。在科学技术高度发展的信息时代，这种互相联系、互相求助的情况就更加难免。有时求助信息发出之后，发出求助信息的一方可以得到及时有效的帮助、救助，有时却只能得到很少的帮助甚至得不到任何帮助。

二、求助的技巧

一个人究竟怎样才能使自己的求助获得成功？这里面确有学问，下面我们介绍一些求助的语言技巧。

俗话说：“酒逢知己千杯少，话不投机半句多。”如果你求助的人彼此还很陌生，就需要一个熟悉的过程，这是一个与人沟通感情的交际阶段。通过和对方的交谈，努力寻找双方在经历、志趣、追求、爱好等方面的共同点，以便进行和谐、投机的谈话，为交际创造一个良好的氛围，进而赢得对方的支持与合作。

求助别人的过程中，由于当时人与环境的限制，个人的见解和看法经常会有难以表达之时，以致事情无法办成。这时，只有用巧妙的说话方式导入，才能将要说的话说出口。

1. 委婉含蓄

即通过含蓄的表达方式，如借助插入语、疑问句等有关句型和语气来避免求助的唐突。你可以试着比较这两句话的效果：“您能不能帮我把这件事办一下？”“你快点替我把这事办一下！”不难看出，委婉的表达方式要比直接的表达方式礼貌得多，也更容易得到别人的理解和帮助。

2. 大事化小

社交中，人们在提出某些请求时尽量把自己的要求说得很小，以便对方顺利接受，满足自己的愿望和要求。这样既可以减轻给别人带来的心理压力，也便于自己开口求助他人。例如：“这件事情只要你帮我解决这一个方面就可以了，其余的我自己再想办法。拜托啦！”

3. 虔诚恭维

在请求别人帮助时，虔诚恭敬的态度也是很关键的。通过彬彬有礼、恭敬有加的方式把有关请求表达出来，会使对方感到备受尊重而乐意帮忙。例如：“弟子们都在恭候您老的大驾光临呢！”

4. 换位体谅

求助他人时，也应从对方的角度来体谅对方的感受，再把自己的要求或想法适时地表达出来。例如：“我知道你现在也很困难，不过我也实在没办法，只好来麻烦您了。”

5. 述说因果

即在提出请求时把具体原因讲出来，让对方感到很有道理，应该给予帮助。尤其是在职场中，我们常常要为公务求人，而陈述有关既定的做法比较通用。这也比个人发号施令要礼貌得多。例如：“这是领导点名由你来负责的，所以这事非你莫属了。”

6. 旁敲侧击

求助他人有时不必事事详细讲明，在很多情况下只要把有关意思暗示给对方即可，这样双方自然都心领神会。例如：“最近我手头上的事情真是太多了，忙得焦头烂额。”（言下之意可能是：你能帮我一点忙吗？）

7. 夸张渲染

用夸张的办法把有关意思表达出来，通过说明事情的难度等，求得对方的谅解。例如：“我现在真是喊天天不应，问地地不灵啊！”（言下之意是：不到紧要关头，我是绝不会来麻烦您的。）当然，运用这种方法时要掌握好分寸，否则就会失真，引起别人的厌恶之情。

三、求助的艺术

我们在求助他人时，有些人因为不善言辞，结果让自己活在进退不能的紧张和压迫之中而惊恐万分；而有些人懂得求助的艺术，自然为他们在求人办事中锦上添花。现实中求助他人也许不需要你太多的豪迈和激情，但绝对需要你懂得一点语言的艺术。

求人办事若不掌握好适当的方法，可能就会胸有百策也噤若寒蝉，如同茶壶里煮饺子——倒不出来，以致于难以达到理想的效果。《西游记》中的孙悟空，聪明好斗不服输，平时说话好像不知天高地厚，但是在关键时刻他却深谙求助的艺术，所以总是能够得到别人的帮助。今天，我们来看看他是怎样向玉帝求助的。

“俺老孙在路上遇见一个妖怪，把我师傅给抓进洞里去了，到现在还不知道是蒸了还是煮了呢？……俺老孙和他苦斗了一场，他的手段倒也平平，只是他有个白森森的圈子，不知是什么怪物，把俺老孙的金箍棒给套走了……俺老孙想并不是凡间之物啊！所以上天请老官儿给查查看看有没有凶星下凡，挡住俺老孙去路。求玉帝赶紧派兵收服妖怪，俺老孙感激不尽，感激不尽！”

从这段话我们可以将孙悟空的求助艺术总结为三点。

一是了解对方的个性特点，心理情绪。孙悟空很清楚在这件事情上玉帝会愿意或乐意为自己帮忙。他见到玉帝时，玉帝正和众仙在一起，心情尚好。在求助时，他结合对方的心理情绪因素说话，说得既实在又感人。

二是言辞诚恳礼貌，放低姿态。孙悟空在求助时言辞诚恳，注意礼貌，没有理直气壮像讨账似的用命令口气来要别人帮助。虽然他曾经和玉帝有过过节，但是他很清楚在这件事情上，他的实力不如对方，需要对方的帮助。

三是要求明确，把握要点。求助时，如果圈子绕得太大，或言辞吞吞吐吐，不把来意说明，就可能使对方造成错觉和误解。孙悟空在求助时是开门见山入正题，意思表达清楚明了。再则，求助别人的事有缓有急，对方帮忙也有能否及时帮到和缓慢帮到的问题。如果交代不清楚，本来急需帮忙的，对方却认为你不急用，给你来个“慢慢来”；或者本来别人通过一段努力可以帮到的忙，却认为你要解燃眉之急，他又暂时无法办到，故而拒绝为你帮忙。因此，求助时也要让对方明白自己的缓急需要。孙悟空明确表示事情很紧急，需要玉帝马上出手相救，玉帝了解了他的需求，马上派人救援。孙悟空凭着自己的求助艺术顺利达成目的。

四、求助的礼仪

一要学会因人说话。求人办事时，应结合对方的心理情绪、兴趣爱好等因素说话，尽量说得感人、宜人。比如对年轻人应调动他们的激情，对中年人应讲清利害关系，对老年人应使用商量语气，以示尊重。

二要学会把握要点。求人不等同聊天，交谈时若总是东拉西扯不得要领，尤其在关键问题上打马虎眼，这样很难让人了解你交谈的目的所在。

三要学会放低姿态。在求助他人时需要放低姿态，表现低姿态只是向对方说明：在这件事情上，你的实力不如对方，你需要对方的帮助，但并不表明你的人格尊严受人鄙视。

课后训练与实践

一、思考题

1. 化解的技巧有哪些？
2. 求职时要注意哪些礼仪？

二、案例分析

刘昊来公司有一段时间了，工作却一直没有什么起色。因为他刚到公司，跟同事都不太熟，遇到问题不好意思问别人，更不敢去问领导。一是心理素质差，和领导说话就紧张；二是怕领导会觉得自己能力不行，对自己有偏见。

作为职场新人该怎样去求助他人，请你给李昊一些小建议。

第十章

说服与婉拒

◆ **学习目标**

1. 了解说服与婉拒的含义。
2. 能灵活运用说服与婉拒的技巧。
3. 体会和运用说服与婉拒的礼仪及艺术。

案例导入

哥伦布发现了新大陆，这被视为划时代的伟大发现，他本人也因此一举成名，成了举国上下崇敬的英雄。

但也有一些傲慢无礼、心胸狭窄的人想使哥伦布难堪。在一次为哥伦布举行的庆功宴会上，就有人跳出来发难："听说你在大西洋的彼岸发现了新大陆，但那有什么了不起？任何人通过航行，都可以像你那样到达大西洋彼岸，并发现新大陆。这是世界上再简单不过的事了，为什么要小题大做呢？"

面对这样的挑衅，哥伦布没有立刻回击，而是从容地站起来，从桌上拿起一个鸡蛋，对在场的宾客们说："先生们，这是一个普通的鸡蛋，谁能把它立起来呢？"好奇的宾客们走过来，一个接一个，试图办到这件事，但鸡蛋传了一圈，也没有人能成功。于是大家都摇摇头，认为这是不可能的。

哥伦布一言不发，接过鸡蛋，轻轻地在蛋壳上敲出一个小坑，毫不费力地把鸡蛋立了起来，顿时全场哗然。

哥伦布转身对大家说："这不是世界上简单的事吗？然而你们却说这是不可能办到的。是的，当人们知道某件事情该怎么做之后，也许谁都能做到了。"

大家听完都沉默不语，那些企图使哥伦布难堪的小人也没有再为难过他了。

思考讨论：哥伦布是怎样说服那些企图使他难堪的小人的？

分析提示：在这个故事中，哥伦布以一个简单的实例，构成了一个严密的模拟推理，证明了一个道理。即在一件事情未获得验证前，是一件极度困难的事，但只要有人找到解决的方法，这事就变得再简单不过了。因此，在说服别人的时候，如果能够找到合适的事实来为我们辩护，往往会胜于雄辩。

第一节　说　服

一、说服的含义

在人际交往过程中，不可避免地会遇到双方观点不同的情景，如果处理不好，往往会给人际关系造成直接或间接的伤害，这时说服就是维系人际关系的重要表达方式之一。

说服是指用理由充分的话开导对方，使之心服。语出《礼记·学记》：“夫然后足以化民易俗，近者说服，而远者怀之，此大学之道也。”

二、说服的技巧

我们总结了在日常生活中可能会运用到的说服技巧，它们将会帮助你消除尴尬，避免人际交往过程中因观点不一所造成的麻烦。

1. 站在对方的立场

在彼此观点存在分歧的时候，你也许曾试图通过说服来解决问题，结果却往往发现遇到了前所未有的困难。其实，导致说服不能生效的原因并不是我们没把道理讲清楚，而是由于劝说者与被劝说者固执地踞守在各自的立场之上，不替对方着想。如果换个位置，被劝说者也许就不会“拒绝”劝说者，说服就会容易多了。

2. 通过赞扬调动热情

每个人的内心都有自己渴望的“评价”，希望别人能够了解，并给予赞美，所以对对方某些固有的优点给予适度的赞扬，以使对方得到心理上的满足，可以使其在较为愉快的情绪中接受你的劝说。

《红楼梦》第四十七回，贾母因为大儿子要娶鸳鸯动怒，薛姨妈等人急忙回避了。等贾母发完了火，又想着要玩牌，便命丫头们去请薛姨妈。薛姨妈不想去。

这位小丫头道：“好亲亲的姨太太，姨祖宗，我们老太太生气呢。你老人家不去，没个开交了。只当疼我们吧，你老人家嫌乏，我背了你老人家去。”首先，这位小丫头，把薛姨妈摆到了一个极高的位置，然后说出了薛姨妈的重要性，“你老人家不去，没个开交了”，最后是解决办法，“你老人家嫌乏，我背了你老人家去”。虽然，这最后一招有点夸张，但简简单单的几句话，连撒娇带恳求，只怕谁也没有办法拒绝了。

3. 以真心打动别人

在进行说服的时候，在很大程度上，可以说是对对方情感的征服。因此，劝说别人时，你应该动之以情，晓之以理，使对方觉得你们是在公正地交换各自的看法，而不是抱有任何个人的目的，更没有丝毫不良的企图。你要让对方感觉到你是在真心实意地帮助他，为他的切身利益着想。

《红楼梦》第四十三回，贾宝玉在王熙凤的生日这天，偷偷跑到郊外的水仙庵祭奠金钏儿。虽然这是贾宝玉对金钏儿的一片愧意，却未免妨碍了给表姐兼堂嫂拜寿的礼节，也因为不告贾母而去，让长辈担忧。

与他同来的茗烟，必须劝主子赶紧回去，文中是这么说的："第一，老太太、太太也放了心；第二，礼也尽了，不过如此，就是家去了看戏，吃酒，也并不是二爷有意，原不过陪父母尽孝道。二爷若单为了这个，不顾老太太、太太悬心，就是方才那受祭的阴魂也不安生。二爷想我这话如何？"

茗烟劝宝玉回去，原是正理，原是"忠言"，但这忠言，何等的打动人？何曾有一个字逆耳？难道不是句句都说到了贾宝玉的心坎里？也难怪，贾宝玉对这个小厮，如此的信任和依赖。

4. 忍一时风平浪静

当别人与自己的意见或看法相左时，千万不要不顾一切地据理力争，因为这样做往往会同时激起对方的逆反情绪，使争论逐渐偏离谈话的初衷，而转向对个人的攻击。因此，在出现类似的情况时，应该克己忍让，以柔克刚，用事实来"表白"自己。这样才能平息对方可能出现的暴躁情绪，这种忍让的气度和"四两拨千斤"的说服技巧常常能赢得别人的好感与尊敬。

5. 共同意识的作用

朋友之间或多或少都会存在某些"共同意识"，因此，在谈话过程中出现矛盾的时候，你应该敏锐地把握这种共同意识，以便求同存异，缩短与对方的心理差距。说服本身就是要设法缩短和别人之间的心理距离，而共同意识的提出往往会增加双方的亲密感，最终达到接近对方内心的目的。

6. 说服时的语言艺术

在说服的过程中，为了使对话的气氛变得轻松些，你可以适当点缀些俏皮话、笑话、歇后语，这样往往会取得良好的效果。

这些说服的技巧每天都会在不同的时间、不同的地点上演，有些人因为掌握了其中的精髓而使自己的人脉网络得到了应有的保护和拓展，而另一些人则因为某个细节处理不当而失去了潜在的人脉资源。你最终会成为哪一种人呢？

三、说服的艺术

我们来分析一下《触龙说赵太后》中的说服艺术。

1. 避其锋芒、欲擒故纵

太后得知触龙进见，知道他为劝说长安君做人质一事而来，思想上已有了充分的警惕和准备。她怒气冲冲，专等触龙提出此事，骂他个狗血喷头，吐他一脸唾沫。心里说：好一个大胆的家伙，竟敢顶风劝谏，自找没趣。然而，当老臣触龙迈着急促而蹒跚的步子进谏时，太后等来的不是劝谏之辞，而是亲切而又温暖的问候和关心，这使她大为感动，随之心里那根绷得很紧的警惕之弦不自觉的放松了，怒气也渐渐消除了。其实赵太后正中了触龙的欲擒故纵之计，这也是触龙劝谏策略的第一步。

2. 巧妙布阵、诱其上钩

赵太后怒色少解，但触龙仍未提及让长安君做人质一事，而是顺着拉家常的线索，向太后提出给自己的小儿子安排差使的请求，以趁自己健在之时为儿子作长远打算。这就表现出了对小儿子的特别疼爱。

这个请求实际上是在向自己的目标——劝谏长安君做人质慢慢靠近，也是继续诱太后上钩的关键一步。这一请求非但未遭拒绝，而且还引起了太后感情上的同情和共鸣：可怜天下父母心，哪个亲人不爱子？于是她爽快答应了。而且她好像找到了同盟，找到了“不让长安君做人质”的理解者和支持者。她哪里知道，这实际上是迈进了触龙的圈套。

3. 以子之矛、攻子之盾

正当两人就“爱子”问题不谋而合地站到同一战壕里的时候，触龙顺势将话题引向了“谁更爱自己的子女”的论争，并巧妙地运用激将法：明知太后更爱长安君，却说她爱燕后甚于长安君。

这便又引起了新的争论，于是触龙摆出自己的观点：“父母之爱子，则为之计深远。”并以太后送女儿燕后出嫁时，担心女儿的长远利益的事实，使太后深深认识到：要真心爱子女，就要为子女做长远打算。太后承认了这一观点，紧接着，触龙步步进逼，从赵国的历史说起，列举了一系列反面的事实：“今三世以前，至于赵之为赵，赵王之子孙侯者，其继有在者乎？微独赵，诸侯有在者乎？”他们都不存在了。这是为什么呢？于是触龙顺理成章地指明了其中的原因：“岂人主之子孙则必不善哉？位尊而无功，丰厚而无劳，而挟重器多也。”至此，言归主题已到火候。触龙便因势利导、水到渠成地指出了太后的做法：“尊长安君之位，封之以膏腴之地，多予之重器，而不及今令有功于国”的危害。从而也解释了他认为太后爱长安君不如爱燕后的理由。这样，就使赵太后陷入了既疼爱长安君，又不让他出使齐国，为他作长远打算的这种自相矛盾之中。使她深刻地明白了自己对长安君的爱只是一种只顾眼前不顾长远的溺爱而已，这种溺子骄子就等于杀子。

于是，赵太后答应让长安君出使齐国，触龙达到了预期的目的，也挽救了赵国。

四、说服的礼仪

说服，即在交谈中对他人郑重其事地加以劝告，劝说其改变立场、改正错误。说服他人要讲究一定的方式、方法，最好要先考虑到对方的合理需要。人生在世，要求得生存和发展，必然有各种各样的需要，包括物质的、精神的、生理的等，了解到这些，双方交谈也就有了共同的语言，就可以从这些方面入手去说服对方。有的放矢的说服一般是会有成效的。

说服过程中必须把握住对方的心理，入情入理地帮助对方发现和满足自己的需要，针对其特点来劝说。如果对方认识到自己的需求与你的观点、主张等可以求得一致，接受你的劝说可以满足自己的某种需求时，他也就会认可你的劝说。反之，则会造成与你持不同甚至对立的态度。

人有的时候一旦固执己见、自以为是，或者沉醉入迷、心灰意冷的时候，往往很难听得进别人的好言相劝。要想在这种情况下说服人，是很困难的，但巧用类比，有时可起到意想不到的效果。通过对比，说服对方。将双方的观点进行相互比较，通过对比证明对方思路有失偏颇，存在漏洞，同时阐明自己观点的正确，让对方在对比中权衡利弊，使其最后放弃自己的观点。有时候，人们会忘却从前的某些教训，好了伤疤忘了痛。但切肤之痛毕竟感受深刻，只要他人一提及，其利害得失不难记起。了解对方，并设身处地为对方着想，只有这样才会缩短心理距离，才容易打动对方。对一些听不进一般劝告的人，可以给其讲述自己亲身经历的类似事件，利用两件事的相似之处，或借甲事说乙事，让对方在其中产生感悟，以达到委婉说服的目的。

第二节 婉　拒

一、婉拒的含义

现代社会，人际交往纵横交错，我们常常会收到亲戚朋友、领导同事、业务对象等人的需求和希望。如果每一次我们都可以保持笑口常开地说“是”“没问题”，那自然是再好不过的事情。可是多数人是无法保证的。一个“不”字也许说来轻松，可在社交场合中它就好比一把无形的“大刀”，让人提不起也放不下，那么，如何让“不”字有一副亲切的面孔呢？我们可以采取婉拒的方式。

婉拒，就是委婉地拒绝。在口才交际过程中，当我们面对对方向自己提出要求，自己不愿承诺或难以满足，却又难以正面拒绝的时候，就要采取不失礼貌、不伤友情的拒绝方式。

二、婉拒的技巧

下面我们讲讲交际中常用的几种婉拒技巧。

1. 归谬否定

即在对方提问题时，你先不直接答复他，而是先讲明条件、说明理由，让对方自我否定后，再使他不得不自动放弃先前的要求。例如：美国总统罗斯福在当总统以前，曾在海军任要职。有一次，一个记者问他关于加勒比海的小岛上建立潜艇基地的计划，罗斯福在回答问题之前，小声说："你能保密吗？"记者回答说："能保密"。罗斯福马上接着说："你能我也能。"罗斯福通过先设问，再诱使记者上钩，然后使记者陷入自我否定的境地，从而达到拒绝对方的目的，真是巧妙之至。

2. 先扬后抑

就是在对方提出相关要求或问题后，先肯定他的观点或想法，然后再说出自己的难处，不好办或不能办的苦衷，请对方理解、原谅。如："我赞同你的看法，不过我觉得……"。从心理学的角度来说，如果我们一开始就说"不"字，对方会很不高兴，也会极力反对你。而先说出"是"，再说"不过"的方式，会有效地打消对方说服我们的欲望。

3. 难得糊涂

可以是模糊暗示。对别人需求的事情不讲得过于清楚，而是用模糊的语言暗示对方自己拒绝的意图。这样既避免了双方的尴尬，又达到拒绝的目的。例如有人极力邀请你去赴宴，但是你又因为各种原因无法参加。这时，你不妨说："今天恐怕不行，下次一定来。"其实，下次是什么时候谁也不知道，而且对方如果聪明的话，也不会再为难你。也可以是答非所问，对方提出需求后，可以采取一些非个人理由的借口，来表示自己的无可奈何。这样也很容易被人理解，从而达到巧妙拒绝的效果。如："明天你一定要来啊！"，你可以说："我明天必须要去省里参加一个重要会议。"还可以是装聋作哑，就是在对方提出问题后，你假装没注意、没听见或没看见，用不言不语、不可置否来表明你的态度。

4. 转移话题

当对方提出或正要提出某种请求或要求时，可用巧妙变换话题的方法，转移对方的注意力，让其处于被动地位，从而改变对方的意图，达到拒绝的目的。这样既能避免引起正面冲突，又能很好地维护双方的面子。

5. 晓以利害

对于朋友提出的违反原则的要求，要心平气和地给朋友讲明政策规定，讲清利害关系，让朋友知道，这些事情帮助办理是违规违纪的，是要出问题的。比如有的学生家长想让自己的孩子休学留级，就到医院找做医生的朋友，要求出具假的肝炎病历和报告单。这是明显的违规行为。对此，医生就可以委婉地告诉朋友，假住院、假病历一经查实就会遭受严肃处理。这样的拒绝，既不会影响朋友们的感情，又能体现出你的善意和坦诚。

6. 巧借他人

在拒绝别人时，可以使用他人为理由进行拒绝。比如，有人找你借车，你不好意思直接拒绝，就尽管往自己老婆身上推："你也知道，我媳妇那人，她不让借，借给你回头还得吵架，你不行找别人看看吧。"

今天我们学习了婉拒的含义和技巧，当然，我们在拒绝别人时，首先要尊重和理解对方，在可能的情况下，运用得体的语言表达方式，尽力阐述自己的理由，使对方能够谅解，并努力将对方的失望减少到最低限度。这样，我们既维护了双方的情面，保持了交流的延续，又达到了拒绝对方的目的。总之，方法来源于实践，如果你是生活中的有心人，一定还会找到更多切实可行的办法。

三、婉拒的艺术

人们在向对方提出某种请求或要求时，总是认为对方能够做到并希望对方能够承诺。而被请求方如果拒绝作出承诺，却被请求方认为是能够做到而不愿做到，很自然就会伤及双方的友谊或情意，所以当对方提出，或正要提出某种请求或要求时，可以或虚与应对，顾左右而言他，或有意识地运用“打岔”等方式，使得对方不再坚持，进而避免因当面拒绝而导致的不快与尴尬。今天我们来学习婉拒的艺术，听以下几个故事。

1. 庄子钓于濮水的故事

庄子在濮水边钓鱼，楚威王派二位大夫前来邀请他说道：“愿意把国事委托给先生！”庄子手持钓竿，头也不回地说：“我听说楚国有只神龟，已经死去三千年了。楚王将它的骨甲蒙上罩巾装在竹箱里，供奉在太庙明堂之上。对于这只龟来说，它是愿意死后留下骨甲而尊贵呢？还是宁愿活着在泥里拖着尾巴爬行呢？”两位大夫回答说：“宁愿活着拖着尾巴在泥里爬行。”庄子说：“你们请回吧！我将照旧拖着尾巴在泥里爬行。”

庄子通过讲故事来转移话题，把自己的答复蕴含在故事里，使得对方不再坚持提出请求，达到了拒绝请求的目的。

2. 郑板桥的故事

郑板桥在潍县当县令的时候，查处了一个叫做李卿的恶霸。李卿的父亲李君，是当朝的刑部大官，他听说此事后，立即找郑板桥说情。

李君来到郑板桥的家里，只见旁边的几案上放着文房四宝，于是他眼珠子一转，心中有了主意，对郑板桥说：“郑兄，你我题诗作画以助雅兴，如何？”郑板桥爽快地说道：“李大人请便！”李君也不客气，当即上前拿起笔，就在纸上画了一片尖尖竹笋，上面飞着一只乌鸦。郑板桥上前见了，也不搭话，就挥笔画了一丛细长的兰草，中间还有一只蜜蜂飞舞。

李君画完后，笑眯眯地对郑板桥说：“郑兄，我这可有名堂，叫做‘竹笋似枪，乌鸦真敢尖上立’。”郑板桥微微一笑，说道：“李大人，我这也有名堂，这叫做‘兰叶如剑，黄蜂偏向刃中行’！”

李君听了郑板桥之言，知道来硬的不行，于是就换了方式，提笔在纸上写道：燮乃才子。郑板桥一看，知道人家是在夸自己，于是笑着提笔在纸上写道：卿本佳人。李君看了心中不由地一亮，说道：“我这‘燮’字可是郑兄的大名，你的‘卿’字可是……”郑板桥笑着说：“那当然就是贵公子的宝号了！”李君听了眉开眼笑，说道：“承蒙郑兄关照，既然我子是佳人，那就请郑兄手下留情……”

郑板桥笑着说：“李大人，你怎么糊涂了？唐代李延寿不是说过‘卿本佳人，奈何作贼’吗？”李君一听，变了脸色，拂袖而去。

3.《红楼梦》中贾母的故事

婉拒晚辈的孝心，《红楼梦》中的贾母也有大招。作为宁荣二府中辈分最高的老人家，晚辈子孙们自然要经常向贾母表达孝心。比如第五十三回的除夕，尤氏再一次挽留贾母：“已经预备下老太太的晚饭，每年都不肯赏些体面，用过晚饭过去，果然我们就不济凤丫头不成？”

尤氏的挽留很真诚。贾母的拒绝却很巧妙：“你这里供着祖宗，忙的什么似得，哪里搁得住我闹！况且每年我不吃，你们也要送去的。不如还送了去，我吃不了，留着明儿再吃，岂不多吃些？”

我们简略地分析一下贾母的话语。

第一句话，道明了宁国府这边忙，供着祖宗，他们的神灵在此，不宜过于闹腾，要小心香火。表达了她的体谅。第二句话，吐露了她每年都记得尤氏的心意，没有忘记她的诚意，记得她的苦心与孝心。第三句，让尤氏还送去，虽有些不近情理，但是接下来道出的“岂不多吃些”这五个字，却是对尤氏盛意的最大肯定。荣国府中锦衣玉食的老太太，目的自然不可能是“多吃些”，但这种委婉的拒绝方式，却给尤氏留足了体面。

阅读拓展

某公司有一位做事认真、勤勤恳恳的女职员，由于她工作出色，给部门经理留下了很好的印象。后来，这位经理热心地想帮她牵红线，介绍自己一个朋友的儿子认识她，这位女职员非常有技巧地拒绝了：

“这件事情，我恐怕要让您失望了，实在很抱歉！因为，虽然我也认为一个女人是非结婚不可的，但是很早之前，我就坚定地告诉自己：‘不论任何人说亲、对象是谁，在我自己还不到 26 岁之前，我是不会结婚的。’更何况，您也知道现在我还在读在职研究生，学业尚未有所成就。我想等到我学业完成，再来谈恋爱、结婚吧。这完全出于我自身的考虑，希望您能够谅解。我这番话，绝对不是只说给您一个人听的。”

课后训练与实践

一、思考题

此时此刻，你最想说服身边的某人做某事？你打算怎么说？

二、技能训练

1. 今天晚上全家要为你爸爸过 50 岁生日，但你的一位同学却邀请你去看电影，如何拒绝他的邀请，才能不伤害你与这位同学的感情？

2. 公司同事小王喊你帮忙代打上班考勤卡，你知道这会违反公司的规定，该如何拒绝？

第十一章

非语言交流

◆ **学习目标**

1. 了解非语言交流的基本概念。
2. 熟知非语言交流的各种表现方式。
3. 能正确运用非语言交流方式增强交流效果。

案例导入

曾国藩的洞察力

某日，李鸿章带了三个人去拜见曾国藩，请曾给他们分派职务。恰巧曾散步去了，李示意那三个人在厅外等候，自己去里面。不久，曾散步归来，李鸿章禀明来意，请曾国藩考察那三个人。曾摇手笑言："不必了，面向厅门站在左边的那位是个忠厚之人，办事小心谨慎，让人放心，可派他做后勤供应一类的工作；中间那位是个阳奉阴违、两面三刀的人，不值得信任，只宜分派一些无足轻重的工作，担不得大任；右边那位是个将才，可独当一面，将大有作为，应予以重用。"

李很是惊奇，问："还没用他们，大人您如何看出来的呢？"

曾笑着说："刚才散步回来，在厅外见到了这三人。走过他们身边时，左边那个态度温顺，目光低垂，拘谨有余，小心翼翼，可见是一个小心谨慎之人，因此适合做后勤供应一类，只需踏实肯干、无须多少开创精神和机敏的事情。中间那位，表面上恭恭敬敬，可等我走过之后，就左顾右盼、神色不端，可见是个阳奉阴违、机巧狡诈之辈，万万不可重用。右边那位，始终挺拔而立，气宇轩昂，目光凛然，不卑不亢，是一位大将之才，将来成就不在你我之下。"

曾国藩所指的那位"大将之才"，便是日后立下赫赫战功并官至台湾巡抚的淮军勇将刘铭传。

思考讨论：从曾国藩的观察评价中得出什么启示？

第一节　非语言交流概述

一、非语言交流的概念

知识链接

心理学认为：交流时信息的全部表达=7%语调+38%声音+55%肢体语言。所以在职场中，不仅说话是一门技术，非语言交流也是不得不学的一门技巧。我们把声音和肢体语言都归为非语言交往的符号，那么沟通就只有7%是由言语进行的。

非语言交流是以人体语言（非言语行为）作为载体，即通过人的眼神、表情、动作和空间距离、身体移动、（人体动作学）姿势、饰品服饰、珠宝、发型等来进行人与人之间的信息交流。在人际交往关系中，非语言交流具有非常重要的地位，是人际沟通的重要形式之一，据调查显示，非语言交流占所有沟通形式的65%，因此它能表达个人内心的真实感受，可表达个人难以用语言表达的情感、情绪及感觉等。

根据美国加州大学洛杉矶分院（UCLA）研究者发现，在面谈中，信息的55%来自身体语言，38%来自语调，而仅有7%来自真正的语言。在影响他人时，本身也不断地从外界接收信息，接收信息的渠道有：眼神83%、听觉11%、味觉1%、嗅觉3.5%、触觉1.5%，视觉是接收信息最多的渠道。

可见表达能力绝不只是你的“口才”，非语言表达方式和语言同样重要，有时作用甚至更加明显。正如德鲁克所说，人无法只靠一句话来沟通，总是得靠整个人来沟通。通过非语言沟通，人们可以更直观、更形象地判断你的为人、做事的能力，看出你的自信和热情，从而获得十分重要的“第一印象”。人们常说：耳朵听不见为失聪，眼睛看不见为失明。聪明就是耳聪目明，聪明的人能看出别人没有看出的方面，听出言外之意。人们控制要说的话比较容易，而控制身体语言却不容易，身体语言会将人的思想暴露无遗。

二、非语言交流和语言交流的关系

（一）非语言交流对语言交流具有强化作用

非语言交流可以发挥强化语言沟通信息传递的效果。例如：我们表达“我们一定实现这个目标”时，往往要有力地挥动拳头，表示坚决；一个人生气时，往往提高声音强度来表示自己非常生气。这些非语言沟通大大增强了话语的分量，体现了信息发送者的态度。

（二）非语言交流对语言交流具有替代作用

非语言交流不仅可以强化语言交流信息的传递，在很多时候，可以替代语言交流。非语言行为作为一种特定的形象语言，它可以产生有声语言所不能达到的交际效果，许多有声语言所不能传递的信息，非语言行为却可有效地传递。在人际交往中，我们也都会自觉或不自觉地采用各种非语言交流来代替有声语言，进行信息的传递和交流，往往节省了过多的解释和介绍，达到“此时无声胜有声”“只可意会，不可言传”的效果。

（三）非语言交流对语言交流具有补充作用

多数情况下，语言与非语言二者并用，起到互为补充的效果。以“道别”为例，如果交流各方言谈甚欢，在一方站起来说“我得走了”，同时，对方也会热情起身相送，可能还热情地握手，还会增加目光的接触，面带微笑，送出门外，表示交流顺畅，希望继续保持联系；如果是交流不顺畅，则双方表情显得冷淡，尽管会说“再见”，但可能不会起身相送，双方表情会显得冷淡，目光接触会相对较少，可能暗示“再也不想和你谈了”。

（四）非语言交流能够否定语言交流信息

交流者对所交流的信息表示不满或意见有分歧时，人们可以通过非语言行为给予否定或拒绝。例如：两人发生了言语冲突，其中一个说：“我希望您别介意”，另一个回答：“我才不会介意呢！”但是说话的音调明显提高，带着不屑眼神，或嘴角紧绷，甚至同时握着拳头。此时，虽然嘴里说不介意，其实不满的情绪已经很明显了。因此，当语言信息和非语言信息发生冲突时，最常被接受的是非语言信息的含义，或者说非语言信息会揭露真相。

（五）非语言交流能验证语言交流的真实性

非语言所包含的信息常常是在不知不觉中反映出来的，是人们内心情感的自然流露，它所传递的信息更具真实性。因此，非语言行为所传递的信息常常可以印证有声语言所传递的信息真实与否。在实际交流沟通过程中，常会出现“言行不一”的现象。正确判断沟通者的真实思想和心理活动，要通过观察他的非语言行为，而不是只听他的有声语言，因为有声语言往往会掩饰真实情况，正所谓“察其言，观其行”。因此在人际交往中，尤其要注意对方的非语言信息，以判断对方语言信息的真假虚实，确定合作诚意和真实意图。

三、非语言交流的作用

（一）非语言交流隐藏着丰富的文化内涵

人们的许多非语言行为都是在特定的文化背景下形成的，不可避免地受到文化环境、风俗习惯、思维方式、价值观念及宗教信仰的影响，并在沟通过程中自然而然地将这些文化内涵反映出来。一般来说，人们的大多数非语言行为是在孩童时期学到的，是由其父母和其他相关群体传给他们的。在西方国家，那些有许多窗户和最好风景的办公室都是特意留给地位比较高的人的，而在日本却恰好相反，“坐在窗户旁边”暗示你已经从主要工作中被排除出来了，或者是已经被放在一边了。在德国，办公室是单独的、分开的，并且在紧闭的办公室门上写着主人的名字。德国人不愿在一个敞开的大办公室里工作，因为自己的谈话能被别人听到显然是一种缺乏隐私权的表现。而在日本，办公室一般是不分开的，公司经常会使用一个很大的、开放的并且很拥挤的办公室，包括老板在内所有的人都坐在这里，他们认为这样有助于消除那些阻止非正式交流的隔阂。

（二）非语言交流能更真实地表明人的情感和态度

非语言交流在很大程度上是无意识的，因而，它能更真实地表明人的情感和态度。当你与他人交谈后，你会很清楚地记得谈话的内容，因为这些话是通过你的思考、选择有意识地表达出来的。但在谈话时你做了哪些动作、用过什么样的姿势却难以说清，因为它们是自然而然地流露，你并没有刻意地去选择在说哪些话时采取哪些姿势。例如，我们会不自觉地接近自己喜欢的人，而与自己不喜欢的人谈话时则离得远些；当反对某些意见时，可能会把双臂交叉在胸前；而对某些话题感兴趣时，会把身体倾向对方。面部表情、手势、形体动作和使用目光的方式，都向他人传递了我们的情感和情绪，别人能从我们的面部表情上发现愉快、悲哀、恐惧、愤怒和是否有兴趣。绝大多数人也能通过说话的速度、音调等准确地识别说话者的情绪。

（三）非语言行为所包含的信息远远超出语言所提供的信息

有关研究表明，非语言交流所显示的含义要比语言丰富得多，因为，语言有时会把所要表达的意思的大部分甚至是绝大部分隐藏起来。所以，要了解说话人的深层心理，即无意识领域，单凭语言是不够的，人的动作比语言更能表现出人的情感和欲望。人类语言传达的意思大多数属于理性层面，这种经过理性加工表达出来的语言往往不能真实地表露一个人的真正意向，甚至还会出现“口是心非”的现象。这就表明，当一个人在谈话时，他可能戴上某种面具，讲的话可能是虚假的，而其身体语言的掩饰就不会那么有效了。

（四）非语言交流能够影响并控制语言交流

在交流过程中，非语言交流不仅起着配合、辅助和加强语言沟通的作用，而且能够影响并调控语言沟通的方向和内容。例如，在交谈过程中，讲话者应把目光集中在听话者身上，尤其是面部，意思是“我在跟你说话”。而听话者也应不时地注视一下讲话者，表示“我在听着呢”。讲话者在快讲完时，总是抬起眼望着对方，示意对方“该你讲了”。这时对方会接收这一信号，将目光移向别处，表示“我已经准备接话了”。然后，听话者转为讲话者，重复刚才的一幕，谈话继续进行。如果在讲话者喋喋不休时，听话者东张西望，那就表示“够了，别讲了”，这时讲话者应及时做出调整。这种目光信号的交换伴随着整个谈话过程，调节着谈话的结构和内容。

知识链接

教你如何握手

来源：《你的形象价值百万》 作者：英格丽·张 Ingrid Zhang

握手是陌生者之间第一次的身体接触，只有几秒钟的时间。但正是这短短的几秒钟，它如此之关键，立刻决定了别人对你的喜欢程度。握手的方式、用力的轻重、手掌的湿度等等，像哑剧一样无声的向对方描述你的性格、可信程度、心理状态。握手的质量表现了你对别人的态度是热情还是冷淡，积极还是消极，是尊重别人、诚恳相待，还是居高临下、屈尊地敷衍了事。一个积极有力度的正确握手，表达了你友好的态度和可信度，也表现了你对别人的重视和尊重。一个无力的、漫不经心的、错误的握手方式，立刻传送出了不利于你的信息，让你无法用语言来弥补，会在对方的心里留下对你非常不利的第一印象。因此，在与人握手时需要掌握以下技巧。

（1）先自我介绍，再伸出你的手。通常是高职位的人或者女人、长者先伸手，表示愿意与对方握手。如果他们没伸手，你应该等待。若是对方非常积极地先伸出手来，你一定要去回握，否则不但让对方感到窘迫，也显得你不懂礼仪。

（2）握手时，要与对方目光接触，面带笑容，目光接触显示你对别人的重视和兴趣，也表现了自信和坦然，同时还可以观察对方的表情。

（3）当你伸出手时，手掌和拇指应该成一个角度，一旦你的手与别人的手握在一起，你的四指与拇指应该全部与对方的手握在一起。“死鱼”式的握手特征之一就是不用拇指。

（4）握手要有一定的力度，它表示了你坚定、有力的性格和热切的态度。没有力度的就是“死鱼”式的手。但又不要握得太紧。

（5）握手时间约为 5 秒，若少于 5 秒显得仓促，如果握得太久显得过于热情，尤其是男人握着女人的手，握得太久，容易引起对方的反感。

（6）如果你的手容易出汗，千万要在握手前悄悄把汗擦干。

四、非语言交流的特点

多种多样的非语言交流具有四个共同的特点。

（一）群体差异性

来自不同群体的人，在非语言交流上表现出很大的差异性，很多非语言交流对人们所隶属的文化或亚文化而言是独有的。一般来说，大多数非语言行为是在孩童时期学到的，由父母和其他相关群体传给他们的。特定的社会和文化群体，形成特定的特性和风格。当人们第一次相遇时，美国人把目光接触看得很重，身体接触局限在有力的握手上。而波兰男子在第一次遇到一位女子时，他可以吻她的手。太平洋的麦可尼西亚群岛人既不说话也无身体接触，相反，他们通过挑起眉毛或点头问候对方。非语言沟通还带有亚文化的特征。同在中国，东北人可能更为豪爽，身体动作幅度相对更大一些。同是一所学校毕业的，相互间可能会有更多的接触。

在绝大多数文化群体中，男性的非语言行为区别于女性的非语言行为。例如，在美国文化中，男人和女人在摆放自己身体姿态的方式上存在着极大的区别。戴博拉·坦南从不同年龄的男性和女性间沟通的录像带中观察到，不论是女孩还是妇女坐着时都靠得更近，互相直视对方。在另一方面，男孩和男子相互错开而坐，不直接甚至不看对方。她发现男子通常以一种放松的、手脚伸展的方式坐着，不管他们是在男子群体中还是在男女混合群体中。相比之下，当妇女在混合群体中时，她们的坐姿是女性化的，但当她们在都是女性的群体中，她们手脚伸展着放松地坐着。

（二）矛盾性

在人际交往中，有时候你会发现，人们的语言和非语言所表达出来的信息是矛盾的。语言信息是经过精心加工形成的，相反，非语言行为一般是非常根深蒂固和无意识的，是沟通主体内心情感的自然流露，在沟通过程中可控性较小，它们很容易在沟通中不知不觉地显现出来的。因此，人们有时候在传递一种语言信息时，会同时传递与它直接矛盾的非语言信息。

当信息接收者，接收到相互矛盾的语言信息和非语言信息时，非语言信息通常比语言信息更可靠。一个人很容易学会操纵语言沟通，但他会发现操纵非语言沟通是困难的。正因为非语言信息具有这个特点，因而非语言沟通所传递的信息常常可以印证有声语言所传递的信息真实与否。在商务沟通中，遇到“言行不一”的现象时，正确判断信息发送者的真实思想和心理活动，要通过观察他的非语言信息，特别是身体语言，而不是有声语言。

日常工作中，同事之间的一个很小的助人动作，就能验证谁是你的真心朋友。在商务沟通中，可以通过观察对方的言行举止，判断出对方的合作诚意和所关心的目标等。

（三）无意识性

非语言行为一般是非常根深蒂固和无意识的，是交流主体内心情感的自然流露，在交流过程中可控性较小，它们很容易在交流中不知不觉地显现出来。商务沟通中，很多非语言沟通是在下意识中进行的。例如：你感到身体不舒服，你的同事马上就注意到了，并问你：“怎么了？”他是从你脸上不自觉地显现出的痛苦神情知道的。愤怒的时候，你会握紧拳头而不自觉。我们通常意识不到自己的非语言行为。比如，和喜欢的人站在一起，你会靠得很近；听到不赞同的观点，你会表现出嗤之以鼻的神情。

（四）唯一性

非语言行为的表现方式虽然是多样化的，但是在特定的时间、地点等环境条件下所表达的意思是明确的、唯一的。面部表情、手势、形体动作及使用目光的方式，都可以用来向他人传递情感、情绪和态度等，包括愉快、悲哀、惊讶、恐惧、愤怒、兴趣和烦躁等，但是在特定的环境下，表达的意思却都是唯一的。

如：“握手”这一行为，可以表达礼貌、问候、鼓励等多种意思，但是在初次见面时，表示礼貌与相识的欣喜；领导在医院看望病人时，表示亲切的问候；在与朋友分离时，表示美好的祝愿；领导与犯错的下级握手时，表示信赖与鼓励；而两个有矛盾的人握手时，表示言归于好等。在人际交往中，务必要结合特定的时间、地点、人物和背景等情况作出判断。

五、非语言交流的原则

（一）适应性原则

不同年龄、身份、地位的人在不同场合的表现是不同的，所使用的非语言交流方式必须与整个沟通气氛相一致。

（二）自然原则

使用非语言交流方式，贵在自然。各种非语言交流形式的含义不是严格划分的，只是自然、真情的流露，就能够为人们所接受。

（三）针对性原则

没有任何一种非语言交流方式适合于所有的交流对象。在使用非语言交流的过程中，要充分考虑对方的沟通交流习惯。有的人喜欢身体的接触，有的人喜欢眼神的交流，有的人喜欢语言的沟通，要因人而异。

（四）清晰原则

很多非语言交流方式的含义很不明确，在一般情况下，我们可以借助一些其他线索来判断它的准确含义。但是，在有些情况下，因缺乏必要的线索，使接收到的非语言信息的人感到丈二和尚摸不着头脑，沟通的目的没有达到，反倒引起误解。因此，在不能确认对方能够准确解读的情况下要慎用非语言交流形式。

（五）建设性原则

很多非语言交流方式表达的都是比较强烈的情感信息，难以被对方接受，其结果会引起激烈的冲突或者长久的仇恨。因此，在这些场合要本着礼貌、尊重、和解、友好的态度，克制非语言沟通信息的表达。

第二节　非语言交流的基本技巧

非语言交流的表现形式包括身体语言、环境语言交流、副语言交流、时间语言等多种方式，在人际交往中，如何灵活应用非语言交流的技巧来恰当表达沟通交流者的意图，从而实现高效沟通呢？下面就各种非语言交流的具体表现方式来谈谈非语言交流的技巧。

一、身体语言

（一）肢体语言

肢体语言也称作体态语言、身势语，是以身体动作表示意义的沟通形式。肢体语言与人际沟通成功与否关系很大。主要包括头语、身姿和手势三种，它们既可以支持修饰言语，表达口头语言难以表达的情感意味，也可以表达肯定、默许、赞扬、鼓励、否定、批评等意图，收到良好的沟通效果。另外，肢体语言还包括肩部动作及身体接触等。

1. 头语

人们见面相互点头、握手或拥抱，就是用身体语向对方致意、问候和欢迎。人们在交谈时身体略向前倾，不时点头，神情随着谈话的内容变化而变化，这些体态特征表示出对说话者的尊敬和礼貌。

2. 身姿

身姿是人们经常使用的姿势动作。例如，老师教学生要从小养成好习惯，要站如松，坐如钟，行如风，就可以伴以简洁的身姿作为示范。人们协调各种动作姿势，并与其他无声语言动作，如眼神、面部表情等紧密配合，使各种表现手段协调一致，才能达到良好的沟通效果。如果与人沟通时腿不住地乱抖，身体随意摇晃，眼睛不住地左顾右盼，那一定会使说话者感到不高兴，因为这些无声的语言传出的信息是不尊重、不礼貌和不欢迎。

3. 手势

手势是会说话的工具，是体态语言的主要形式，使用频率最高，形式变化最多，因而表现力、吸引力和感染力也最强，最能表达其丰富多彩的思想感情。说话时可以适当地配合手势的运用，加强内容表达和感染力，不过要注意手势运用宜和谐自然，不要太夸张。

从手势表达思想内容来看，手势动作可分为情意手势、指示手势、象形手势与象征手势。情意手势用以表达感情，使抽象的感情具体化、形象化，如挥拳表义愤，推掌表拒绝等；指示手势用以指明人或事物及其所在位置，从而增强真实感和亲切感；象形手势用以模拟人或物的形状、体积、高度等，给人以具体明确的印象，这种手势常略带夸张，只求神似，不可过分机械模仿；象征手势用以表现某些抽象概念，以生动具体的手势和有声语言构成一种易于理解的意境。

知识链接

手心向上，胳膊微曲，手掌稍向前伸。这种手势，主要表示贡献、请求、承认、赞美、许诺、欢迎、诚实的意思。比如："我想大家是能够做到的。""希望同志们为开创社会主义建设现代化的新局面而多作贡献！""希望同志们多多提出宝贵的意见。"凡属这类内容的，就可以用这种手势。

手心向下，胳膊微曲，手掌稍向前伸。这种手势，主要表示神秘、压抑、否认、反对、制止、不愿意、不喜欢的意思。比如："这里面一定有问题。""这种损人利己的行为，我们是坚决反对的！""我们不同意采取这种办法。"大凡这类内容，就可以用这种手势。上述两种手势，是用单式还是用复式手势，可由演讲者视具体情况而定。

两手由合而分开。这种手势，多表示空虚、失望、分散、消极的意思。比如："一个人如果没有远大理想，那他将一事无成！""我简直是没有办法。""虽然做了许多工作，仍然是不见效的。最后他们还是分开了。"类似这样内容的，基本上都用这种手势。

两手由分而合。这种手势主要表示团结、亲密、联合、会面、接洽、积极的意思。比如："我们要团结起来，把这个工作做好。""同志们，为了一个共同的目标，我们走到一起来了。"凡是这类内容的，就可以用这种手势。

单式手势的"冲击式"。比如："同志们，如果敌人敢于进犯我们，我们就坚决把它打出去！""同志们，向着未来，向着胜利，前进吧！"手势就要紧密配合最后一句话，果断、猛力地向前方伸出去，给人一种信心和力量。

单式手势的"推顶式"。比如："中国人民是无所畏惧的，就是天塌下来，我们也顶得起"，以手心向上推顶出去，就给听众一种气魄浩大之感。另外，手掌向下、向后，则表示卑屑、消极、后退、黑暗的意思，讲时可灵活掌握。

4. 肩部动作

肩部下垂，往往情绪低落；肩部舒展，往往心情愉悦，虽然这两者幅度差别不是太大，但足以显示状态的差异。当一个人满腔愤怒时，会将双肩往后耸；耸肩则表示不安、遗憾或恐怖；使劲张开双臂的肩膀代表着有强烈的责任感，有时也有振作精神的含义；而当自感负担太重时，人往往会无意识地将双肩向前挺出，似乎在暗示肩部不堪重负。

5. 身体接触

人体接触所表达的信息较多。一是表示亲近、关系密切；二是表明一种关怀或服务，如医患、护患之间的接触，父母与儿女之间的接触；三是表明爱意等等。

医生在为患者体检时的触诊属于医源性人体接触，是职业需要，同时也是一种关怀，当病人诉说头痛，发病时，护士用手触摸病人的额头；病人手术时极为紧张，护士握住病人的手使其减少恐惧、情绪稳定。以上均表明一种关怀，起到此处无声胜有声的作用。年轻的母亲抚弄小宝宝，贴贴脸，摸摸小脚丫，拍拍屁股等表明一种亲肤需要，同时也表明浓浓的爱意。

（二）面部表情

1. 面部表情是身体语言的一种特殊表现

人类具有异常丰富的面部表情，在人际交往中，人们的面部表情起着重要的作用。研究表明，在解释相互矛盾的信息过程中，人们更加注重的是面部表情而不是言语内容或声调。面部表情非常丰富，许多细微复杂的情感，都能通过面部种种表现来传情，并且能对口语表达起解释和强化作用。脸面的颜色，光泽，肌肉的收缩与舒张，以及脸部纹路的不同组合，便构成喜怒哀乐等各种复杂的表情。同样是笑，微笑、憨笑、苦笑、奸笑，在嘴、唇、眉、眼和脸部肌肉等方面都表现出许多细微而复杂的差别。因此，要善于观察面部表情的各种细微差别，并且要善于灵活地驾驭自己的面部表情，使面部表情能更好地辅助和强化口语表达。

2. 眼神与目光接触是面部表情的重要表现

眼睛是心灵的窗户，它能表达许多言语所不易表达的复杂而微妙的信息和情感。眼神与语言之间有一种同步效应。通过眼神，可能把内心的激情，学识，品德，情操，审美情趣等等传递给别人，达到互相交流的目的。不同的眼神，给人以不同的印象。眼神坚定明澈，使人感到坦荡、善良、天真；眼神阴暗狡黠，给人以虚伪、狭隘之感；左顾右盼，显得心慌意乱；翘首仰视，露出凝思高傲；低头俯视、露出胆怯、害羞。眼神会透露人的内心真意和隐秘。

目光接触是非语言交流的一种特别形式。和其他非语言交流形式一样，目光接触的意义变化很大，而且也依赖着前后情境关系，但在几乎所有的社会相互作用中，目光接触都传达着丰富的信息。首先，目光接触常用于调整谈话。比如，一位讲演者开始发言时转移目光，要结束时就抬起目光。转移目光似乎是为了预防反问和打扰，而抬起目光标志着一个问题的结束并允许其他人发言。其次，目光接触同样也能表明他有无兴趣。电影里经常有互相凝视的两个人，以表示爱情、热情和极大的关心。当然，作为对某人表示吸引的方法，我们肯定都熟悉长时间的目光接触。另外，一次偶然的谈话，如果其中一个谈话者总保持着目光接触，就会变成一种浪漫的表示。相反，避免或中断目光接触，通常是对一个人不感兴趣或是心不在焉的表现。

然而，这种一般原则也有例外。目光不怎么接触，有时可以说明某人害羞或害怕。另外正传达坏消息或诉说痛苦事情的人，也可能避免目光接触。

此外，医生或护士在病人不注意的时候，对病人时常保持目光凝视，除去倾听和其他情感性场合，这种情形很可能是表明一种问题（病情）的严重性，但这仍要看前后的情境关系。

（三）形象语言

1. 衣着服饰

仪表、衣着服饰是一种无声的语言，仪表是否端庄，衣着服饰是否美观大方。服装表现出自己的审美情趣，表现出对他人的态度。

2. 发型

发型包括头发的长度、颜色和形状，是肉眼所能观察到的，蕴含着时代、政治及个性等各方面的含义。

3. 妆容

妆容既不能不修饰，又不能过分修饰。提倡“淡妆上岗”。

二、环境语言交流

（一）空间

不管我们生活着的环境人口密度多大，我们仍然有自己的生活空间并且是随身携带，我们随时保护着自己的空间不被外界侵犯，并对侵犯我们空间的行为作出相应的反应，这都是生活中常见的现象，比如：在幽静的公园里，有人坐在一条长椅上独自沉思或者看书。如果你也想到长椅上坐一会，你一般会坐在哪里呢？往往你会不假思索地坐在离他尽可能远的一端，尽管这条长椅能容纳三四个人，这样你才会觉得舒坦一些。可你是否想过是什么因素支配着你的这种无意识的活动呢？如果，这次你故意靠近那个人坐下，甚至已接触到那个人的身体，那么会发生什么情况呢？结果往往是，那个人开始不自然地尽可能往一旁挪动，或者皱起眉头撇你一眼。如果你还是不知趣地往他身边靠近，他就可能站起来，不满又无可奈何地瞪你一眼，拂袖而去。如果是女士，很可能会喊“非礼”。那么，你有没有想过他或她的心理上又是什么原因在起作用呢？

人们都有一种保护自己的个体空间的需要，这并非表示拒绝与他人交往，而只是想在个体空间不受侵占的情况下自然地交往。个体空间实际上是使人在心理上产生安全感的“缓冲地带”，一旦受到侵占，就会作出两种本能的反应：一是觉醒反应，如手脚的许多不自然动作，眨眼的次数增加；二是阻挡反应，如挺直身子，展开两肘呈保护姿势，避开视线接触。觉醒反应是引起的紧张状态，阻挡反应是对待情境的一种方式，如果实在忍无可忍，只要有机会，可能就会退而避之了。

（二）距离

在人际交往中，我们应该根据沟通对象、内容、场合、心境等一些主客观因素确定沟通双方的空间距离。美国人类学家爱德华·霍尔博士把为满足不同需要而使用的“空间距离”划分成四种，即亲密距离、个人距离、社交距离和公众距离。

1.亲密距离

亲密距离距离在 0～0.45 米之间，用于表示爱情、亲密的友情和儿童抱住父母或儿童相互拉抱，但它也应包括摔跤和打架。在西方文化中，女人之间和有亲密关系的男人与女人之间处于这种状态是可以接受的，但在男人之间或没有亲密关系的男人与女人之间处于这种状态则可能是令人尴尬的。然而，在阿拉伯文化中，男人们在大街上边走边相互搂着肩膀则是完全正常的。

因此，除非像拥挤的电梯或地铁车厢这样的场合迫使人们如此以外，以这种距离接触只适合于亲人、爱人或知心朋友之间。在一般的交往当中，如果有人闯入这个空间范围是不礼貌的，会引起对方的反感，也会自讨没趣。

2. 个人距离

这在人际间隔上稍有分寸感，已少有直接的身体接触。近距离在 0.46～0.76 米，远距离在 0.76～1.22 米之间。一般的个人交往都在这个空间内，它有较大的开放性。任何朋友和熟人都可以自由地进入这个空间，同时也可以提醒或者阻隔陌生人进入自己的亲密距离之内。当在交谈中和对方的关系有一定进展时，也能给对方接近自己的机会。

3. 社交距离

这已经超出了亲密或熟人的人际关系，而是体现一种社交性的或礼节上的较正式的关系。近状态在 1.2～2.1 米之间，一般出现在工作环境和社交聚会、洽谈协商场合；远距离在 2.1～3.7 米之间，表现了一种更加正式的交往关系。有些大公司的董事长或总经理往往有个特大的办公室，这样在与下属谈话时就能保持一定的距离。企业或国家领导人之间的谈判，工作招聘时的面谈，教授和大学生的论文答辩等等，往往都要隔一张桌子或保持一定距离，这样就增加了一种庄重的气氛。在社交距离范围内，已经没有直接的身体接触，说话时，也要适当提高声音，需要更充分的目光接触。如果谈话者得不到对方目光的支持，他（或她）会有强烈的被忽视、被拒绝的感受。这时，相互间的目光接触已是交谈中不可或缺的感情交流形式了。

4. 公众距离

在这个空间内，人与人之间的直接沟通大大减少了。其近状态在 3.7～7.6 米之间，其远状态则在 7.6 米之外。这是几乎能容纳一切人的“门户开放”的空间。人们完全可以对处于这个空间内的其他人“视而不见”，不予交往，因为相互之间未必发生一定联系。

可以看得出来，空间距离对于交往双方是很重要的。在管理者如何和自己的下属进行有效沟通或者管理者希望促进自己下属之间进行有效沟通时，缩小两个人之间的空间距离可能会是比较有效的沟通方法。在办公室的布局和摆设方面，有的公司是用方桌子隔开员工的工作区域或隔开上司和下属，这样可以保护沟通双方的隐私，但同时也会减少彼此之间的交流，从而影响有效的沟通。在有的公司会采用敞开式的办公室从而增加员工之间的交流，提高工作效率。

（三）环境布置

环境布置不仅影响人的工作效率和效果，而且也反映出许多信息。在商务活动中，环境布置的重点主要集中在办公室设计、房间颜色搭配和办公室陈设等方面。

1. 办公室设计

办公室设计主要有两种模式，即传统式和开放式。传统式办公室设计的特点是：四周设有若干办公室，中间设有大厅。周边的大办公室供老板使用；有两扇窗户的办公室属于资深主管；转角办公室——两面墙上带有窗户的房间，通常是高级主管或合伙人的办公室；建筑物最里面的办公室是资历较浅的主管的，那里没有窗户，但有一扇门，因此这里还是一个可以称为自己小天地的地方；中间大厅是属于低层职员和临时工的地方，在这里你的桌子就好像放在走道里，没有隐私可言，要在这里咒骂或抱怨实在困难，因为你被置于众目睽睽之下。近年来，开放式办公室的概念已获得大部分公司的青睐。开放式办公室的拥护者声称，开放式办公室有助于建立民主的气氛，以及增加同事之间的沟通，甚至有研究认为，开放式办公环境提高了员工的生产力。

2. 房间颜色搭配

研究显示，商务活动环境的颜色影响着身处其中的人们的心理和感情。颜色能被看见，也能被感受到。红色、橙色、黄色会产生侵略性刺激，人们所处的房间的地板、墙壁、天花板和家具如果是鲜艳的色彩，会使人血压增高，心跳加快，并增加脑部活动。清凉的颜色使人的生理器官正常活动，如蓝色具有镇静的效果，而淡绿色则让人觉得暗香平和。

3. 办公室陈设

办公室内陈设的摆放能够影响人们在此停留的时间。另外，办公桌的大小、外形也能影响来访者对主人的印象，而且能决定这个办公室开放性沟通的程度如何。

三、副语言交流（声响语言）

副语言交流是指言语的非词语的方面。即声音的语速、音调、音量、声音补白音质、暂停和沉默等，它们是言语的一部分，却不是言语的词语本身。辅助语言有时也可以表达出不同的意思，借助它来传递某方面的信息。

（一）语速

人们说话的速度影响着听者对信息的接收和理解。人们说话的速度通常在每分钟 120～261 个音节之间。研究发现，当说话者使用较快的语速时，被视为是更有能力的表现。当然，如果说话速度太快，人们跟不上，其语言的清晰度也可能受到影响。

（二）音调

音调指声音的高低，它决定了一种声音是否悦耳。有些人认为，高音没有低音悦耳，然而研究音调的人发现，如果说话者使用较高且有变化的音调，则被视为更有能力；用低音说话的人似乎是气量不足，可能被认为对所说的话没有把握或者害羞。但是，也有研究证明，当人们撒谎时会比平时的音调要高。

（三）音量

音量即声音的响亮程度。如果合乎说话者的目的，并不是不分场合地在任何时候都使用很大的音量就好。柔和的声音往往具有同样甚至更好的效果。

（四）声音补白

这是在搜寻要用的词时，用于填充句子或做掩饰的声音。像“啊”“呀”“这个”“你知道”等这样的短语，都是表明停顿及正在搜寻正确词语的非语言方式。声音补白其实也是一种信号，事实上它能够保护讲话者讲话的权利，因为，它有效地表明“不要打断，我仍在讲话”。我们都在使用声音补白，但是如果不停地使用，或者它们已经分散听者的注意力了，那就会产生沟通问题。

（五）音质

一个人的音质是由其他所有声音的特点，即速度、节奏、发音特征等构成的。声音质量是非常重要的，因为研究人员发现，声音有吸引力的人更容易被人们认为有影响力、有能力和更为诚实。许多人对自己说话的声音没有一个明确的概念，当有些人在录像中看到自己和听到自己的声音时，总是对自己听到的声音不太满意。当然，声音是可以通过自己的努力和专业人员的帮助来改变的。

（六）暂停和沉默

暂停和沉默同讲话的速度一样值得注意。沉默可能有广泛的含义。在一种极端的情况下，人们用沉默作为一种武器或者策略来结束沟通活动或寻求某种赞同。在谈话中暂停一下也是一种有价值的能力，这种能力给他人以时间来仔细考虑自己的想法和感受。

四、时间语言

时间本身不具有语言的功能，不能传递信息，时间作为非语言表现形式，主要是因为在人际交往中，我们可以根据交流者对待时间的态度来判定其性格、观念和做事的方式，从而达到有效的沟通。在生活中，人们往往会以时间来传递某种信息和态度。比如开会时的早到、迟到或中途退场，往往对会议召集者表示出自己对会议的态度。当然迟到本身也包含着不礼貌的信息。

在人际交往中，与人约定的时间不可过早到达，尤其是到新朋友、同事家赴宴，但也不可迟到，这样会使主人感到不高兴，会被认为对他的不尊重和轻蔑。在护理工作中也要注意时间问题，如什么时间给病人注射、换药，什么时间给病人进行生活护理，要安排得井井有条，不能因没注意时间而耽误护理或是影响病人休息（如午睡）。

阅读拓展

同样的时间，不同的感受

来源：《商务沟通》(第2版)　作者：黄漫宇

（1）不同民族、社会、文化对时间感受不同，我们往往容易作出人人都以同样的方式感受不同时间的假定。

在西方，人们信奉基督教，故而将复活节、感恩节、圣诞节这样一些宗教节日视为民族大节，非常重视，开展大量庆典活动。而在我国历史上，老百姓比较喜欢按照阴历计算日子和节日，因此诸如中秋节、春节等才是中国老百姓喜欢过的传统节日。

（2）即使在某种文化之内，不同社会团体将时间分为不同时段。

工商界关注从周一到周五的工作日，而零售店的经营者则更多关注周末的工作日；像宾馆、酒店等从事第三产业的经营者会把黄金销售期定在两个黄金周和双休日，而农村可能不怎么关心工作日和周末，他们会根据农业活动和季节（如耕作季节、播种季节和翻晒季节）安排时间。

由于时间观并不总是明确的，所以更重要的或许是每个人都有不同的时间划分。根据他们的地位和所处的环境，人们对时间有不同的感受。如一个大公司的总经理和退休老夫妻对于时间的态度会有很大区别。

（3）对人际沟通产生明显的影响也包括使用时间的方式。

约会迟到，可能在传递着某些信息：你对约会的态度、对那个人的态度或对自己的态度和时间对你的重要性。如果你提前出席一个讲座，可能说明你的兴趣和热情。你可能在利用时间表达你的热心。

（4）人们在时间的使用上有不同文化。

中国的列车时刻晚点是很正常的事情，甚至公交车也会晚点；在北美国家，“时间就是金钱”，他们会记录约会日程并按日程计划和时间表生活，因此准时和及时对于北美国家是很重要的；在欧洲一些国家的时间观念会比北美国家差一点，但是准时也是他们的特征；在德国，公共交通工具从来都是按照时刻表准确运行的，一旦因为晚点而给乘客造成损失，相关部门会给予适当的赔偿；在南美洲的国家中，人们在参加宴会或者谈判时迟到是很普遍的现象。因此和不同文化背景的沟通者进行沟通要了解和尊重对方的文化。

课后训练与实践

一、思考题

1. 非语言交流的特点是什么？
2. 非语言交流有哪些基本技巧？请举例说明。

二、技能训练

训练项目 1：通过做游戏，初步认识非语言沟通

训练情景：

将学生分为 2 人一组，让他们进行 2～3 分钟的交流，交谈的内容不限。当大家停下以后，请学生们彼此说一下对方有什么非语言表现，包括肢体语言或者表情，比如有人老爱眨眼，有人会不时地撩一下自己的头发。问这些做出无意识动作的人是否注意到了这些行为。让大家继续讨论 2～3 分钟，但这次注意不要有任何肢体语言，看看与前次有什么不同。

训练问题：

1. 在第一次交谈中，有多少人注意到了自己的肢体语言？
2. 对方有没有什么动作或表情让你觉得极不舒服，你是否告诉过他你的这种情绪？
3. 当你不能用你的动作或表情辅助你的谈话的时候，有什么样的感觉？是否会觉得很不舒服？
4. 非语言交流和语言交流有什么关系？

训练项目 2：通过情境模拟游戏，认知沟通技巧

训练情景：

游戏开始前，所有人围成一圈，并且闭上眼睛，教师在由学生组成的圈外走几圈，然后拍一下某个学生的后背，确定“情绪源”，注意尽量不要让第三者知道这个“情绪源”是谁。情绪源的任务就是通过眨眼睛的动作将不安的情绪传递给屋内的其他三个人，而任何一个获

得眨眼睛信息的人都要将自己当作已经受到不安情绪感染的人，一旦被感染，他的任务就是向另外三个人眨眼睛，将不安的情绪再次传染给他们。5 分钟以后，让学生们都坐下来，让情绪源站起来，接着是那三个被他传染的，再然后是被那三个人传染的，直到所有被传染的人都站了起来，你会惊奇于情绪传染的可怕性。

训练问题：

1. 肢体语言包括哪些方式？
2. 在人际交往中如何合理采用肢体语言进行有效交流？

参考文献

[1]斯静亚. 职场礼仪与沟通. 北京：高等教育出版社，2021.
[2]陈锦，杜蓉，周琳. 实用沟通与写作. 北京：机械工业出版社，2020.
[3]张海军，戚牧任. 商务沟通与礼仪. 北京：交通大学出版社，2015.
[4]于保泉，魏克芹. 沟通技巧. 北京：北京邮电大学出版社，2014.
[5]王健平. 沟通达人. 杭州：浙江大学出版社，2012.
[6]赵京立. 演讲与沟通实训. 北京：高等教育出版社，2010.
[7]庄磊，吴莅芳，郁山英. 商务礼仪. 西安：西安交通大学出版社，2014.
[8]李小丽，段晓华. 商务礼仪与职业形象. 北京：交通大学出版社，2009.
[9]易久发. 361° 沟通. 北京：电子工业出版社，2009.
[10]凡禹. 沟通技能的训练. 北京：北京工业大学出版社，2002.
[11]张文光. 人际关系与沟通. 北京：机械工业出版社，2009.
[12]李谦. 现代沟通学. 2 版. 北京：经济科学出版社，2009.
[13]卡内基. 卡内基沟通的艺术全集. 沈阳：万卷出版公司，2011.
[14]孙健敏，徐世勇. 管理沟通. 北京：清华大学出版社，2006.
[15]张海霞. 商务与管理沟通. 北京：中国经济出版社，2006.
[16]王建民. 管理沟通实务. 2 版. 北京：中国人民大学出版社，2008.
[17]李明，林宁. 人际关系与沟通艺术. 北京：清华大学出版社，2012.
[18]大龙，张晓明. 新主管工作手册. 北京：中国商业出版社，2002.
[19]吕雁. 沟通高手. 北京：华艺出版社，2002.
[20]杨亦. 商务礼仪. 北京：蓝天出版社，2003.
[21]闫秀荣，闫国成. 商务礼仪. 上海：上海财经大学出版社，2010.
[22]杜明汉. 商务礼仪：理论、实务、案例、实训. 北京：高等教育出版社，2010.
[23]李兰英，肖云林. 商务礼仪. 上海：上海财经大学出版社，2007.
[24]李莉. 实用礼仪教程. 北京：中国人民大学出版社，2006.
[25]李小丽，张晓. 商务礼仪与职业形象. 北京：北京交通大学出版社，2012.
[26]孙云帆，苏龙高娃. 商务礼仪. 北京：中国建材工业出版社，2013.
[27]张岩松，唐召英. 现代交际礼仪实训教材. 北京：清华大学出版社，2011.
[28]张晓明. 沟通与礼仪. 北京：科学出版社，2009.
[29]罗军. 互联网时代面谈沟通管理探讨. 中国市场，2014. 22.

[30]方明亮，刘华. 商务谈判与礼仪. 2 版. 北京：科学出版社，2011.
[31]张晋. 商务礼仪. 2 版. 北京：化学工业出版社，2012.
[32]冯光明. 管理沟通. 北京：经济管理出版社，2012.
[33]徐海红. 揭秘沟通管理. 施工企业管理，2009.
[34]杨申. 良好的倾听是成功管理的基础. 科技信息，2009.
[35]片山一行. 超级倾听术. 回嘉莹，译. 北京：新世界出版社，2012.